NOAM CHOMSKY

NEUE WELTORDNUNGEN

EUROPA
VERLAG

NOAM CHOMSKY

NEUE WELTORDNUNGEN
Vom Kolonialismus zum Big MAC

Übersetzt von Michael Haupt

Europa Verlag
Hamburg · Leipzig · Wien

Die Deutsche Bibliothek – CIP Einheitsaufnahme
Ein Titeldatensatz für diese Publikation ist bei der
Deutschen Bibliothek erhältlich.

Originalausgabe:
»World Orders Old and New«
© 1994 by Noam Chomsky
Published by arrangement with The American University in Cairo Press

Erstausgabe
© Europa Verlag GmbH Leipzig, November 2004
Umschlaggestaltung: Frauke Weise, Hamburg
Satz: Paxmann/Teutsch Buchprojekte, München
Druck und Bindung: Offizin Andersen Nexö Leipzig GmbH
ISBN 3-203-76009-6

Informationen über unser Programm erhalten Sie beim Europa Verlag,
Neuer Wall 10, 20354 Hamburg oder unter www.europaverlag.de

INHALT

Vorwort   7

I. Der Kalte Krieg   9

1. Wie man die Bevölkerung in Schach hält   9
2. Weltordnungsstrategien   14
3. Testfall Irak   22
4. Ein Rückblick auf den Kalten Krieg   45
5. Der Nord-Süd-Konflikt   103

II. Die Weltwirtschaftspolitik   115

1. Der Kampf an der Heimatfront   117
2. Geschichtliche Lektionen   144
3. »Die Welt regieren«   151
4. Bilanzierung   163
5. Der Blick nach vorn   194
6. Die Konturen der Neuen Weltordnung   212

Anmerkungen   227

Editorische Nachbemerkung   249

VORWORT

Das Buch beruht auf drei Vorlesungen, die im Mai 1993 an der Amerikanischen Universität in Kairo gehalten wurden. Das Material wurde beträchtlich erweitert und aktualisiert, auch um die Anregungen aufzunehmen, die ich bei den Seminaren, Zusammenkünften und äußerst erhellenden persönlichen Gesprächen anläßlich meines viel zu kurzen Aufenthalts empfing. Vielen alten und neuen Freunden möchte ich für ihre Hilfsbereitschaft und sorgfältigen Kommentare danken. Namentlich erwähnen will ich hier nur Dr. Nelly Hanna, deren Gastfreundschaft und unermüdliche Unterstützung den Aufenthalt für mich und meine Frau zu einem unvergeßlichen Erlebnis machten und mir darüber hinaus das alte und neue Ägypten auf einzigartige Weise nahebrachten.

Danken möchte ich auch vielen anderen Freunden überall auf der Welt, die zu den informellen Netzwerken gehören, welche sich über die Jahre entwickelt haben. In diesen Netzwerken werden, zusammen mit Kommentaren und Analysen, Presseberichte, Dokumente, Monographien und andere Materialien ausgetauscht, die über die gewöhnlichen Kanäle nicht erhältlich sind. Außerhalb der etablierten Institutionen, denen man kritisch gegenübersteht, zu arbeiten, verursacht Kosten und Ärgernisse, verschafft einem aber auch die freudig wahrgenommene Gelegenheit zu Kontakten mit anderen, die eine ähnliche Geisteshaltung aufweisen, ähnliche Interessen und Themen verfolgen. Viele von ihnen arbeiten unter höchst schwierigen Bedingungen, unter Begleitumständen also, die häufig mit Dissidenz und geistiger Unabhängigkeit einhergehen. Auch in diesem Buch habe ich, wie schon so oft zuvor, auf Materialien zurückgreifen können, die mir auf andere Weise nicht zugänglich gewesen wären. Gerne würde ich Namen nennen, aber diejenigen, denen ich so viel Hilfestellung verdanke, wissen ohnehin bescheid, und andere würden das Wesen und die Bedeutung eines solchen Austauschs zwischen Menschen, die sich kaum jemals persönlich getroffen, aber Mittel und Wege einer konstruktiven Zusammenarbeit jenseits institutioneller Schranken gefunden haben, nur schwer zu würdigen wissen.

I: DER KALTE KRIEG

Der Fall der Berliner Mauer im November 1989 markiert konventionellerweise das symbolische Ende einer Ära der Weltpolitik, in der auf die wichtigsten Ereignisse der Schatten des Kalten Kriegs mit seiner fortwährenden Gefahr nuklearer Vernichtung fiel. Dieses Bild ist sicher nicht falsch, aber, weil es nur einen Teilaspekt darstellt, irreführend. Wenn wir es unkritisch übernehmen, können wir die unmittelbare Vergangenheit ebensowenig begreifen wie das, was vor uns liegt.

1. Wie man die Bevölkerung in Schach hält

Der soeben umrissene konventionelle Interpretationsrahmen hat den Interessen derjenigen, welche die Zügel fest in der Hand halten, recht gut gedient. Mit seiner Hilfe ließen sich höchst wirksame Mechanismen zur »Kontrolle der Bevölkerung« entwickeln. Dieser Begriff stammt aus dem Arsenal der Experten für *counterinsurgency*, worunter die Bekämpfung von Aufständen, Rebellionen und Partisanengruppen zu verstehen ist. Die Kontrolle der einheimischen Bevölkerung gehört zu den vorrangigen Aufgaben jedes Staats, der von bestimmten Sektoren der Gesellschaft beherrscht wird und deren Interessen er folglich wahrnimmt. Das gilt für jeden »real existierenden Staat«. Im Hinblick auf innerstaatliche Freiheit und Demokratie unterschieden sich die beiden Supermächte der Ära des Kalten Kriegs sehr deutlich voneinander, doch war das Problem der Bevölkerungskontrolle ihren jeweiligen Machtstrukturen inhärent. In der Sowjetunion oblag diese Aufgabe dem von Lenin und Trotzki gleich nach der Machtübernahme der Bolschewiki im Oktober 1917 eingerichteten militärisch-bürokratischen Netzwerk, das alle sozialistischen und rätedemokratischen Ansätze schnell und nachhaltig zerstörte. In den Vereinigten Staaten nahm sich der aus Industrie-, Finanz- und Handelsmächten bestehende Sektor der Sache an, ein hochkonzentriertes, ineinander verwobenes, klassenbewußtes Ensemble von Organisationen, das bei der Planung und Durchführung seiner Ziele zunehmend transnational verfuhr.

Die Konfrontation der Supermächte im Kalten Krieg machte es leicht, kriminelle Handlungen im Ausland ebenso zu rechtfertigen wie die Stärkung privatwirtschaftlicher und staatlicher Macht im eigenen Land. Der lästigen Mühsal, glaubwürdige Beweise präsentieren zu müssen, konnten die Apologeten der Macht auf beiden Seiten durch die Erklärung entrinnen, daß die jeweiligen Handlungen zwar bedauerlich, jedoch als Reaktion auf die Bedrohung durch den grausamen und rücksichtslosen Feind im Interesse der »nationalen Sicherheit« unumgänglich seien. Wenn sich die Politik aus taktischen Gründen ändert, die Bedrohung nicht mehr heraufbeschworen werden muß oder die Absurdität des behaupteten Szenarios allzu augenfällig wird, greift man zu einer Hilfskonstruktion. Nunmehr gelten die einstmals geschürten Ängste als Übertreibungen einer verständlichen, durch den Kalten Krieg hervorgerufenen Gefühlsverirrung. Nunmehr können und werden wir »den Kurs ändern« und realistischer sein – bis das alte Band von neuem abgespielt werden muß.

Ein nützlicher Nebeneffekt dieser Konstruktion besteht darin, daß die Probleme, denen die Opfer unserer Verwüstungen konfrontiert sind – Vietnamesen, Kubaner, Nicaraguaner und viele andere –, von ihnen selbst gelöst werden müssen, weil unsere Taten und Untaten mittlerweile zu den geschichtlichen Akten gelegt worden sind. Ähnliches geschieht in dem Maße, wie ältere Formen des Kolonialismus durch wirksamere Methoden der Unterjochung ersetzt werden.

Noch während die Sowjetunion in der Versenkung verschwand, folgte die Doktrin der westlichen Vormacht ihren bewährten Leitlinien. Der Kalte Krieg wurde in die Archive entsorgt und mit ihm Terror, Aggression, ökonomische Kriegführung und andere Verbrechen, denen so viele Menschen zum Opfer gefallen waren. Was immer auch geschehen war, hatte der Kalte Krieg verursacht; wir aber lassen die Vergangenheit hinter uns, denn wir müssen nichts aus ihr für uns oder für die Zukunft lernen, der wir erhobenen Hauptes entgegenmarschieren und mit Bestürzung bemerken, wie wenig unsere traditionellen Opfer es vermocht haben, unserem Lebensstandard und unseren hohen moralischen Maßstäben auch nur nahezukommen. Diskussionen über die moralische Verpflichtung zur humanitären Intervention – beileibe kein triviales Problem – sind nur selten von Reflexionen über Bedeutung, Einfluß und institutionelle Wurzeln der Rolle Amerikas in der Welt angekränkelt. Nur wenige haben darauf gedrängt, daß der Iran sein Angebot wahrmachen und in Bosnien humanitär eingreifen solle. Warum? Aufgrund seiner Vergehen in der Vergangenheit und der Fragwürdigkeit seiner Institutionen. Nicht nur im Hinblick auf den Iran ist es angemessen, solchen Fragen nachzugehen. Bei uns jedoch gilt derlei lediglich als »Radiogeschwätz und abfälliges Gerede über die historisch böse Außenpolitik«, schreibt Thomas Weiss, Spezialist für internationale Beziehungen, spöttisch, und könne daher »einfach ignoriert werden«. Ein nachdenklicher Kommentar, der die wertgeschätztesten Grundsätze der offiziellen Kultur enthüllt.

Heute sind »die amerikanischen Motive weitgehend humanitär«, erklärt der Historiker David Fromkin. Die augenblickliche Gefahr besteht in übermäßiger Gutwilligkeit: Wir führen eine selbstlose Aktion nach der anderen durch, ohne zu begreifen, daß man »von außen nur begrenzt Einfluß nehmen kann« und daß »die von uns aus humanitären Gründen in ferne Länder entsandten Armeen« vielleicht nicht in der Lage sind, »die Menschen vor sich selbst oder anderen zu schützen«. Dieser Ansicht ist auch der Elder Statesman George Kennan, ein führender Kritiker der Politik des Kalten Kriegs, für den es ein Fehler war, daß die Vereinigten Staaten vierzig Jahre lang keinen Versuch unternommen haben, zusammen mit den Sowjets eine friedliche Einigung anzustreben. Immerhin kann man seit dem Ende des Kalten Kriegs solche Themen zumindest öffentlich diskutieren. Auch Kennan erneuert die traditionelle Haltung, wonach wir unser Engagement im Ausland beschränken sollten, weil »ein Land wie das unsrige vor allem durch das Beispiel, nicht aber durch Vorschriften den nützlichsten Einfluß jenseits der Grenzen ausübt«. Da mögen doch andere Länder, Länder, die anders sind als das unsrige, sich die Finger schmutzig machen. Außerdem dürfen wir nicht vergessen, daß »ein souveräner Staat« – und sei er noch so tugendhaft – »einem anderen nur in begrenztem Maße helfen kann«. Andere dagegen sind der Auffassung, es sei unfair, der leidenden Menschheit unsere gutwillige (was sonst?) Zuwendung zu entziehen.[1]

Natürlich unterscheiden sich, wie bereits erwähnt, die Kontrollmechanismen eines totalitären Staats von denen einer staatskapitalistischen Demokratie, doch gab es während der Nachkriegsära augenfällige Übereinstimmungen. Als die Sowjets ihre Panzer nach Ost-Berlin, Budapest oder Prag schickten oder Afghanistan verwüsteten, konnten sie die einheimische Bevölkerung und die Satellitenstaaten durch die Beschwörung des zum Atomschlag bereiten amerikanischen Teufels mobilisieren. Ebenso verfuhren sie, als sie einen brutalen staatlichen Unterdrückungsapparat errichteten, der zugleich der Nomenklatura, d. h. den Streitkräften, Geheimdiensten und der Militärindustrie

NOAM CHOMSKY

Macht und Privilegien garantierte. Ähnliche Kontrollmethoden wurden in den Vereinigten Staaten angewandt, als diese weltweit Gewalt und Unterdrückung beförderten. Dabei war die eng mit dem Pentagon verknüpfte staatliche Industriepolitik einer der Hauptfaktoren ökonomischen Wachstums, während von der Bevölkerung »Opferbereitschaft und Disziplin« erwartet wurden. So jedenfalls lautete die Forderung des im April 1950 formulierten Memorandums NSC 68, in dem der Nationale Sicherheitsrat die »Notwendigkeit einer gerechten Unterdrückung« umriß, die er für einen entscheidenden Wesenszug der »demokratischen Verfahrensweise« hielt, um den »Dissens bei uns« zu marginalisieren und zugleich die öffentlichen Gelder den Bedürfnissen der High-Tech-Industrie zufließen zu lassen.

Diese Muster sind bis heute intakt geblieben. Ein besonders bezeichnendes Beispiel ist die geläufige Interpretation des mit Massakern, Folter und Zerstörung durchgeführten Feldzugs, den die Vereinigten Staaten während der achtziger Jahre in Mittelamerika organisierten und lenkten, um die z. T. unter der Schirmherrschaft der Kirche sich herausbildenden bevölkerungsnahen Organisationen zu zerschlagen. Diese nämlich drohten zur Basis einer funktionierenden Demokratie zu werden und den Völkern der von den USA unterjochten Region größere Eigenständigkeit zu verschaffen, weshalb sie vernichtet werden mußten. Diese schändliche Episode imperialer Gewalt wird jetzt gewöhnlicherweise als leuchtendes Beispiel für unseren Idealismus hochgehalten, mit dem wir diesen primitiven Gegenden Demokratie und Achtung vor den Menschenrechten nahebrachten. Zwar gab es dabei, wie eingeräumt wird, einige Übergriffe, die jedoch dem Ost-West-Konflikt, der auch die dortigen Länder nicht verschonte, zugerechnet werden müssen. So zu argumentieren ist zwar absurd, aber ein immer wieder beliebter Griff in die bereitstehende politische Mottenkiste.

Spannend zu verfolgen war dann, nachdem die sowjetische Bedrohung in den achtziger Jahren zunehmend dahinschwand, die verzweifelte Suche nach einem neuen Hauptfeind, sei es der internationale Terrorismus, der lateinamerikanische Drogenhandel, der islamische Fundamentalismus oder die »Instabilität« und allgemeine Verderbtheit der Dritten Welt. Dieses Projekt wurde mit der üblichen Sorgfalt durchgeführt: In der Kategorie »internationaler Terrorismus« tauchen die von den USA und ihren Vasallen begangenen Verbrechen nicht auf; sie werden von den Medien und der einschlägigen Wissenschaft gar nicht erwähnt. Die empörten Kommentare zum Drogenkrieg verschweigen, daß die CIA in führender Weise am Handel mit Betäubungsmitteln beteiligt war, während der Staat amerikanischen Banken und Konzernen die Realisierung beträchtlicher Gewinne aus dem Verkauf tödlicher Narkotika ermöglichte usw.[2]

Der Kalte Krieg ist für die Staatsbürokraten und Ideologiemanager von funktionellem Nutzen gewesen, denn er bot die willkommene Legitimation für Gewalt und Ungerechtigkeit. Auch deshalb sind Zweifel angebracht, ob das konventionelle Bild dieses Konflikts der Wirklichkeit entspricht. Die historischen Dokumente zeigen, daß diese Zweifel begründet sind.

2. Weltordnungsstrategien

Mit dem Ende des Kalten Kriegs wurden Forderungen nach einer neuen Weltordnung laut. Der früheste Entwurf stammte von der South Commission, einer von Julius Nyerere geleiteten Nicht-Regierungsorganisation, der Ökonomen, Regierungsbeamte, religiöse Führer und ande-

NOAM CHOMSKY

re Persönlichkeiten aus Ländern der Dritten Welt angehörten. In einer 1990 veröffentlichten Untersuchung[3] beschäftigte sich die Kommission mit der jüngsten Entwicklung der Nord-Süd-Beziehungen, deren Höhepunkt die tiefe Krise des Kapitalismus war, die in den achtziger Jahren die ehemaligen Herrschaftsgebiete des Kolonialismus heimsuchte.

Ausgenommen davon war nur der japanische Einflußbereich in Ostasien, wo die Staaten mächtig genug waren, über die Arbeiterschaft hinaus auch noch das Kapital zu kontrollieren, weshalb sie von den Turbulenzen des Weltmarkts einigermaßen verschont blieben. Während in Lateinamerika die Kapitalflucht nahezu das Ausmaß der Staatsschulden erreichte, konnten die ostasiatischen Länder ein ähnliches Debakel durch strenge Kontrollen und Regulierungen verhindern.

Die Kommission merkt an, daß der Norden in den siebziger Jahren zunächst ein offenes Ohr für die Sorgen und Nöte der Dritten Welt hatte, was »zweifellos auf das neugewonnene selbstbewußte Auftreten des Südens nach dem Steigen der Ölpreise 1973« zurückzuführen war. Nachdem dieses Problem jedoch behoben war und sich die Handelsbeziehungen wie seit jeher wieder zugunsten der Industriegesellschaften verschoben hatten, verloren die führenden westlichen Mächte das Interesse und gingen zu einer »neuen Form des Neokolonialismus« über. Sie monopolisierten die Kontrolle über die Weltwirtschaft, unterminierten die demokratischeren Strukturen der Vereinten Nationen und machten sich ganz allgemein daran, den »zweitklassigen Status des Südens« auf Dauer zu stellen – was angesichts des mit beträchtlichem Zynismus ausgenutzten Machtgefälles nicht verwundern kann.

Angesichts des miserablen Zustands der ehemaligen kolonialen Herrschaftsgebiete forderte die Kommission eine »neue Weltordnung«, die das »Bedürfnis des Südens nach Gerechtigkeit, Gleichheit und Demokratie in der globalen Gesellschaft« berücksichtigen solle. Allerdings bieten die Analysen dafür wenig Hoffnung, wie schon die Reaktion des Nordens auf den Bericht zeigt, der, ebenso wie die Forderungen, lautlos in der Versenkung verschwand. Die mächtigen Industrienationen folgen lieber Winston Churchill, der schon nach dem Zweiten Weltkrieg eine neue Ordnung skizzierte:

»Die Herrschaft über die Welt müßte den gesättigten Nationen anvertraut werden, die mit dem zufrieden wären, was sie besitzen. Würde die Welt von hungrigen Nationen regiert, gäbe es immer Gefahren. Von uns jedoch müßte keiner mehr wollen, als er hat. Der Frieden würde am besten von Völkern bewahrt, die auf ihre Weise leben und keine Ambitionen haben. Unsere Macht würde uns über die anderen stellen. Wir wären wie reiche Leute, die friedlich in ihren Behausungen leben.«[4]

Dem sind nur zwei Anmerkungen hinzuzufügen. Zum einen sind die Reichen keineswegs ohne Ambitionen; vielmehr streben sie ständig danach, Macht und Reichtum zu vergrößern, wozu sie allein schon durch das Wirtschaftssystem gezwungen werden. Zum anderen dient die Behauptung, *Nationen* seien die eigentlichen Akteure in der internationalen Arena, der ideologischen Verschleierung der Tatsache, daß in den reichen wie den hungrigen Staaten Macht und Privilegien höchst unterschiedlich verteilt sind. Wenn wir Churchills Vorschlag aller täuschenden Elemente entkleiden, lautet die Richtlinie für die Weltordnung, daß die reichen Leute der reichen Nationen die Welt regieren sollen, wobei sie untereinander um einen größeren Anteil an Macht und Reichtum konkurrieren und gnadenlos alle unterdrücken, die ihnen im Weg stehen. Unterstützt werden sie gehorsamst von den reichen Leuten der hungrigen Nationen, während die übrigen demütig dienen und leiden.

NOAM CHOMSKY

Das sind Binsenweisheiten. Natürlich gibt es, wie bei jedem komplexen System, Nuancen und Nebeneffekte, aber es ist nicht falsch, sondern eher verdienstvoll, die alte und neue Weltordnung als »kodifizierte internationale Piraterie« zu beschreiben.[5] Im übrigen ist London bei seiner loyalen Unterstützung des Projekts, die hungrigen Nationen unter Kontrolle zu halten, weniger als Washington mitsamt seinem Chor der Schönfärber darauf angewiesen, die Sache euphemistisch zu verschleiern. Großbritannien kann mit erfrischender Offenheit auf seine imperialen Traditionen verweisen, während sich die Vereinigten Staaten bei dem Unternehmen, alle im Weg stehenden Hindernisse niederzutreten, gern einen Heiligenschein verpassen. Sie nennen das »Wilsonianischen Idealismus« und ehren damit einen der bedeutenden Befürworter gewaltsamer militärischer Intervention und imperialer Unterdrückung, dessen Botschafter in London sich einst darüber beklagte, daß die Briten seiner Mission, »die moralischen Defizite ausländischer Nationen zu beheben«, nur wenig Verständnis entgegenbringen würden.[6]

Großbritannien hat immer »auf dem Recht, Nigger zu bombardieren, beharrt«. So jedenfalls formulierte es der distinguierte britische Staatsmann Lloyd George, nachdem er sichergestellt hatte, daß der Abrüstungsvertrag von 1932 dem Luftkrieg gegen die Zivilbevölkerung, Londons hauptsächlicher Methode zur Kontrolle des Nahen Ostens, keine Beschränkungen auferlegen würde. Der Grundgedanke war von Winston Churchill artikuliert worden. 1919, als er Kriegsminister war, suchte das Nahostkommando der Royal Air Force um die Erlaubnis nach, »gegen widerspenstige Araber chemische Waffen als Experiment einzusetzen«. Churchill gab die Genehmigung und hielt Bedenken für »unbegründet«: »Ich begreife dies Getue um den Einsatz von Gas überhaupt nicht. Ich bin sehr dafür, Giftgas gegen unzivilisierte Stämme einzusetzen ... Dabei ist es keinesfalls notwendig, nur die tödlichsten Gase einzusetzen; man kann solche benutzen, die große Ungelegenheiten verursachen und lebhaften Schrecken verbreiten, ohne die Betroffenen dauerhaft zu schädigen.« Chemische Waffen seien lediglich »die Anwendung westlicher Wissenschaft auf die moderne Kriegführung«, erklärte er. »Wir können uns nicht in jedem Fall dazu bereit erklären, Waffen unbenutzt zu lassen, die in der Lage sind, den an der Front herrschenden Unruhen Einhalt zu gebieten.« Die Briten hatten bereits in Nordrußland Giftgas gegen die Bolschewisten eingesetzt und dabei, so die Kommandeure, beträchtliche Erfolge erzielt. Die »unzivilisierten Stämme« von 1919 waren hauptsächlich Kurden und Afghanen, und die Luftangriffe dienten dem Schutz von britischen Soldaten. Man folgte damit einem Modell, das Woodrow Wilsons Marines entwickelt hatten, als sie die Schwarzen in Haiti niedermetzelten.[7]

Der britische Stil erwachte zu neuem Leben, als im Golfkonflikt von 1990/91 der Westen vom Fieber des Rassismus befallen wurde. John Keegan, ein prominenter britischer Journalist und Militärhistoriker, umriß die herrschende Meinung kurz und bündig: »Die Briten sind seit 200 Jahren daran gewöhnt, Expeditionsstreitkräfte nach Übersee zu schicken, um sie gegen Afrikaner, Chinesen, Inder und Araber kämpfen zu lassen. Das wird ganz einfach für selbstverständlich gehalten«, und der Krieg im Golf »löst bei den Briten sehr vertraute imperiale Gefühle aus.« Großbritannien ist darum gut gerüstet für eine Mission à la Churchill, für eine »neue Aufgabe« in der »Welt nach dem Kalten Krieg«, die der Chefredakteur des *Sunday Telegraph*, Peregrine Worsthorne, so skizzierte: »Es geht um die Schaffung und Aufrechterhaltung einer Weltordnung, die stabil genug ist, damit die entwickelten Wirtschaften ohne fortwährende Störungen und Drohungen seitens der Dritten Welt funktionieren können.« Diese Aufgabe erfordert »die sofortige Intervention der fortgeschrittenen Nationen«, möglicherweise sogar ein »präemptives Han-

NOAM CHOMSKY

deln«. Großbritannien kann, »wenn es um ökonomische Wertschöpfung geht, mit Japan und Deutschland nicht konkurrieren, noch nicht einmal mit Frankreich oder Italien. Aber wenn es darum geht, Verantwortung für die Welt zu übernehmen, sind wir sehr viel besser aufgestellt« – Verantwortung im Sinne Churchills, versteht sich. Großbritannien ist, merkt der Militärkorrespondent des Londoner *Independent* an, sozial und wirtschaftlich zwar im Niedergang begriffen, jedoch »als Söldner der internationalen Gemeinschaft gut qualifiziert, motiviert und militärisch ausgezeichnet profiliert«.[8]

Worsthornes »neue Aufgabe« ist tatsächlich aller Ehren wert; ein weiterer Hinweis darauf, daß die »Welt nach dem Kalten Krieg« den alten imperialen Mustern folgt.

Zur selben Zeit wies die westliche Wirtschaftspresse den Vereinigten Staaten eine vergleichbare Aufgabe zu. Da Washington den globalen »Sicherheitsmarkt« ohnehin aufgekauft habe, sollten die USA, im Mafia-Stil, weltweiten Handel mit militärischem Schutz betreiben und diesen anderen reichen Mächten wie etwa Japan und dem von Deutschland angeführten Kontinentaleuropa, andienen, die dafür eine »Kriegsprämie« bezahlen. Auf diese Weise und im Hinblick auf die von ihnen beherrschte Ölproduktion der Golfstaaten können die USA als »willige Söldner ... unsere Kontrolle über das Weltwirtschaftssystem aufrechterhalten«. Diese Methode wurde im Golfkrieg mit großem Erfolg angewendet. Dort, so der Experte für internationale Wirtschaft, Fred Bergsten, »hieß „kollektive Führung" [*collective leadership*], daß die USA die Anführer waren und die Gewinne einsammelten [*collected*], indem sie ihre geringfügigen militärischen Kosten überfinanzierten und so aus dem Konflikt ökonomischen Gewinn schlugen« – gar nicht zu reden von profitablen Verträgen für den Wiederaufbau, umfangreiche Waffenverkäufe und andere den Siegern zugefallene Tribute.[9]

Kurz nachdem die South Commission eine auf Gerechtigkeit, Gleichheit und Demokratie beruhende »neue Weltordnung« gefordert hatte, übernahm George Bush den Begriff, um damit seinen Golfkrieg rhetorisch zu verbrämen. Während auf Bagdad und Basra Bomben niederregneten und im Südirak Husseins Soldaten in Erdlöchern Schutz suchten, ließ der US-Präsident verlautbaren, daß die Vereinigten Staaten die Vorhut »einer neuen Weltordnung sind, in der unterschiedliche Nationen sich einer gemeinsamen Sache widmen, um die universellen Hoffnungen der Menschheit zu verwirklichen: Frieden und Sicherheit, Freiheit und die Herrschaft des Gesetzes«. Wir treten, verkündete Außenminister James Baker stolz, in eine »Ära voller Verheißungen ein« und erleben »einen der seltenen weltgeschichtlichen Augenblicke, der alles verändert«.

Die Botschaft wurde von dem Auslandschefkorrespondenten der *New York Times*, Thomas Friedman, erläutert. Präsident Bush habe sich, so erklärte er, im Golfkrieg vom Grundsatz leiten lassen, »daß die Nichtachtung internationaler Grenzen zwischen souveränen Staaten ins Chaos führt« – vielleicht dachte er dabei an Panama, den Libanon, Nicaragua, Grenada usw. Aber der eigentliche Aspekt ist noch viel umfassender: »Amerikas Sieg im Kalten Krieg war ... ein Sieg für ganz bestimmte politische und wirtschaftliche Prinzipien: für Demokratie und den freien Markt.« Endlich begreift die Welt, daß »im freien Markt die Zukunft liegt – eine Zukunft, für die Amerika gleichermaßen Türhüter [*gatekeeper*] und Modell ist«.[10]

In den ideologischen Institutionen – den Medien, den Wissenschaften, der intellektuellen Gemeinschaft insgesamt – fand George Bushs Forderung lauten Widerhall, nicht aber die des Südens. Darin spiegeln sich die Machtverhältnisse, pünktlich zum 500. Jahrestag jener Fahrten, mit denen die europäische Eroberung der Welt begann, die deren Opfern, so Adam Smith, »schreckliches Unglück« brachte.

NOAM CHOMSKY

Wie schrecklich dieses Unglück war und die »grausame Ungerechtigkeit der Europäer« (noch einmal Adam Smith), offenbart ein Blick auf die frühesten Opfer, Haiti und Bengalen. Die Eroberer beschrieben diese Länder als wohlhabend, reich an Schätzen und dichtbevölkert. Sie wurden zu einer Quelle ungeheuren Reichtums für die französischen und britischen Ausbeuter und sind jetzt Symbole des Elends und der Verzweiflung. Nur ein Land des Südens hat es geschafft, in den Club der Reichen aufgenommen zu werden und der Kolonisierung zu entgehen, nämlich Japan, das sich, wie auch einige seiner ehemaligen Kolonien, allen von der westlichen Vormacht diktierten »Rezepten« für wirtschaftliche Entwicklung widersetzen konnte. Das war der »ersten Kolonie der modernen Welt«, Irland, nicht vergönnt. Es wurde deindustrialisiert und radikal entvölkert,[11] was auch an der rigiden Anwendung jener heiligen »Gesetze der politischen Ökonomie« lag, die während der um 1840 grassierenden Hungersnöte sinnvolle Hilfe oder auch nur die Beendigung der Lebensmittelexporte unmöglich machten. Darunter hat Irlands Wirtschaft noch bis weit ins 20. Jahrhundert hinein gelitten.[12] Was Adam Smith bereits deutlich erkannte, liegt heute offen zutage, man muß es nur sehen wollen.

3. Testfall Irak

Da jene, die den Beginn einer neuen Ära mit so viel Stolz verkündeten, ihre Grundsätze und Absichten vor allem anhand der westlichen Politik gegenüber dem Irak verdeutlichten, ist es angemessen, die Entwicklung dieser Politik genauer zu untersuchen. Was George Bushs »Neue Weltordnung« wirklich bedeutete, zeigte sich spätestens direkt nach dem Golfkrieg – für den übrigens der Terminus »Golf-Massaker« angemessener ist, denn Krieg kann man es nicht nennen, wenn eine Seite die andere aus sicherer Entfernung niedermetzelt und dabei die zivilen Strukturen der Gesellschaft zerstört. Danach sahen die Sieger gleichmütig zu, wie Saddam aufständische Schiiten und Kurden direkt vor den Augen von »Stormin' Norman« Schwartzkopf niederwarf, dessen Truppen rebellierenden irakischen Generälen sogar den Zugang zu erbeuteten Waffen verwehrten. David Howell, Vorsitzender des britischen Unterhauskomitees für auswärtige Beziehungen, meinte, die westliche Politik habe »Saddam zu verstehen gegeben: ›Alles in Ordnung, du kannst an Greueltaten verüben, was du willst.‹« Diese Greueltaten seien, versicherten uns die Regierung und die Medien, zwar nicht schön anzusehen, aber notwendig zwecks Sicherung der »Stabilität« – ein magischer Begriff, der für alles steht, was die Herrschenden für erforderlich halten.[13]

Nachdem Washington so geholfen hatte, Ruhe und Stabilität auf friedhofsmäßige Weise herzustellen, wandte es sich der nächsten Aufgabe zu und trat als wirtschaftlicher Würgeengel auf. Auch hier leistete Thomas Friedman wieder mediale Schützenhilfe: Die Bevölkerung des Irak werde in Geiselhaft genommen, um das Militär zum Sturz von Saddam zu bewegen. Würden die Irakis nur genügend leiden, könnte ein General die Macht an sich reißen, »und dann hätte Washington die beste aller Welten: eine Junta, die ohne Saddam Hussein den Irak mit eiserner Faust regiert« und, wie einst er selbst, »zur Zufriedenheit der amerikanischen Verbündeten Türkei und Saudiarabien das Land zusammenhält«.[14]

Der Süden, der in das Triumphgeheul nicht einstimmte, zeigte sich von dieser Politik keineswegs überrascht. Typisch war die Reaktion der *Times of India*, die dem Westen vorwarf, er suche »ein regionales Jalta, bei dem die mächtigen Nationen die arabischen Beutestücke unter sich aufteilen«. Das Verhalten der Westmächte habe »die westliche Zivilisation von ihrer schäbigsten Seite gezeigt: ihren ungezügelten Appetit auf Vorherrschaft, ihre morbide Vorliebe für hochtechnisierte militärische Macht, ihr Unverständnis für ›fremde‹ Kulturen, ihren abstoßenden Chauvinismus ...« Eine führende Monatszeitschrift in Malaysia verurteilte »den feigsten Krieg, der je auf diesem Planeten ausgetragen wurde«. Der Auslandsredakteur einer großen brasilianischen Tageszeitung schrieb: »Was im Golf praktiziert wird, ist reine Barbarei, die ironischerweise im Namen der Zivilisation verübt wird. Bush trägt dafür nicht weniger Verantwortung als Saddam ... Beide, hart und unbeugsam, wie sie sind, haben nur die kalte Logik geopolitischer Interessen im Auge, während Menschenleben ihnen nichts gelten.« Als der irakische Diktator im März 1991 die Aufstände der Kurden und Schiiten niederwarf, hielt ein führender Repräsentant der demokratischen Opposition, der in London beheimatete Bankier Achmed Tschalabi, den USA vor, »darauf zu warten, daß Saddam die Aufständischen abschlachtet, weil sie die Hoffnung hegen, er könne später durch einen geeigneten Offizier gestürzt werden«; es sei schließlich ein Charakterzug der US-Politik, »Diktaturen zu unterstützen, um Stabilität zu sichern«. Das Ergebnis wäre »die schlechteste aller möglichen Welten« für die irakische Bevölkerung, jedoch, so Friedman, die beste für Washington, wenn Saddams eisernes Regime unter einem anderen und weniger irritierenden Etikett fortdauern könnte.[15]

Schon vorher hatten sich die Konturen von Bushs »Neuer Weltordnung« deutlich genug abgezeichnet. Saddams Einmarsch in Kuweit hatte zu einer plötzlichen und unerklärten Abweichung von der üblichen Vorgehensweise geführt: Statt, wie in anderen Fällen, die Aggression zu dulden, beschlossen die Bündnismächte USA und Großbritannien, dagegen vorzugehen, und zwar mit Gewalt, wobei sie, unter Hintansetzung diplomatischer Lösungsversuche, gegen das internationale Recht und die UN-Charta verstießen. Zwar wurde die Existenz diplomatischer Optionen eingeräumt, aber die USA mit ihrem Monopolanspruch auf Gewalt und der festen Absicht, ihre Vorherrschaft zu sichern, wollten sie nicht akzeptieren.

Am 22. August 1990, drei Wochen nach dem irakischen Einmarsch, legte Thomas Friedman in der *New York Times* die Gründe für Bushs »harten Kurs« dar. Washington wolle den »diplomatischen Weg« blockieren, weil es befürchte, daß Verhandlungen »die Krise zugunsten einiger kleiner Landgewinne in Kuweit entschärfen« könnten (vielleicht »eine Insel oder kleinere Grenzkorrekturen«, die schon lange im Gespräch waren). Über die irakischen Rückzugsangebote, die Washington soviel Sorge bereiteten und von einem Nahostexperten der Regierung als »seriös« und »verhandlungsfähig« bezeichnet wurden, berichtete eine Woche später die New Yorker Vorstadtzeitung *Newsday* – augenscheinlich das einzige Blatt in den USA und Großbritannien, das jemals über die wesentlichen Tatsachen informiert hat, obwohl es überall genug Hinweise darauf gab. Die *New York Times* bemerkte im Kleingedruckten, man habe diese Informationen ebenfalls erhalten, jedoch auf den Abdruck verzichtet. Die Story verschwand ebenso schnell in der Versenkung wie spätere Gelegenheiten zur friedlichen »Entschärfung der Krise« mißachtet wurden. Die Bush-Administration machte deutlich, daß es keine Verhandlungen geben werde, und damit war die Sache erledigt. In Großbritannien schien man von alledem noch weniger Notiz genommen zu haben.[16] Dagegen wurde die Diskussion über den möglichen Erfolg wirtschaftlicher Sanktionen geduldet – nicht aber die Tatsache, daß die Sanktionen vielleicht schon gewirkt haben könnten, wie die unerwähnt gebliebenen Rückzugsangebote vermuten ließen. Allerdings war die Debatte harmlos. Wer konnte schon wissen, was die Sanktionen bewirken würden? Angesichts dieser Ungewißheit verließ man sich lieber auf das Urteil der Politik. Der »diplomatische Kurs« war jedoch eine andere Sache. Ihn zu verfolgen, war zu gefährlich, befürchtete die US-Regierung doch, daß er zum Rückzug des Irak führen und damit die Chance, ein wehrloses Land niederzumachen und ihm eine nützliche Lektion in Sachen Gehorsam zu verpassen, zerrinnen könnte.

Wie wichtig die Kontrolle der öffentlichen Meinung war, zeigen Umfragen, nach denen bis zum Beginn der Bombardements Mitte Januar 1991 die amerikanische Bevölkerung zu zwei Dritteln eine friedliche Regelung befürwortete, die sich durchaus im Rahmen der irakischen Vorschläge bewegte. Wäre bekannt gewesen, daß solche Vorschläge, die von Regierungsbeamten als realistisch eingeschätzt wurden, tatsächlich auf den Tisch gebracht worden waren, hätte sich noch eine weit größere Mehrheit dafür ausgesprochen und Washington möglicherweise dazu gezwungen, den diplomatischen Kurs einzuschlagen. Ob das Erfolg gehabt hätte, weiß keiner, aber Ideologen argumentieren gern im Sinne der Macht, und das gilt auch für das gegenwärtige Standardwerk zum Golfkonflikt, dessen Autoren sich rühmen, »Beweismaterial aus allen verfügbaren Quellen« ausgewertet zu haben.[17] Zwar ist das genaue Gegenteil der Fall, aber für die Rezensenten hat dieses Buch dennoch die Fruchtlosigkeit diplomatischer Bemühungen erwiesen.

Der UN-Sicherheitsrat ließ sich von Washingtoner Drohgebärden beeinflussen und die USA und Großbritannien schließlich gewähren, in Verletzung der UN-Charta, aber in Anerkenntnis der Tatsache, daß die dort festgeschriebenen Maßnahmen sich gegen die amerikanische Unbeugsamkeit nicht durchsetzen ließen. Die Regierung von Kuweit unterstützte die USA, indem sie einige hundert Millionen Dollar aufwendete, um Stimmen im Sicherheitsrat zu kaufen. Das jedenfalls behaupteten kuweitische Untersuchungsbeamte, die nach verschwundenen Investitionsgeldern in Höhe von etwa 500 Millionen Dollar fahndeten.

Während die Bomben fielen, sollte die amerikanische Bevölkerung die »standfeste Prinzipienhaftigkeit ... die [George Bush] während seiner Jahre in Andover und Yale eingeprägt wurde, der zufolge Ehre und Pflicht es gebieten, dem Tyrannen ins Gesicht zu schlagen«, bewundern. Das jedenfalls meinte ein Reporter, der aus dem Weißen Haus berichtete und einige Tage zuvor einen internen Regierungsbericht, der durchgesickert war, veröffentlicht hatte. Er drehte sich um »Bedrohungen aus der Dritten Welt« und kam zu dem Schluß, daß in Fällen, »wo die USA sich mit sehr viel schwächeren Feinden konfrontiert sehen« – andere zu bekämpfen ist ja auch nicht sinnvoll –, »wir vor der Herausforderung stehen, sie nicht nur zu besiegen, sondern schnell und nachhaltig zu besiegen«; ein anderer Verlauf würde »Verwirrung stiften« und möglicherweise »die politische Unterstützung gefährden«, die, so wurde eingeräumt, dünn sei.[18]

Die zweite große US-Tageszeitung schloß sich den Lobeshymnen auf George Bush vorbehaltlos an und feierte den »sprituellen und intellektuellen Triumph« im Golfkrieg: »Kriegerische Werte, die der Ächtung anheimgefallen waren, wurden neu belebt« und »die seit Vietnam angegriffene Autorität des Präsidenten gestärkt« (so E. J. Dionne in der *Washington Post*). An der äußersten Grenze des amerikanischen Liberalismus verwarf der *Boston Globe* alle Rücksichten auf die Gefahren rhetorischer Über-

NOAM CHOMSKY

schwangs und pries den »Sieg für die Psyche« sowie das neue »National- und Machtgefühl« unter der Führung eines Mannes, der als »zäher Hund« den Mut hat, »alles auf eine Karte zu setzen« und über ein »brennendes Pflichtgefühl« verfügt, eines Mannes, der »die Tiefe und stählerne Kernhaftigkeit seiner Überzeugungen« demonstrierte und daran glaubte, daß wir »ein auserwähltes Volk mit einer gerechten Mission« sind, eines Mannes, der in jene Reihe »edelgesinnter Missionare« gehört, die bis zu seinem Helden Teddy Roosevelt zurückreicht – also bis zu einem Präsidenten, der, wie wir uns gerne erinnern, »diesen Dagos zeigte, was anständiges Benehmen heißt« und den »wilden und unwissenden Völkern«, die den »vorherrschenden Weltrassen« im Weg stehen, einige Lektionen erteilte. Thomas Oliphant, Washington-Korrespondent des *Boston Globe*, lobte die »Großartigkeit von Bushs Triumph« und machte sich über den »uninformierten Müll« der Nörgler lustig. »Bushs Führungskraft hat das Vietnam-Syndrom in ein Golf-Syndrom verwandelt, bei dem die Losung „Raus, aber schnell!" sich gegen Aggressoren richtet, nicht aber gegen uns«, verkündete er stolz und zollte damit reflexhaft der Doktrin Tribut, daß in Vietnam die Vereinigten Staaten sich gegen die vietnamesischen Aggressoren verteidigen mußten. Nunmehr folgen wir »der ehren- und anspruchsvollen Forderung, daß Aggression bekämpft werden muß, in Ausnahmefällen auch mit Gewalt«. Seltsamerweise fordert Oliphant nicht, daß wir auch Jakarta, Tel Aviv, Damaskus, Ankara, Washington und eine ganze Reihe anderer Hauptstädte angreifen müßten.[19]

So geht die freudige Bejahung faschistischer Werte Hand in Hand mit einem selbstgerechten Moralismus – ein traditioneller Charakterzug der intellektuellen Kultur.

Aber es läßt sich von den Reaktionen auf Bushs gewaltsames Vorgehen noch mehr lernen. Wer immer in die Jubelbotschaft von der neuen »verheißungsvollen Ära« einstimmte, mußte die Geschichte sorgfältig fälschen und wichtige Tatsachen beiseite lassen. Zum einen erging der Ruf nach einer Neuen Weltordnung, in der »Frieden und Sicherheit, Freiheit und Gesetz« herrschen sollten, vom Oberhaupt des einzigen Staats, der vom Weltgerichtshof wegen »gesetzwidriger Anwendung von Gewalt« – gemeint war der Terrorkrieg gegen Nicaragua – verurteilt worden war, was in den Augen der US-Medien jedoch nur den Gerichtshof diskreditierte. Des weiteren hatte der »edelgesinnte Missionar« die Ära nach dem Kalten Krieg im Dezember 1989 mit der Invasion Panamas (Operation Gerechte Sache) eröffnet und dort ein Marionettenregime aus Bankiers, Geschäftsleuten und Drogenhändlern errichtet, das allerdings, so der Lateinamerika-Spezialist Stephen Ropp, »von den USA gestützt werden mußte, sollte es nicht einem zivilen oder militärischen Umsturz zum Opfer fallen«. Vergessen mußte man auch das (natürlich von London unterstützte) US-Veto gegen zwei Resolutionen des Sicherheitsrats, die die Invasion verurteilten, sowie eine Resolution der Vollversammlung, die von einer »flagranten Verletzung internationalen Rechts und der Unabhängigkeit, Souveränität und territorialen Integrität von Staaten« sprach und den Rückzug »der bewaffneten Invasionsstreitkräfte« forderte. Unerwähnt blieb schließlich, daß die »Gruppe der Acht« (die demokratischen Staaten Lateinamerikas) am 30. März 1990 Panama aus dem Verband ausschloß, weil »der Prozeß der demokratischen Legitimation in Panama die öffentliche Diskussion ohne fremde Einmischung erforderlich macht, da nur so das Recht des Volks auf freie Wahl der Regierung gewährleistet ist«. Das war eine klare Absage an das Marionettenregime unter Endara.[20]

Als Saddam Hussein in Kuweit einmarschierte, bekam Bush es vor allem deshalb mit der Angst zu tun, weil er befürchtete, der irakische Diktator könne dort das erreichen, was den Amerikanern in Panama mit der Operation Gerechte Sache gelungen war. Der investigative Journalist

NOAM CHOMSKY

Bob Woodward von der *Washington Post* hat einen Bericht über Washingtons Pläne verfaßt, den William Quandt, der Nahostexperte der Regierung, als »insgesamt überzeugend« bezeichnete. Danach habe Bush befürchtet, daß die Saudis nach einem irakischen Rückzug »sich noch in letzter Minute davonmachen und in Kuweit ein Marionettenregime akzeptieren würden«. Der Irak wiederum würde »jede Menge Spezialeinheiten in Zivilkleidung« in Kuweit lassen und die zwei unbewohnten Inselflecken besetzen, die Kuweit einst von den Briten erhalten hatte, damit dem Irak der Zugang zum Meer verwehrt blieb. Stabschef Colin Powell wies darauf hin, daß sich der Status quo durch irakischen Einfluß auch nach dem Rückzug verändern würde. Freedman und Karsh, die sich alle Mühe geben, das britisch-amerikanische Vorgehen in möglichst positiven Farben zu schildern, kommen zu dem Schluß, daß

> »bei diesem Lehrbuchfall für eine Aggression Saddam offensichtlich nicht die Absicht hatte, das kleine Emirat offiziell zu annektieren und dort auch keine permanente Militärpräsenz aufrechterhalten wollte. Statt dessen strebte er die Hegemonie über Kuweit an, um das Land in finanzieller, politischer und strategischer Hinsicht seinen Wünschen dienstbar zu machen.«

All das erinnert sehr genau an das – erfolgreiche – Vorgehen der Vereinigten Staaten in Panama. Saddams Plan sei, so Freedman und Karsh weiter, aufgrund der internationalen Reaktion fehlgeschlagen. Tatsächlich haben diesmal Großbritannien und die USA nicht, wie in anderen »Lehrbuchfällen für eine Aggression« – Vietnam, Türkei vs. Zypern, Indonesien vs. Ost-Timor, Israel vs. Libanon usw. – ihr Veto eingelegt.[21]

Historisch gesehen waren die von Freedman und Karsh beschriebenen Absichten Saddams ähnlich gelagert wie die britische Einflußnahme in Kuweit 1958: Um die Gefahr des Nationalismus zu bannen, wurde dort eine Dependenz unter britischer Kontrolle eingerichtet. Aber diese Zusammenhänge werden nicht nur von Freedman und Karsh ignoriert.[22]

In den Reaktionen auf das britisch-amerikanische Vorgehen im Golf spiegelten sich die traditionellen kolonialen Beziehungen recht genau wieder, was uns zu weiteren Einsichten in die Realitäten der Neuen Weltordnung verhilft. Aber die Verurteilung des Angriffs in vielen Ländern des Südens wurde bestenfalls als potentielles Problem wahrgenommen: Würden die Diktaturen, wie alle rechtgesinnten Demokraten hofften, ihre Bevölkerungen daran hindern können, den Kreuzzug aufzuhalten? Ansonsten war man an authentischen Meinungsäußerungen aus der Dritten Welt nicht weiter interessiert. Das zeigte sich auch am Umgang mit der irakischen demokratischen Opposition, die, mochte sie auch noch so konservativ und respektabel sein, keinen direkten Kontakt zur US-Regierung erhielt und in den Medien kaum wahrgenommen wurde. Sie schlug leider immer das Falsche vor: Vor dem Einmarsch in Kuweit forderte sie demokratische Verhältnisse, während Washington und seine Verbündeten Saddam hofierten; nach dem Einmarsch plädierte sie für eine friedliche Lösung, während die USA auf Gewalt setzten; und nach dem Krieg wollte sie den irakischen Widerstand gegen Saddam unterstützen, während Washington im Interesse der »Stabilität« weiterhin auf die »eiserne Faust« des Diktators setzte.[23]

Bemerkenswert war auch, welche Rolle Rassismus und Heuchelei bei dem Unternehmen spielten. Saddams Angriff auf die Kurden im Nordirak fand ein breites Echo in den Medien, so daß Washington sich zu einigen zögernden Schritten gezwungen sah, um die Opfer zu schützen, während sein noch härteres Vorgehen gegen die schiitischen Araber im Süden von den US-Medien nahezu unbemerkt

　　　　　　　　　　　　　　　　　NOAM CHOMSKY

blieb, wie übrigens auch die türkischen Greueltaten gegen die Kurden in Ostanatolien.[24]

Allerdings ließ mit dem öffentlichen Druck auch die Besorgnis um die irakischen Kurden sehr schnell nach. Die kurdischen Gebiete sind den Sanktionen gegen den Irak und zudem noch einem irakischen Embargo ausgesetzt. Der Westen weigert sich, selbst die geringfügigen Summen zu zahlen, mit deren Hilfe die Grundbedürfnisse der Kurden befriedigt werden könnten. »Kurdische und westliche Spezialisten schätzen, daß etwa 50 Millionen Dollar benötigt würden, um soviel [kurdischen] Weizen zurückkaufen zu können, daß die ärmsten Kurden geschützt und Bagdad daran gehindert werden könnte, die Wirtschaft im Nordirak zu untergraben«, berichtet die *Washington Post*, aber bislang sind nur knapp sieben Millionen aufgetrieben worden, ein Tropfen auf den heißen Stein. Nach der Rückkehr von einer zweimonatigen Reise durch die Vereinigten Staaten, Europa und Saudi-Arabien, die dem Versuch galt, Gelder locker zu machen, aber ergebnislos verlief, meinte der Führer der Demokratischen Partei der Kurden, Massud Barsani, seine Leute müßten entweder »erneut im Iran und der Türkei Zuflucht suchen« oder »sich Saddam Hussein ergeben«. Unterdessen hält, wie der Leiter von Middle East Watch mitteilt, die UN im Südirak, wo die Lage höchst gespannt ist, keine Dauerpräsenz mehr aufrecht, und eine UN-Mission, die im März 1993 das Land besuchte, bat nicht einmal um Erlaubnis, jene Gebiete zu kontrollieren, in denen die Schiiten drangsaliert wurden. Die UN-Abteilung für humanitäre Probleme bereitete für die Kurden, Schiiten und die hungerleidenden Sunniten im Mittelirak ein Hilfsprogramm im Umfang von 500 Millionen Dollar vor, UN-Mitglieder sagten stolze 50 Millionen zu, und die Regierung Clinton bot 15 Millionen an, die »vom Beitrag zu einem vorherigen UN-Programm im Nordirak übriggeblieben waren«.[25]

So wird die irakische Bevölkerung zur Geisel einer Politik der ökonomischen Kriegführung, in der Washington durch vorangegangene Embargo-Strafaktionen gegen Kuba, Nicaragua und Vietnam reichlich Erfahrung besitzt. Das Embargo gegen den Irak hat Saddams Macht unangetastet gelassen, aber in der Bevölkerung für mehr Opfer gesorgt als die Bombardierungen. Eine von amerikanischen und ausländischen Spezialisten durchgeführte Untersuchung schätzte, daß »zwischen Januar und August 1991 über 46 900 Kinder gestorben sind«; die Zahl dürfte sich seitdem noch beträchtlich erhöht haben.

Der Vertreter der UNICEF im Irak, Thomas Ekvall, berichtete, daß sich 1993 die Kindersterblichkeit verdreifacht habe und auf 92 Promille gestiegen sei, während fast ein Viertel aller Säuglinge bei der Geburt untergewichtig seien (1990 waren es noch fünf Prozent gewesen). Zudem hätten die Sanktionen »bei Kleinkindern zu Zehntausenden von Todesfällen geführt und die Bevölkerung noch weiter in die Armut gestürzt«. Das UNICEF-Hilfsprogramm krankt an akutem Geldmangel, weil bislang nur sieben Prozent der in einem Aufruf vom April geforderten 86 Millionen Dollar eingegangen sind. Ekvalls Bericht blieb ebenso unbeachtet wie die spätere UNICEF-Studie über den *Fortschritt der Nationen*, die zu dem Schluß kam, daß »die Sterblichkeitsrate bei irakischen Kindern mit 14,3 Prozent nur noch von der in afrikanischen Ländern übertroffen wird« (AP). Als Tam Dalyell (britischer Labour-Parlamentarier) und Tim Llewellyn (Nahostkorrespondent) im Mai 1993 aus dem Irak zurückkehrten, war die Todesrate bei Kindern schon auf über 100 000 gestiegen. Diese vom irakischen Gesundheitsminister genannte Zahl wurde später von der UNICEF bestätigt. Hinzu kamen wachsende Unterernährung, gefährlich niedrige Geburtsraten, Todesfälle infolge fehlender Impfung und durch verseuchtes Wasser, Ausbreitung von Malaria und anderen Krankheiten, die eigentlich längst besiegt waren, Krankenhäuser, die nicht

　　　　　　　　　　　　　NOAM CHOMSKY

betrieben werden konnten, weil der Irak keine Kinderbetten und Chemikalien für Arzneimittel mehr importieren durfte, weil daraus möglicherweise Vernichtungswaffen hergestellt werden könnten.[26]

Unterdessen fuhren die USA fort, den Irak nach Belieben zu bombardieren. Noch bevor Bush im Januar 1993 von Clinton abgelöst wurde, befahl er, einen Industriekomplex in der Nähe von Bagdad anzugreifen. Von 45 Tomahawk-Raketen trafen 35 das Ziel, eine jedoch das Raschid-Hotel, wobei zwei Menschen ums Leben kamen. Nach fünf Monaten im Amt demonstrierte Bill Clinton, daß auch er in der Lage ist, das Pentagon zu Angriffen auf schutzlose Ziele zu veranlassen. Für diesen Mut erhielt er viel Lob und bewies erneut, daß sein (von Eisenhower erborgter) Slogan »Mandat für den Wandel« eigentlich »Schema 08/15« hätte heißen müssen, trotz aller Illusionen, die man sich in Europa und Teilen der Dritten Welt machte. Werfen wir einen näheren Blick auf diesen Vorfall.

Am 26. Juni 1993 befahl Clinton einen Raketenangriff auf den Irak.[27] Auf ein Hauptquartier des Geheimdienstes in Bagdad wurden 23 Tomahawk-Marschflugkörper abgefeuert. Sieben verfehlten ihr Ziel und schlugen in ein Wohngebiet ein. Acht Zivilisten wurden getötet, ein Dutzend verwundet, berichtet Nora Boustany aus Bagdad. Unter den Toten waren die bekannte Künstlerin Laila al-Attar und ein Mann, der noch sein kleines Kind in den Armen hielt. Ein Raketenangriff kann immer mit technischen Fehlern behaftet sein, aber sein »hauptsächlicher Vorzug« besteht, wie Verteidigungsminister Les Aspin erklärte, darin, daß er, im Gegensatz zu einer zielgenaueren Bombardierung, »die US-Piloten keinem Risiko aussetzte«. Das müssen dann eben die irakischen Zivilisten tragen.

Clinton zeigte sich über die Ergebnisse des Angriffs erfreut. »Ich bin sehr zufrieden mit dem Verlauf der Ereignisse, und ich denke, das amerikanische Volk kann es auch sein«, teilte er am anderen Tag auf dem Weg zum Gottesdienst mit. Mit ihm freuten sich führende Vertreter der Taubenfraktion im Kongreß, die den Angriff für »angemessen, vernünftig und notwendig« hielten; »wir müssen diesen Leuten zeigen, daß wir uns nicht zu Zielscheiben des Terrorismus machen lassen«, meinten Barney Frank und Joseph Moakley, Liberale aus Massachussetts.[28]

Der Angriff wurde als Vergeltungsschlag für einen angeblichen Versuch des Irak ausgegeben, Ex-Präsident Bush zu ermorden, als dieser im April Kuweit besucht hatte. Zum Zeitpunkt des Angriffs gab es dort einen Prozeß gegen die Angeklagten, der unter zweifelhaften Umständen durchgeführt wurde. Öffentlich behauptete Washington, »sichere Beweise« für die Schuld des Irak zu besitzen, insgeheim jedoch räumte man ein, daß dies nicht zutreffend sei. »Regierungsbeamte, die ungenannt bleiben wollten«, hatten die Presse davon in Kenntnis gesetzt, daß es sich »eher um Indizien und Mutmaßungen handelt, als um wasserdichte geheimdienstliche Erkenntnisse«, hieß es in einem Kommentar der New York Times. Ansonsten erregte der Vorfall wenig Aufmerksamkeit und war schnell vergessen.[29]

Im UN-Sicherheitsrat verteidigte die amerikanische Botschafterin, Madeleine Albright, den Angriff mit dem Hinweis auf Artikel 51 der UN-Charta, der die Anwendung von Gewalt zur Selbstverteidigung gegen einen »bewaffneten Angriff« erlaubt, bis der Sicherheitsrat sich der Sache annimmt. Die Notwendigkeit einer solchen Verteidigungsmaßnahme muß »unmittelbar gegeben und dringend geboten sein und darf keinen Raum für die Erwägung anderer Mittel lassen, wobei die Maßnahme sich streng im Rahmen dieser Notwendigkeit zu halten hat«. Das dürfte auf eine Bombardierung, die zwei Monate nach einem angeblichen Attentatsversuch stattfindet, wohl kaum zutreffen. Die Kommentatoren aber sahen über diese Absurdität großzügig hinweg.[30]

Die Washington Post versicherte den nationalen Eliten, daß dieser Fall »ganz eindeutig« auf Artikel 51 zutreffe.

NOAM CHOMSKY

»Jeder Präsident hat die Pflicht, militärische Gewalt anzuwenden, um die Interessen der Nation zu schützen«, fügte die *New York Times* hinzu, gab sich dabei aber skeptisch. »In diplomatischer Hinsicht wurde hier der richtige Weg eingeschlagen«, erklärte der *Boston Globe*: »Clintons Berufung auf die UN-Charta brachte den amerikanischen Wunsch zum Ausdruck, das internationale Recht zu respektieren.« Auch der *Christian Science Monitor* bot eine sehr kreative Interpretation des Artikels 51, dieser nämlich erlaube es Staaten, »militärisch zu reagieren, wenn sie von einer feindlichen Macht bedroht werden«. Ähnlich äußerte sich der britische Außenminister Douglas Hurd vor dem Unterhaus, als er Clintons »gerechtfertigte und ausgewogene Ausübung des Rechts auf Selbstverteidigung« unterstützte. Die Welt wäre, fuhr er fort, »gefährlich paralysiert«, wenn die Vereinigten Staaten erst die Entscheidung des UN-Sicherheitsrats abwarten müßten, ehe sie einen Feind mit Raketen beschießen, der zwei Monate zuvor möglicherweise den Versuch unternommen hatte, einen ehemaligen Präsidenten zu töten.

Den Vogel jedoch hatte Washington selbst abgeschossen, als UN-Botschafter Thomas Pickering anläßlich der Invasion in Panama den Sicherheitsrat darüber informierte, daß Artikel 51 »die Anwendung bewaffneter Gewalt vorsieht, um ein Land zu verteidigen, um *unsere Interessen zu verteidigen*« (Hervorhebung von mir). Das Justizministerium fügte hinzu, die Vereinigten Staaten hätten das Recht, Panama zu besetzen, um »dessen Territorium davor zu bewahren, als Basis für den Drogenschmuggel in die Vereinigten Staaten benutzt zu werden«.[31]

Ein paar Jahre später räumte das Außenministerium übrigens ein, daß das »mittlerweile demokratische Panama das aktivste Zentrum für mit dem Kokainhandel verbundene „Geldwäsche" in der westlichen Hemisphäre ist«, was das Weiße Haus herunterspielt, um, wie die *Washington Post* unter Berufung auf Kritiker mutmaßt, »den demokratischen Führern Panamas zu längerer Amtsdauer zu verhelfen«. Daß der Drogenhandel sich lohnt, ist »deutlicher wahrzunehmen als zur Zeit von Präsident Noriega«, vermerkt der *Economist,* und das gilt auch für harte Drogen.[32]

Viele Kommentatoren sahen in der Entscheidung, den Irak anzugreifen, einen politisch raffinierten Schachzug, mit dem der Präsident in einem schwierigen Augenblick die Unterstützung der Öffentlichkeit gewinnen wollte und sie deshalb um die Fahne scharte – unter der sie sich, genau genommen, verkroch –, was in Krisenzeiten eine übliche Reaktion ist. Aus einer ganz anderen Perspektive, nämlich aus London, fragte der amerikanische Fernsehkorrespondent Charles Glass: »Worin besteht die Verbindung zwischen einer irakischen Künstlerin namens Laila al-Attar und Rickey Ray Rector, einem Schwarzen, der 1992 in Arkansas wegen Mordes hingerichtet wurde?« Beide Male wollte, so lautet die Antwort, Bill Clinton seine Umfrageergebnisse verbessern, zum einen durch die Bombardierung Bagdads, zum anderen, indem er mitten im Wahlkampf in Arkansas die Hinrichtung eines geistig behinderten Gefangenen mit ansah, um zu beweisen, »daß auch ein Demokrat bei Verbrechern Härte zeigen kann«.[33]

Cintons PR-Spezialisten legen ihre Finger auf den Puls der Nation. Sie wissen, daß mehr Menschen als je zuvor skeptisch, enttäuscht und besorgt sind – wegen ihrer Lebensverhältnisse, ihrer offenkundigen Machtlosigkeit und des Zerfalls der demokratischen Institutionen. Diese Gefühle haben sich nach acht Jahren Reagan noch beträchtlich verstärkt. Ebenso wissen die Image-Spezialisten, daß die Regierung Clinton sich den Problemen der Durchschnittsbürger nicht annehmen wird, weil grundlegende Maßnahmen die Vorrechte der hauptsächlichen Wählerschichten beschneiden würden, was nicht in Frage kommt. Für die Manager transnationaler Konzerne und andere privilegierte Vertreter der Machtstruktur muß die Welt ihren

Bedürfnissen entsprechend diszipliniert sein, während die entwickelten Industriesektoren auch weiterhin auf öffentliche Fördermittel angewiesen sind und die Reichen sich in Sicherheit wiegen wollen. Folglich kann das öffentliche Erziehungs- und Gesundheitswesen dem Verfall anheimgegeben werden, können überflüssige Bevölkerungsschichten in Slums und Gefängnissen verrotten und die Grundlagen für eine lebenswerte Gesellschaft noch weiter erodieren. Diese Politik betreibt die gegenwärtige Regierung, und darin unterscheidet sie sich nicht von ihren Vorgängerinnen.

Einige Kommentatoren betonten, daß Clinton durchaus eine sehr viel stärkere Bombardierung Bagdads hätte anordnen können, dies jedoch nicht im Interesse Washingtons gewesen wäre. Der Präsident »wollte keine ernsthaften Verluste in der Zivilbevölkerung riskieren«, bemerkte Thomas Friedman. Ein solcher Schlag »hätte vermutlich keine derart weitreichende Unterstützung für Washington, sondern eher Mitgefühl für den Irak ausgelöst«, und wäre daher unklug gewesen.[34]

Trotz dieses starken Arguments gegen einen Massenmord wurde Clintons Zurückhaltung nicht überall mit Beifall begrüßt. In der *New York Times* kritisierte William Safire den »armseligen Schlag aufs Handgelenk«, während ein richtiger Angriff auf »Saddams Kriegsmaschinerie und wirtschaftliche Basis die Hoffnung auf Erholung um Jahre zurückgeworfen hätte«. Auch der *New Republic*, eine führende Stimme des amerikanischen Liberalismus, bedauerte Washingtons Vorsicht, zeigte sich jedoch erfreut über das »Schweigen der arabischen Welt«, die damit dem entschiedenen Handeln des Präsident ihre Zustimmung erteilt habe.[35]

Natürlich wußten die Leitartikler genau, daß die Bombardierung in der ganzen arabischen Welt und sogar von Washingtons Verbündeten kritisiert wurde. Die Arabische Liga sprach von einem Akt der Aggression, und in der bahrainischen Tageszeitung *Akhbar al-Khalij* hieß es: »Die arabischen Länder sind für Amerika ein so leichtes Spiel geworden, daß Clinton es noch nicht einmal für nötig hielt, die jüngste Aggression vernünftig zu begründen«, zumal der UN-Sicherheitsrat »mittlerweile kaum mehr ist als ein bloßes Anhängsel des US-Außenministeriums«. Tatsächlich »erniedrigt Amerika die arabischen Völker, wo immer sich die Gelegenheit dazu bietet«. Der Angriff auf den Irak war, »um es kurz zu fassen, der klare Fall eines internationalen Schurken, der auf einen regionalen eindrischt und dabei erwartet, daß andere sich nicht einmischen«, fügte ein Reporter in Bahrain hinzu. In Marokko warf die offizielle Presse Clinton vor, die neue Weltordnung dazu zu benutzen, »die Länder und Völker der Welt zu versklaven« und aus dem Sicherheitsrat »ein Organ der amerikanischen Außenpolitik zu machen«. Das Schweigen der Familiendiktaturen am Golf wurde als Distanzierung von einer Handlung, die in der arabischen Welt Verbitterung hervorgerufen habe, erklärt.[36]

Mithin sind die amerikanischen Kommentare zwar völlig falsch, werden aber verständlich, wenn man sich die ideologischen Normen, denen sie gehorchen, ins Gedächtnis ruft. So erinnerten sie ihre Leser daran, daß Präsident Bush, als er im Januar 1991 den Krieg gegen den Irak führte, »die Meinung der Weltöffentlichkeit gegen Saddam aufbringen konnte«. Das ist zwar falsch, wenn zur Weltöffentlichkeit auch die Bevölkerung der jeweiligen Länder gehört, richtig jedoch, wenn wir lediglich die reichen Weißen und die gehorsamen Oberschichten der Dritten Welt dazu zählen. Und natürlich hat »die arabische Welt« Clintons Raketenangriff zugestimmt, wenn diese Welt nur aus jenen Arabern besteht, die den Kriterien der westlichen Eliten gerecht werden.

Der geplante Anschlag auf Bush sei »verachtenswürdig und feige« gewesen, erklärte Clinton. Der Raketenangriff »war notwendig, um unsere Souveränität zu schüt-

NOAM CHOMSKY

zen« und »zu zeigen, daß man zivilisierten Umgang der Nationen untereinander erwartet«. Die großen Presseorgane stimmten zu und sprachen von einem »empörenden Verbrechen« (*Washington Post*) und einer »Kriegshandlung« (*New York Times*). William Safire führte aus: »Es ist eine Kriegshandlung ... wenn ein Staatsoberhaupt ein anderes umzubringen trachtet. Hätte es klare Beweise für einen Befehl Castros gegeben, Kennedy zu ermorden, hätte Präsident Johnson zweifellos dem Regime in Havanna mit militärischer Gewalt ein Ende bereitet.«[37]

Ein höchst aufschlußreiches Beispiel. Natürlich weiß Safire ganz genau, daß er damit die historischen Tatsachen ins Gegenteil verkehrt, und auch seine Leser kennen die wiederholten Versuche der Regierung Kennedy, Fidel Castro zu ermorden. Der letzte dieser Versuche wurde noch am Tag des Attentats auf Kennedy selbst durchgeführt. Doch mit imperialer Arroganz wird das Gegenteil behauptet, und man vertraut darauf, daß niemand den naheliegenden Schluß zieht und die amerikanischen Attentatsversuche als »verachtenswürdige und feige Kriegshandlungen« bezeichnet, die Castro zu einem militärischen Schlag gegen das Regime in Washington und zur Bombardierung der Hauptstadt als Vergeltung für Kennedys »empörendes Verbrechen« berechtigt hätten.

Daß ein geachteter Kolumnist eine derartige Analogie zu Castro und Kennedy herstellen kann, ist schon bemerkenswert genug. Aber die Korruption der Intellektuellen reicht noch viel tiefer. Während dieser ganzen Farce blieben die großen Medien und meinungsbildenden Zeitschriften sorgfältig von allen entscheidenden Tatsachen abgeschirmt, die jeder halbwegs gebildeten Person sofort in den Sinn gekommen wären: Schließlich hält Washington den Weltrekord an Attentatsversuchen auf ausländische Politiker wie etwa Castro (das Church-Komitee des Senats listete acht solcher von der CIA zwischen 1960 und 1965 geplanten Anschläge auf) und Patrice Lumumba und spielte eine führende Rolle bei der Ermordung von Salvador Allende und Ngo Dinh Diem, dem südvietnamesischen Verbündeten. Kennedy selbst lancierte den Putsch gegen Diem und beglückwünschte einige Tage später den US-Botschafter in Saigon für die gelungene Durchführung des Mords. Eine freie und unabhängige Presse hätte auf diese Beispiele verwiesen, jedoch waren offensichtlich nur Leserbriefschreiber in der Lage, zwei und zwei richtig zusammenzuzählen.

In diesem Zusammenhang sollte man sich auch an die Rechtfertigungen erinnern, die vor dem Church-Komitee für die Attentatsversuche auf Castro gegeben wurde, als der Senat die Sache 1975 untersuchen ließ. John McCone, unter Kennedy Leiter der CIA, bezeichnete Castro als jemanden, der

»jedes Mikrophon und jeden Fernsehauftritt nutzte, um die Vereinigten Staaten auf höchst gewaltsame, unfaire und unglaubliche Weise zu beleidigen und zu kritisieren. Er tat sein Äußerstes, um jeden verfügbaren Kommunikationskanal jedes lateinamerikanischen Landes dazu zu verwenden, diese Länder den Prinzipien, für die wir eintraten, abspenstig zu machen und sie dem Kommunismus in die Arme zu treiben. Er war derjenige, der 1962 die geheiligte Erde Kubas den Sowjets zur Installierung von atomaren Kurzstreckenraketen überließ«.

Allerdings sollten diese Raketen der Verteidigung gegen einen erwarteten Angriff der USA auf Kuba dienen (der aus kubanischer und sowjetischer Sicht durchaus plausibel erschien, wie Verteidigungsminister Robert McNamara später einräumte). Überdies hatte die CIA zuvor terroristische Angriffe auf Kuba lanciert.[38]

Ebenso entlarvend war der Verweis der Medien auf Reagans Luftschlag gegen Libyen im Jahre 1986, bei dem

NOAM CHOMSKY

Dutzende von Zivilisten getötet wurden. Thomas Friedman vermerkt: »Oberst Ghaddafi persönlich war das Ziel, Mitglieder seiner Familie kamen ums Leben, und er selbst wäre beinahe mitsamt seinem Zelt in die Luft gesprengt worden.« Insofern ist der Mordversuch an Ghaddafi ein ehrenwerter Vorläufer für Clintons Raketenangriff auf Bagdad.[39]

Hier nun betreten wir eine wahrlich surreale Welt, deren Normen zu begreifen man erst einmal lernen muß: Mordanschläge, Terrorismus, Folter und Aggression sind hart zu bestrafende Verbrechen, wenn sie sich gegen Personen von vordringlicher Bedeutung richten; begeht sie jedoch der Mafiaboß höchstpersönlich, sind sie keiner Erwähnung wert oder sogar lobenswerte Akte der Selbstverteidigung. Diese Wahrheiten gelten als so selbstverständlich, daß nahezu einhundert Prozent der Berichte und Kommentare über Clintons Angriff daran festhielten, wobei sogar Mordanschläge auf ausländische politische Führer als Rechtfertigung für die Bombardierung Bagdads herhalten mußten. Von dieser Leistung wären Diktatoren höchst beeindruckt.

Thomas Friedman erläuterte, warum Clinton Saddam Hussein nicht persönlich angegriffen hatte: »Die amerikanische Politik ist immer davon ausgegangen, daß Mr. Hussein nützlich ist, weil er den Irak mit eiserner Faust zusammenhält«, womit, wie Regierungsbeamte privatim versichern, »die Vereinigten Staaten besser bedient sind als mit einem Land, das in seine Bestandteile – kurdische, schiitische und sunnitische Regionen – auseinanderbricht und dadurch vielleicht den ganzen Nahen Osten destabilisiert«.[40] Diese Erwägungen galten natürlich auch schon, als Saddam noch der große Freund Washingtons und Londons war, die ihn zusammen mit ihren Verbündeten nach Kräften unterstützten, während er Giftgas gegen die Kurden einsetzte und Dissidenten foltern ließ. Nach dem Golfkrieg schauten die Sieger zu, wie er die Schiiten und die

Kurden niedermetzelte und hofften, jedoch vergeblich, auf »die beste aller Welten: eine Junta mit eiserner Faust und ohne Saddam Hussein«. Sie begnügten sich dann mit der zweitbesten Lösung.

Die Taktik der Regierung Clinton wurde auch durch die Erwägung des Verteidigungsministers bestimmt, das Leben von amerikanischen Soldaten nicht aufs Spiel zu setzen, nur um die Zahl der zivilen Opfer möglichst gering zu halten. Dahinter steht indes ein umfassenderes Prinzip: Menschliches Leben ist von Wert, insofern es Reichtum und Macht der Privilegierten vermehrt. Letztlich bestimmen die Interessen der Reichen die grundlegenden Konturen der Politik.

Das zeigt sich auch im Umgang mit Saddam Hussein, Noriega und zahlreichen anderen Tyrannen: Es sind prima Typen, solange sie unseren Interessen dienen, wenn sie uns jedoch in die Quere kommen, müssen sie beseitigt werden, wie Unkraut. Diese moralischen Leitlinien berechtigen die Vereinigten Staaten dazu, den Invasoren von Kuweit zu bombardieren und seine Untertanen auszuhungern, während Indonesiens viel schlimmere Verbrechen, die bei der Annektierung von Ost-Timor begangen wurden, unbeachtet bleiben. Statt Djakarta zu bombardieren, leisteten Washington und London, unterstützt von anderen Staaten, die hier Profit witterten, entscheidende militärische und diplomatische Hilfe. Und während das indonesische Militär in Ost-Timor wütete, bewahrten die Medien Stillschweigen oder verbreiteten die von offizieller Seite verkündeten Lügen. Ein Jahrzehnt vor der Okkupation wurde der damalige indonesische Führer Suharto, der gerade das größte Massaker seit der Shoah veranstaltet hatte, von den westlichen Mächten als »gemäßigter« und »wohlwollender« Politiker gefeiert. Das »kochende Blutbad« (so das Magazin *Time*) wurde mit großer Euphorie beschrieben. Die *New York Times* sah in den Ereignissen »ein Licht am asiatischen Horizont«. Andere nutzten es als Rechtfertigung für die amerikanische Invasion von Vietnam, die die indonesischen Generäle dazu ermuntert habe, ihr Land auf bewährte Weise zu säubern.[41]

In ähnlicher Weise werden die Massenmorde im Hochland von Guatemala und in Bosnien nicht verhindert, sondern – wie in Guatemala – eher noch begünstigt, wenn es den Weltherrschern so gefällt. In Bosnien hält man sich zurück, während in Somalia UN-Truppen (de facto sind es amerikanische) massive Vergeltungsschläge ausführen dürfen, die viele Opfer in der Zivilbevölkerung kosten.[42] In Bosnien nämlich würde den Westen ein Eingreifen teuer zu stehen kommen, während er in Somalia leichtes Spiel hat. Darum gibt es hier auch US-Bodentruppen, nicht aber dort. Die Greueltaten in Haiti hätten mit einer Handbewegung gestoppt werden können, aber die USA und ihre Partner hatten es nicht eilig, den demokratisch gewählten Präsidenten der Armen, Jean-Bertrand Aristide, an die Macht zurückzubringen. Vielmehr wurden seine Versuche, der großen Mehrheit der Bevölkerung zu helfen, als »spalterisch« und »Klassenkrieg« verurteilt, weil sie nicht dem Muster der brutalen Ausbeutung durch die Kleptokratie folgten, die geduldet werden, solange nur der Pöbel ruhig bleibt. Washington stellte klar, daß der durch einen Militärputsch gestürzte Aristide nur dann ins Amt zurückkehren kann, wenn die tatsächliche Macht in den Händen eines »gemäßigten« Politikers liegt, der den Wirtschaftssektor repräsentiert.

Hier wie sonst auch ist das Leitmotiv politischen Handelns das Eigeninteresse. Die Grundfrage lautet: »Was ist für uns drin?« So jedenfalls beschrieb die *New York Times* das Ergebnis einer Ausschußsitzung, die sich unter Leitung von Clinton mit dem Problem der Intervention beschäftigte. Wir lassen uns nicht länger vom Altruismus leiten (wie in jenen Zeiten, als wir große Teile der Welt in Friedhöfe und Wüsten verwandelten), sondern einzig und allein von unserem ureigensten wohlverstandenen Interesse, das auch in dieser humanen Ära liberaler Demokratie so interpretiert werden muß, wie Adam Smith es mit Churchills Doktrin von den »wohlhabenden Nationen« getan hätte.

Diesem Grundsatz folgend können die Vereinigten Staaten in großem Umfang Bodentruppen nach Somalia schicken, allerdings erst nach dem Abebben der Hungerkatastrophe und in der Erwartung, daß von Teenagern mit Gewehren kein großer Widerstand mehr ausgeht. Das gilt jedoch nicht für Bosnien, wo die Massaker sich bereits dem Völkermord nähern, und auch nicht für Angola, wo es noch schlimmer zu sein scheint. Aber dort sind die Interessen des Westens nicht gefährdet, und die führende politische Figur, Jonas Sawimbi, schon seit geraumer Zeit ein Handlanger der USA, wird sogar zum »Freiheitskämpfer« stilisiert und von Jeane Kirkpatrick als »einer der wenigen tatsächlichen Helden unserer Zeit« gefeiert, nachdem seine Truppen sich mit dem Abschuß von Passagierflugzeugen, der Hunderte von Toten forderte, gebrüstet hatten, ganz zu schweigen von anderen Mordtaten, die sie mit amerikanischer und südafrikanischer Hilfe verübten. Das läßt man am besten ebenso im Dunkeln wie die Greuel, die in Afghanistan von einem anderen Favoriten der CIA, dem fanatischen islamischen Fundamentalisten Gulbuddin Hekmatjar, begangen werden.[43]

Es ist durchaus begreiflich, daß die Ideologen Washingtons Irak-Politik zum Testfall für die Neue Weltordnung küren. Aus dieser Politik lernen wir zweierlei: Zum einen, daß die USA auch weiterhin ein gesetzloser und gewalttätiger Staat sind, was auch ihre Verbündeten und Satelliten anerkennen, indem sie begreifen, daß das internationale Recht nur dann beachtet wird, wenn die Mächtigen einen, und sei's noch so durchsichtigen, Schleier für ihre Handlungen benötigen. Zum zweiten, daß ein solches Verhalten in einer intellektuellen Kultur, deren Willfährigkeit gegenüber der Macht kaum Schranken kennt, ungestraft bleibt. Wir müssen uns schon Diktaturen in der Dritten

Welt zuwenden, um die Binsenweisheiten zu vernehmen, die bei uns unterdrückt werden: Die Neue Weltordnung ist nur insofern »neu«, als sie die traditionelle Politik von Herrschaft und Ausbeutung veränderten Umständen anpaßt. Der Westen schätzt diese Politik, weil sie sich ausgezeichnet dazu eignet, »die Länder und Völker der Welt« in Schach zu halten.

Die Schläuche sind neu, der Wein in ihnen aber ist höchst bejahrt.

4. Ein Rückblick auf den Kalten Krieg

Im folgenden soll die Konfrontation zwischen West und Ost einerseits, zwischen Nord und Süd andererseits daraufhin befragt werden, wie diese Teilungen in der Weltordnung sich zueinander verhalten. Ferner geht es um die absehbaren Folgen, die das Ende des Kalten Kriegs und andere Veränderungen der Weltordnung mit sich bringen.

Konventionellerweise wird behauptet, daß der Ost-West-Konflikt das 20. Jahrhundert spätestens seit 1945 entscheidend geprägt und in militärischer, wirtschaftlicher und ideologischer Hinsicht den innen- wie außenpolitischen Rahmen abgesteckt habe. In diesem Konflikt hat sich der Westen rein defensiv verhalten und auf das verbrecherische Vorgehen des Feindes, seine weltweiten aggressiven, expansionistischen, terroristischen und subversiven Bestrebungen lediglich reagiert, um mit »Abschreckung« und »Eindämmung« oder der umfassenderen Strategie des »Rollback« die Hauptquellen der Aggression auszutrocknen. Dabei steht die Frage, ob es auch eine »Eindämmung« US-amerikanischer Aktivitäten gegeben habe, natürlich nicht zur Debatte, und auch die Untersuchungen zur Strategie der Abschreckung lassen deren bemerkenswertesten Erfolg, die Verhinderung einer zweiten amerikanischen Invasion Kubas durch die Sowjetunion, unerwähnt.

Dieses Bild wurde in starken Strichen von den Reaganisten skizziert; neu ist es jedoch nicht. Das erste Dokument des Kalten Kriegs, NSC [National Security Coucil] 68 vom April 1950, stammt von Paul Nitze, dem Dean Acheson bei der Abfassung über die Schulter sah. Es wurde von der liberalen Regierung Truman angenommen und ist in seinem Fanatismus und seiner exaltierten Rhetorik nur schwer zu übertreffen. Indes zeigt es sehr gut die mentale Verfassung hoch geachteter politischer Strategen und Intellektueller.[44]

Das Dokument klingt wie ein Märchen von bestürzender geistiger Einfachheit: Das absolut Böse (die anderen) wird der ebenso absoluten Vollkommenheit (wir) entgegengesetzt. Der »Sklavenstaat« hat den »unwiderstehlichen Drang«, die »vollständige Untergrabung oder gewaltsame Zerstörung der Regierungsmaschinerie und Gesellschaftsstruktur« in allen Regionen der Welt herbeizuführen, die noch nicht »vom Kreml kontrolliert werden und ihm dienstbar sind«. »Unversöhnlich« verfolgt er das Ziel, überall »die Herausforderung der Freiheit zu beseitigen«, indem er auf seinem eigenen Gebiet »die totale Macht über alle Menschen« und »absolute Herrschaftsgewalt über den Rest der Welt« gewinnt. Seinem Wesen nach ist er »unweigerlich militant«. Insofern ist ein friedliches Zusammenleben mit ihm unmöglich. Wir müssen also handeln, um »die Keime der Zerstörung innerhalb des Sowjetsystems zur Entfaltung zu bringen« und »seinen Zerfall« durch Einsatz aller Mittel bis auf den Krieg (der zu gefährlich für uns wäre) beschleunigen. Wir müssen diplomatische Verfahrensweisen und Verhandlungen vermeiden oder nur zum Schein betreiben, um die öffentliche Meinung zu beschwichtigen, denn Abkommen jeglicher Art »würden den gegenwärtigen Zustand widerspiegeln und wären daher für die Vereinigten Staaten und die übrige freie Welt unannehmbar, wenn nicht gar verheerend«. Allerdings könnten wir nach dem Erfolg einer »Rollback«-Strategie »mit der Sowjetunion (oder einem Nachfolgestaat bzw. mehreren Nachfolgestaaten) in Verhandlungen eintreten«.

Die Autoren räumen zwar ein, daß der teuflische Feind in jeder Hinsicht viel schwächer ist als seine Gegner, doch gereicht ihm selbst das noch zum Vorteil: Er kann, Zwerg und Superman in einem, »mehr aus weniger machen«. Unsere Lage ist demnach verzweifelt.

Da das »Streben des Kremls nach der Weltherrschaft« eine notwendige Eigenschaft des Sklavenstaats ist, muß man die Folgerungen, die für die Vereinigten Staaten und die ganze Welt von so großer Bedeutung sind, nicht auch noch beweisen. Substantielle Tatsachen hat die Analyse von Nitze nicht zu bieten.[45]

Wie abgrundtief böse der Sklavenstaat ist, erhellt aus dem Vergleich mit den Vereinigten Staaten, einer Nation von fast unvorstellbarer Vollkommenheit. Ihr »grundlegendes Ziel« ist es, »die Integrität und Lebensfähigkeit unserer freien Gesellschaft zu sichern, die auf der Würde und dem Wert des Individuums beruht«. Diese Werte sind auch in der übrigen Welt zu schützen. Unsere freie Gesellschaft ist gekennzeichnet durch »wunderbare Vielfalt«, »tiefe Toleranz«, »Gesetzestreue« (unsere Städte sind Zonen der Ruhe, und Wirtschaftsverbrechen unbekannt), sowie die Verpflichtung, »eine Umwelt zu schaffen und zu erhalten, in der jedes Individuum seine schöpferischen Kräfte entfalten kann«. Die vollkommene Gesellschaft »fürchtet die Vielfalt nicht, sondern begrüßt sie« und »zieht ihre Stärke aus der Gastfreundschaft, die sie selbst Ideen gewährt, die ihr zuwiderlaufen«, wie es sich an der McCarthy-Hysterie der damaligen Zeit ablesen läßt. Zu dem »Wertesystem, das unsere Gesellschaft mit Leben erfüllt« gehören »die Prinzipien von Freiheit, Toleranz, Individualität und des

Vorrangs der Vernunft vor dem Willen«. Die »wesenhafte Toleranz unserer Weltauffassung, unsere großzügigen und konstruktiven Impulse wie auch das Fehlen von Habgier in unseren internationalen Beziehungen sind Aktivposten von potentiell enormer Bedeutung«, was vor allem diejenigen bestätigen können, die all das aus erster Hand erfahren durften, wie etwa die Staaten Lateinamerikas, die von »unseren seit langem währenden Bemühungen, das interamerikanische System zu entwickeln und jetzt ins Leben zu rufen« so beträchtlich profitieren konnten. Auch hier handelt es sich um unserer Gesellschaft inhärente Qualitäten, die keines Beweises bedürfen. Fairerweise muß man jedoch sagen, daß Dean Acheson sich der Notwendigkeit bewußt war, die kommunistische Bedrohung in die Köpfe der Massen zu hämmern, um für die geplanten Aufrüstungs- und Interventionsprogramme die notwendige Zustimmung zu erhalten.[46]

An diesem Diskurs hat sich bis in die Gegenwart wenig geändert. In der (nüchtern-wissenschaftlichen) Zeitschrift *International Security* vom Frühjahr 1993 informiert uns der berühmte Harvard-Professor Samuel Huntington darüber, daß die Vereinigten Staaten zum Vorteil der Welt ihre »internationale Vorherrschaft« aufrechterhalten müssen, weil nur bei ihnen die nationale Identität »durch eine Reihe bestimmter politischer und wirtschaftlicher Werte von universeller Gültigkeit« definiert ist, als da sind »Freiheit, Demokratie, Gleichheit, Privateigentum und Märkte«. Huntington bemerkt: »In keinem anderen Land steht die Förderung von Demokratie, Menschenrechten und Märkten so sehr im Mittelpunkt der Politik wie in Amerika.« Da dies per definitionem gilt, sind Beweise erneut überflüssig. Man muß bei Washingtons Förderung von Menschenrechten ja nicht an die enge Verbindung von Entwicklungshilfe (auch militärischer) und Folter denken, die in diversen Untersuchungen festgestellt wurde und sich auch für die Jahre unter Carter nachweisen läßt.[47] Solche Erwägungen gehören in die Provinz von Kleingeistern, die unfähig sind, Höhere Wahrheiten zu würdigen.

In allgemeinerer Hinsicht ist es einfach ein logischer Fehler, die Hymnen auf unsere politische Großherzigkeit mit dem tatsächlichen Verlauf der Geschichte zu vergleichen. Wer Mühe hat, das zu begreifen, kann sich bei der »realistischen« Denkweise von Hans Morgenthau, dem bedeutsamsten Vertreter der neueren Politikwissenschaft in den USA, eines Besseren belehren lassen. Für Morgenthau liegt der »transzendente Zweck« der Vereinigten Staaten in der »Herstellung von Gleichheit in Freiheit« in Amerika und der gesamten Welt, weil »der Kampfplatz, auf dem die Vereinigten Staaten ihren Daseinszweck verteidigen und fördern müssen, sich auf die gesamte Welt ausgedehnt hat«. Morgenthau, ein kompetenter Gelehrter und, gemessen an dem, was in der Elitenkultur üblich ist, eine außergewöhnlich anständige und geistig unabhängige Persönlichkeit, erkannte, daß die historischen Dokumente mit dem »transzendenten Zweck« unvereinbar sind. Aber er versichert uns, daß Tatsachen für notwendige Wahrheiten ohne Bedeutung sind: Wenn man Tatsachen ins Feld führt, »verwechselt man den Mißbrauch der Realität mit der Realität selbst« und wiederholt damit nur »den Irrtum des Atheismus, der die Gültigkeit der Religion aus ähnlichen Gründen leugnet«. Realität ist der bislang unerreichte »nationale Zweck«, den »die geschichtliche Evidenz, so wie unser Bewußtsein sie reflektiert, enthüllt«. Dagegen ist der tatsächliche geschichtliche Verlauf nur der Mißbrauch der Realität, ein bedeutungsloses Artefakt.[48]

Solche Doktrinen sind also, wie bei den extremeren Formen des religiösen Fundamentalismus, gegen Kritik und Bewertung immun. Man kann sich kaum vorstellen, daß diese Bekundungen ernst gemeint sind, und vielleicht sind sie es nicht, wie Achesons zynischer Kommentar vermuten läßt. Ähnlich hatte Huntington einmal erklärt: »Man muß wahrscheinlich [die Intervention oder andere militärische

Aktionen] so verkaufen, daß man den falschen Eindruck erweckt, man bekämpfe die Sowjetunion. So sind die Vereinigten Staaten seit der Truman-Doktrin verfahren.« Mit dieser Logik »können auch Gorbatschows PR-Strategien als für die amerikanischen Interessen in Europa ebenso bedrohlich gelten wie Breschnews Panzer.« Damit bietet Huntington weitere Einblicke in die Realität des Kalten Kriegs.[49]

Die Hysterie des Dokuments NSC 68 hielt sich auch während der Präsidentschaft von Eisenhower und wurde danach von Kennedy und dessen Umfeld aus liberalen Intellektuellen bedient. Kennedy warnte eindringlich vor der »monolithischen und rücksichtslosen Verschwörung«, deren Ziel die Eroberung der Welt sei. Seine engsten Mitarbeiter teilten diese Ansichten. Verteidigungsminister McNamara sagte in der Anhörung anläßlich seiner Ernennung vor dem Kongreß:

> »Es gibt keine historische Parallele zum Drang des sowjetkommunistischen Imperialismus, die Welt zu kolonisieren ... Des weiteren ist die sowjetische Aggression so allumfassend, daß man, um sie zu verstehen, auf die frühe Geschichte zurückgreifen muß, in der kriegerische Stämme den Feind nicht nur besiegen, sondern gänzlich auslöschen wollten ... Der Sowjetkommunismus will die sorgsam gehegten Traditionen und Institutionen der freien Welt mit dem gleichen Fanatismus auslöschen, der früher siegreiche Armeen dazu brachte, Dörfer niederzubrennen und die Felder zu versalzen, damit sie nie wieder Früchte tragen würden. Diesen primitiven Plan totaler Auslöschung können die Kommunisten mit den Mitteln der modernen Technologie und Wissenschaft in die Tat umsetzen. Diese Kombination ist furchteinflößend. Das Wissen des 20. Jahrhunderts wird, wenn es aller moralischen Beschrän-

kungen entledigt ist, zur gefährlichsten Gewalt, die jemals auf die Welt losgelassen wurde. Und in der gesamten Literatur des Sowjetkommunismus findet sich nicht der geringste Hinweis auf moralische Beschränkungen.«

McNamara schloß mit den Worten: »In diesem Geist sollte das Bildungsprogramm unserer Verteidigungsinstitutionen durchgeführt werden.«

Kennedys zweitwichtigster Berater in Sicherheitsfragen, General Maxwell Taylor, drängte auf eine radikale Erhöhung des Militärhaushalts. »Ich kann zwar keine genaue Schätzung abgeben«, meinte er, »doch wird die Gesamtsumme alle Friedensbudgets in der Geschichte der Vereinigten Staaten übertreffen.«[50] Das konnte angesichts »unserer« Vollkommenheit und »ihrer« Bösartigkeit nur klug sein.

Die Intellektuellen um Kennedy betrieben also eine gigantische Aufrüstung, die sie mit dem Hinweis auf die »Raketenlücke« rechtfertigten. Das war insofern gelogen, als es sie zwar gab, aber zugunsten der Vereinigten Staaten. Unter Kennedy vollzog sich der zweite Aufrüstungsschub des Kalten Kriegs; den ersten hatte die Regierung Truman in Übereinstimmung mit NSC 68 ins Werk gesetzt. Als Vorwand diente damals der Koreakrieg, der kurz nach der Überreichung des Memorandums ausbrach und die These vom sowjetischen Streben nach Weltbeherrschung zu bestätigen schien. Diese Schlußfolgerung war damals so wenig plausibel wie heute, paßte aber in den Rahmen der politischen Erfordernisse. Die Reaganisten erfanden ein »Fenster der Verwundbarkeit«, als sie Präsident Carters Aufrüstungspläne in die Tat umsetzten, entdeckten dann aber, daß das Fenster geschlossen war, weil die Geschäftswelt sich über die Folgen des ausufernden Militärkeynesianismus Sorgen zu machen begann. Unterdessen erfanden Intellektuelle aus allen politischen Lagern Märchen über die immer stärker werdende Sowjetunion, die schon dabei sei, solche Machtzentren wie Mosambik und Grenada sich einzuverleiben, während die freie Welt hilf- und machtlos zuschauen müsse.[51] Selbstverständlich führte der Zusammenbruch dieser Phantasievorstellungen nicht zu einer Überprüfung oder Neubewertung, sondern bewies vielmehr, daß die Weltuntergangspropheten recht gehabt hatten und das Unheil in letzter Minute noch gerade hatte abgewendet werden können.

1980 ging es im wesentlichen darum, einen Grund für erneuerte Wirtschaftsanreize und eine aggressivere Haltung in der Außenpolitik zu finden. Das führte binnen kurzer Zeit zu einer neuen Phase des US-amerikanischen Terrorismus und anderer subversiver Tätigkeiten, und das war Begründung genug. Ähnliches gilt für die beiden anderen Fälle militärischer Aufrüstung (1950 und 1961).

Schon ein beiläufiger Blick auf die Tatsachen zeigt, daß das konventionelle Bild vom Kalten Krieg erhebliche Risse aufweist, was sich bei einer genaueren Untersuchung bestätigt. Erörtern wir einige Fragen, die ein am wahren Wesen des Ost-West-Konflikts interessierter Mensch vernünftigerweise stellen würde.

Nationale Sicherheit

Die erste Frage betrifft die Rolle der nationalen Sicherheit bei der Ausrichtung der politischen Strategie. Natürlich wird immer wieder auf die Gefährdung dieser Sicherheit verwiesen, und möglicherweise glaubt die Regierung sogar daran (vgl. Anm. 51); das gehört gewissermaßen zu den politischen Universalien. Folglich ist dieses Sicherheitsbedürfnis nicht besonders aussagekräftig, vor allem dann nicht, wenn wir den Begriff »Sicherheit« sehr weit fassen. In einigen höchst sorgfältigen und gründlichen wissenschaftlichen Untersuchungen neueren Datums wird

»nationale Sicherheit« zu der Auffassung überdehnt, daß in einer fernen Zukunft kein potentieller Feind im Besitz der notwendigen Ressourcen sei, um die USA zu bedrohen. Und wenn der unabhängige politische Kurs eines Staats dazu führen kann, daß er in das Macht- und Einflußfeld des Feindes gerät, dann stellt auch der Neutralismus eine echte Gefahr für die »nationale Sicherheit« dar. Auf diese Weise wird die Behauptung, Politik sei von Sicherheitsinteressen geleitet, leer und unwiderlegbar, wohingegen andere Vorstellungen, mögen sie vielleicht auch falsch sein, zumindest einen Gehalt besitzen, wie etwa die These, Politik diene der Handlungsfreiheit US-amerikanischer Konzerne in der internationalen Wirtschaft (wobei der Einfluß von Großkonzernen auf die Politik unbestritten ist). Abgesehen davon müßte die Logik der nationalen Sicherheit jedem Staat das Recht auf die Kontrolle der globalen Gesellschaft einräumen. Mit diesem Begriff landen wir also im Nirgendwo.[52]

Die Vorstellung, Sicherheit erfordere die totale Beherrschung der Welt, konnte den Strategen des Kalten Kriegs auch deshalb so geläufig sein, weil ihnen die Grundelemente vertraut waren. Die Praxis, auf übermächtige Feinde zu verweisen, die bereits vor den Toren stehen, zieht sich durch die gesamte amerikanische Geschichte. »Seit mindestens einhundert Jahren«, schreibt der Historiker John Thompson, »ist in den Auseinandersetzungen über die amerikanische Außen- und Verteidigungspolitik immer wieder die Verletzbarkeit Amerikas – in der grundlegenden Bedeutung der Verletzbarkeit des nordamerikanischen Heimatlands gegen direkte Angriffe von außen – auf übertriebene Weise betont worden.« In den achtziger Jahren des 19. Jahrhunderts wurde der Ausbau der Kriegsflotte mit »angsteinflößenden Bildern britischer, chilenischer, brasilianischer und sogar chinesischer Kriegsschiffe« begründet, die amerikanische Städte unter Beschuß nahmen. Die Annektierung von Hawaii war notwendig, um britische

Angriffe gegen Festlandshäfen abzuwehren, die »vollständig der Gnade englischer Kreuzer ausgeliefert sind« (Senator Henry Cabot Lodge). Vor dem Ersten Weltkrieg waren Karibik und Heimatland von der deutschen Kriegsmarine bedroht. Um das Land im Oktober 1941 auf den Eintritt in den Zweiten Weltkrieg vorzubereiten, beschrieb Präsident Roosevelt eine »geheime Landkarte, die in Deutschland von Hitlers Regierung« angefertigt worden sei und den Plan enthalte, »den ganzen Kontinent unter deutsche Herrschaft zu bringen«. Die Karte gab es tatsächlich, sie stammte vom britischen Geheimdienst. Auch Ronald Reagans Redenschreiber griffen auf diese Tradition zurück, wenn sie ihn warnend darauf hinweisen ließen, daß die Sandinisten nur »zwei Stunden Flugzeit von unseren Grenzen« und »nur zwei Tage Fahrzeit von Harlingen, Texas« entfernt sind. Überlegen sein zu wollen ist so amerikanisch wie *apple pie*.[53]

Auch der ideologische Rahmen, der diesem Drang nach Überlegenheit seine Richtung vorgibt, war schon lange vor dem Kalten Krieg verfertigt worden. Da die Vereinigten Staaten sich als so groß- und einzigartig begriffen, war es ein höchst ehrenwertes Unterfangen, den Kontinent von einem »der Auslöschung bestimmten« Volk, einer »der Erhaltung unwerten Rasse«, die »der angelsächsischen Rasse ihren Wesen nach unterlegen ist«, zu säubern, handelt es sich doch um ein »unverbesserliches Gezücht«, dessen »Verschwinden aus der Familie der Menschen kein großer Verlust wäre«. Das jedenfalls meinte Präsident John Quincy Adams, der später diese Äußerungen bereute und die von ihm betriebene Politik zu den »scheußlichen Sünden dieser Nation« rechnete, »für die sie, wie ich glaube, eines Tages vor Gottes Richterstuhl wird treten müssen«. Er hoffe, meinte er weiter, daß diese späte Einsicht »der unglücklichen Rasse der amerikanischen Eingeborenen, die wir mit so gnadenloser und perfider Grausamkeit vernichten« irgendwie helfen könnte. Indes verkündete Präsident Monroe die Ausrottung für legal, weil die unterlegene Rasse »dem Recht nach« der »dichteren und kompakteren Form und der größeren Kraft der zivilisierten Bevölkerung« weichen müsse, weil »die Erde der Menschheit überlassen wurde, um die größtmögliche Anzahl zu ernähren, und kein Stamm oder Volk hat das Recht, dem Begehren anderer mehr zu entziehen als für den je eigenen zufriedenstellenden Lebensunterhalt nötig ist«. Folglich »verlangen die Rechte der Natur, was niemand verhindern kann«, nämlich die »schnelle und enorme« Ausweitung der weißen Siedlungstätigkeit auf das Gebiet der Indianer, der die gerechte Ausrottung unvermeidlich folgt.

Solche Ideen, bei denen sich frühe Ideologen auf John Locke beriefen, finden auch heute noch ihr Echo, wobei sie mit feinsinniger Trennschärfe verwendet werden.

Nachdem der Kontinent von der Indianerplage befreit worden war, konnte der Rest der Welt ins Visier genommen werden. Die Eroberung des Westens sollte zum Sprungbrett für die »Emanzipation der Welt« durch Amerikas »pekuniäre und moralische Macht« werden, erklärte der einflußreiche Geistliche Lyman Beecher 1835 in jener religiös getönten Sprache, die sich, etwas gröber, auch bei seinen weltlichen Nachfolgern in NSC-68 und vielen öffentlichen Diskursen findet.[54]

Während des Kalten Kriegs wurden diese ideologischen Fäden zur Forderung nach amerikanischer Vorherrschaft zusammengeknüpft. Sie ist unser Recht und unser Bedürfnis – unser Recht aufgrund des uns per definitionem innewohnenden Adels, und unser Bedürfnis aufgrund der unmittelbaren Bedrohung, die von vernichtungswütigen Feinden ausgeht. Der konventionelle Begriff, der das alles abdeckt, heißt »Sicherheit«.

Nun, nach dem Ende des Kalten Kriegs, kann die Maske ein wenig gelüftet werden, und elementare Wahrheiten, die in der seriösen Forschung hier und da bereits ihren Ausdruck fanden, dürfen an die Öffentlichkeit gelangen.

Dazu gehört die Tatsache, daß die Berufung auf Sicherheit großenteils geheuchelt war. Die Doktrin diente im wesentlichen dazu, den unabhängigen Nationalismus zu unterdrücken, sei es in Europa, Japan oder der Dritten Welt. »Nach dem Verschwinden der UdSSR ... sind die außenpolitischen Eliten der USA gezwungen, bei der Formulierung der amerikanischen Strategie sich freimütiger zu äußern«, heißt es in einem Leitartikel in *Foreign Policy*. Wir können nicht länger verhehlen, daß »die amerikanische Weltordnungsstrategie auf der Annahme beruht, daß Amerika in wirtschaftlich kritischen Regionen im wesentlichen ein Militärprotektorat aufrechterhalten muß, damit seine lebenswichtigen Handels- und Finanzbeziehungen nicht durch politische Unruhen gefährdet werden«. Diese »von Wirtschaftsinteressen determinierte Strategie, die von der außenpolitischen Führungsschicht vertreten wird, entspricht (vielleicht unwissentlich) einer quasi-marxistischen, genauer gesagt, leninistischen Interpretation der amerikanischen Außenpolitik«. Zudem bestätigt sie die oft geschmähten »linksradikalen« Analysen von William Appleman Williams und anderen linksorientierten Historikern.[55]

Dem ist nur der bereits zitierte Vorbehalt von Adam Smith hinzuzufügen: Die schützenswerten Handels- und Finanzbeziehungen sind »lebenswichtig« für die Architekten der Politik und die staatlichen und privatwirtschaftlichen Interessen, denen diese Baumeister dienen. Für die allgemeine Bevölkerung sind sie oftmals durchaus nicht »lebenswichtig«, sondern eher schädlich, wie es etwa der Fall ist, wenn die Internationalisierung der Produktion ihr den Status von überflüssigen Bewohnern der Dritten Welt zuweist, eine Konsequenz, die sich mit der Logik der »wirtschaftlichen Rationalität« rechtfertigen läßt, wenn auch nicht mehr so einfach durch Verweis auf »Sicherheit«.

Um uns mit diesem Begriff auf vernünftigere Weise zu befassen, sollten wir fragen, in welchem Ausmaß er als eigenständiger Faktor an der Herausbildung politischer Strategien beteiligt war. Rufen wir uns noch einmal die drei hauptsächlichen militärischen Aufrüstungsphasen (unter Truman, Kennedy und Reagan) ins Gedächtnis. In allen drei Fällen war die Begründung schwach oder schlichtweg erfunden, was vermuten läßt, daß jeweils unterschiedliche Motive handlungsleitend waren. Diese Vermutung wird durch die Tatsache verstärkt, daß wirkliche Bedrohungen der Sicherheit gar nicht zu interessieren schienen. Immerhin gab es 1950 bereits Interkontinentalraketen mit atomaren Sprengköpfen. Aber die amerikanischen Politstrategen unternahmen keine Anstrengungen, die weitere Entwicklung von Waffen, die für die Sicherheit der USA bedrohlich werden konnten, zu verhindern, und auch der spätere Verlauf des Kalten Kriegs war durch Aufrüstungspolitik bestimmt.[56]

Andere Aspekte der politischen Strategiebildung zeigen das gleiche Desinteresse an effektiver Sicherheit. Zwar sprach man fortwährend von der sowjetischen Gefahr, aber die Vorstellung, daß die Russen Westeuropa angreifen könnten, wurde nicht ernsthaft erwogen. Allerdings galt die sowjetische Militärmacht in zweierlei Hinsicht als Bedrohung: Zum einen diente sie zur Abschreckung amerikanischer Interventionen in der Dritten Welt, und zum anderen gab es die Möglichkeit, daß die UdSSR auf die Einbindung seiner traditionellen Feinde, Deutschland und Japan, in ein von den USA geführtes Militärbündnis reagieren könnte. Dieses Szenario wurde wiederum von Moskau, wie westliche Strategen erkannten, als echte Bedrohung der eigenen Sicherheit empfunden. Die Gründung der NATO scheint weniger auf einen befürchteten sowjetischen Angriff auf Westeuropa zurückzugehen, als auf die Angst vor einem neutralistischen Europa, das Acheson für den »kürzesten Weg zum Selbstmord« hielt. In der Vorbereitung auf die Treffen in Washington, die zur Bildung der NATO führten – worauf Moskau dann mit dem Warschauer Pakt reagierte –, gewannen US-Strategen die Überzeugung, »daß die

Sowjets tatsächlich an einem politischen Handel interessiert sein könnten, indem sie Deutschland wiedervereinigen und die Spaltung Europas beenden«, schreibt Melvyn Leffler in seiner umfassenden Studie. Aber in Washington wurde das nicht als »gute Gelegenheit« begriffen, sondern als Bedrohung des »ersten Ziels der nationalen Sicherheit«, nämlich »in Deutschland das wirtschaftliche und militärische Potential für die Atlantische Gemeinschaft zu schaffen« und somit selbstmörderische Neutralitätsbestrebungen zu verhindern.[57]

»Nationale Sicherheit« bezieht sich hier nicht auf die Sicherheit einer Nation, die nur durch den Ausbruch eines erbitterten Ost-West-Konflikts in Europa beschädigt werden könnte, sondern auf langfristige wirtschaftliche und politische Ziele ganz anderer Art, wie Leffler vermerkt. Auch bezieht sich der Ausdruck »Atlantische Gemeinschaft« nicht auf die Bevölkerung der darunter befaßten Staaten, sondern, wie gewöhnlich, auf die Reichen, denen die Herrschaft zugedacht ist. Gerade die Stärke und Anziehungskraft demokratischer Massenbewegungen waren für die amerikanischen und britischen Politstrategen ein ernstes Problem und einer der Faktoren, die aus ihrer Sicht für ein geteiltes Deutschland sprachen, dessen Wiedervereinigung unter dem Vorzeichen der Neutralität, so fürchteten sie, der europäischen Arbeiterbewegung und demokratischen Tendenzen allgemein Vorschub leisten würde. Das amerikanische Außenministerium hielt, wie auch das britische, einen sowjetischen Angriff für wenig wahrscheinlich und sorgte sich mehr wegen der »wirtschaftlichen und ideologischen Infiltration« aus dem Osten, in der man »etwas der Aggression sehr Ähnliches« erblickte; wenn die falschen Leute politische Erfolge erzielen, gilt das gewöhnlich als »Aggression«. In einem vereinigten Deutschland, wurde von britischer Seite gewarnt, »könnte die Waage der Macht sich zugunsten der Russen neigen« und auf die Arbeiterbewegung Einfluß nehmen. Die Teilung Deutsch-

NOAM CHOMSKY

lands aber würde jede Mitbestimmung der Sowjetunion über die industrielle Kernregion an Rhein und Ruhr ausschließen und die Arbeiterbewegung schwächen. Damit aber wurde der Kalte Krieg noch kälter und entsprechend wuchs die wirkliche Bedrohung der Sicherheit.

Aus ähnlichen Gründen verwarfen die USA Stalins Vorschläge von 1952 für ein vereinigtes und entmilitarisiertes Deutschland, in dem es freie Wahlen geben würde. Auch wurden weitere Vorstöße, die Mitte der fünfziger Jahre erfolgten, abgeblockt, gerade weil man sie für ernstgemeint hielt. In einer internen Botschaft vom Januar 1956 unterstrich das US-Außenministerium die Notwendigkeit, »Deutschland organisch in die westliche Gemeinschaft einzubinden, um die Gefahr zu verringern, daß ein neu entstehender deutscher Nationalismus bereit ist, die Wiedervereinigung um den Preis der Neutralität zu erlangen, mit der Perspektive, eine kontrollierende Position zwischen Ost und West einnehmen zu können«. Das waren, wie Geoffrey Warner anhand von neuerdings freigegebenen Geheimdokumenten erläutert, »keineswegs die Ausgeburten einer überhitzten Phantasie«: Die Russen »hatten auf der Genfer Konferenz der Außenminister angedeutet, daß sie bereit sein könnten, in einem neutralen Deutschland freie Wahlen zuzulassen«. 1955 waren Geheimverhandlungen zwischen West- und Ostdeutschland geplant und möglicherweise schon im Gange. Noch bedeutsamer ist, daß Kennedy Chruschtschows Forderung, seinen radikalen Kürzungen im Militärhaushalt der Jahre 1961 bis 1963 mit einer vergleichbaren Initiative zu entsprechen, ignorierte. Ebenso blieben Gorbatschows weitreichende Vorschläge zum Abbau der Spannungen unberücksichtigt, weil man sie als bedrohlich empfand.[58]

Die untergeordnete Rolle der Sicherheit für die westlichen Strategen des Kalten Kriegs ist nicht unbemerkt geblieben. In seinem Standardwerk über die Eindämmungspolitik stimmt John Lewis Gaddis der Einschätzung

George Kennans vom Oktober 1947 zu – die von rationalen Politikern und Beobachtern, darunter auch Präsident Eisenhower, geteilt wurde –, daß wir »nicht von der militärischen Macht der Russen bedroht werden, sondern von ihrer politischen Macht«. Gaddis bemerkt: »Die Eindämmung ist in bemerkenswertem Ausmaß nicht so sehr eine Reaktion auf die russische Politik oder Ereignisse in anderen Teilen der Welt gewesen, sondern das Produkt von Kräften innerhalb der Vereinigten Staaten ... Überraschend ist das *Primat*, das wirtschaftlichen Erwägungen [vor allem staatlichen Wirtschaftsdirektiven] bei der Formung der Eindämmungspolitik eingeräumt wurde, und zwar *bis hin zum Ausschluß anderer Erwägungen*« (Hervorhebung von Gaddis).[59] Aber wie die meisten anderen Kommentatoren sieht Gaddis in diesem strategischen Muster lediglich eine Merkwürdigkeit, nicht jedoch ein politisches Handlungsprinzip, und so sagt er denn auch nichts darüber, inwieweit die Politik der »Abschreckung« und »Eindämmung« der politischen Weltlage überhaupt angemessen war. »Überraschend« ist allerdings, wie schwierig eine rationale Analyse im Hinblick auf die Außenpolitik der USA zu sein scheint, während sie in anderen Forschungsgebieten, auch bei der Erörterung der Politik uns feindlich gesonnener Staaten, Routine ist.

Zudem betrachtet Gaddis nur die innenpolitische Komponente des Kalten Kriegs, nicht aber die bereits erwähnte Strategie, derzufolge »Amerika in wirtschaftlich kritischen Regionen im wesentlichen ein Militärprotektorat aufrechterhalten muß, damit seine lebenswichtigen Handels- und Finanzbeziehungen nicht durch politische Unruhen gefährdet werden«.

Die politischen Strategien des Kalten Kriegs werden also plausibel, wenn wir »nationale Sicherheit« so umfassend interpretieren, daß diese bereits als gefährdet erscheint, sobald im amerikanischen Interessenbereich irgend etwas außer Kontrolle gerät, und sei es eine winzige Insel in der Ka-

NOAM CHOMSKY

ribik. Folglich mußte, um ein Beispiel zu geben, Grenada mit Gewalt in die Herde zurückgebracht werden, und die Reaganisten wollten, wie sie stolz verkündeten, daraus ein »Vorzeigeexemplar für den Kapitalismus« machen, was Großbanken und anderen Hilfsorganisationen denn auch gelang: Schon bald war die Insel »ein schnell wachsendes Paradies für Geldwäscher, Steuerflüchtlinge und Finanzbetrüger aller Art« (*Wall Street Journal*).[60] Wenn unsere Sicherheit durch jegliche Beschränkung unserer Kontrolle über Ressourcen und Märkte bedroht ist, sind Eindämmung und Abschreckung natürlich sinnvolle Strategien.

Aus dieser Perspektive können wir auch verstehen, warum Gaddis in einem anderen einflußreichen Werk, das sich mit der Geschichte des Kalten Kriegs beschäftigt, die Invasion Rußlands durch einige Westmächte im Jahr 1918 als defensive Maßnahme rechtfertigt. Sie sei nämlich »die Reaktion auf eine tiefgreifende und potentiell weitreichende Intervention der neuen sowjetischen Regierung in die inneren Angelegenheiten nicht nur des Westens, sondern praktisch aller Staaten der Welt« gewesen, d. h. die »Kampfansage der Revolution – die kategorischer nicht hätte sein können – gegen das Überleben der kapitalistischen Ordnung«. Mithin war die Sicherheit der Vereinigten Staaten bereits 1917 »in Gefahr« gewesen und nicht erst 1950, und die Intervention durfte als Verteidigung gegen den Wandel der gesellschaftlichen Ordnung in Rußland und die Verkündung revolutionärer Absichten für gerechtfertigt gelten.[61] Unter Berücksichtigung der bereits erwähnten stillschweigenden Voraussetzungen ist Gaddis' Analyse unumstritten. Gemäß dieser Logik sind »Eindämmung« und »Abschreckung« Decknamen für die von den USA und ihren Verbündeten betriebenen Interventionen und Subversionen.

Ironischerweise warf man der UdSSR vor, ihr Begriff von »Sicherheit« sei so allumfassend, daß er für alle anderen Staaten Unsicherheit bedeute. Genau das behaupten

Strategieexperten heute von der amerikanischen Politik, halten diese Auffassung jedoch für gerechtfertigt.

Die Folgerungen liegen auf der Hand. Die konventionelle Interpretation des Kalten Kriegs ist plausibel, wenn wir den Vereinigten Staaten eben die Haltung zuschreiben, die das Dokument NSC-68 dem Kreml und seinem »Drang nach Weltbeherrschung« unterstellte. Natürlich werden westliche Kommentatoren schnell bei der Hand sein, auf die offensichtlichen Unterschiede hinzuweisen: Da wir die Guten sind und die anderen die Bösen, ist es nur gerecht und richtig, daß wir die Nase vorn haben, ungeachtet aller Katastrophen, die wir, in Verteidigung unserer »Sicherheit«, in vielen Teilen der Welt anzurichten vermochten. Wer auf die geschichtlichen Tatsachen verweist, ist ohnehin nur Opfer »politischer Korrektheit« oder »moralischer Gleichmacherei«.

Der Beginn des Kalten Kriegs

Eine zweite Frage, die sich vernünftigerweise stellen läßt, lautet: Wie begann der Konflikt und warum? Eine Antwort darauf haben wir schon gehört: Der Kalte Krieg begann, als die Bolschewisten ihre aggressive »Kampfansage ... gegen das Überleben der kapitalistischen Ordnung« formulierten und so den Westen zu jener defensiven Haltung zwangen, die er von der Invasion Rußlands bis zur Rollback-Strategie und darüber hinaus eingenommen hat. Gaddis' Datierung der Ursprünge des Konflikts ist realistisch und wird von anderen seriösen Historikern befürwortet.

Zu ihnen gehört George Kennan, einer der führenden Architekten der internationalen Ordnung nach dem Zweiten Weltkrieg, der zudem eine vielbeachtete Studie über die sowjetisch-amerikanischen Beziehungen verfaßt hat. Er datiert die Ursprünge des Kalten Kriegs auf Januar 1918, als die Bolschewisten die Konstituierende Versammlung auflösten. Das führte »mit gewisser Endgültigkeit« zum Bruch mit dem Westen. Der britische Botschafter in Moskau, Sir George Buchanan, war »zutiefst schockiert« und empfahl eine bewaffnete Intervention. Die folgte schon bald und war durchaus ernstgemeint; die Briten setzten, wie erwähnt, sogar Giftgas ein, was so kurz nach dem Ende des Ersten Weltkriegs keine geringfügige Sache war. Winston Churchill, damals Außenminister, notierte, daß er »es sehr gern für die Bolschewiken hätte, wenn wir uns leisten können, zu zeigen, daß wir im Besitz [dieser Waffe] sind«. Der idealistische Woodrow Wilson zeigte sich von der Auflösung der Versammlung besonders betroffen, was, wie Kennan meint, die starke Bindung der amerikanischen Öffentlichkeit an die Verfassungsmäßigkeit zeigt und die Ablehnung einer Regierung, deren Mandat sich nur auf die »Bajonette der Roten Garden« stützte.[62]

Glücklicherweise hält die Geschichte ein kontrolliertes Experiment bereit, anhand dessen sich die Ernsthaftigkeit dieser erhabenen Gefühle überprüfen läßt. Einige Monate nach den Ereignissen in Rußland löste Wilsons Armee die Nationalversammlung in Haiti auf, wobei sie, wie Marinekommandeur Smedley Butler bemerkte, »echte Marinekorps-Methoden« zur Anwendung brachte. Die Nationalversammlung hatte sich nämlich geweigert, einer von den Invasoren oktroyierten Verfassung zuzustimmen, die es US-Konzernen ermöglichen sollte, Ländereien in Haiti aufzukaufen. Ein von der Marine durchgeführtes Plebiszit löste das Problem: Die Verfassung wurde mit einer Zustimmung von 99,9 Prozent angenommen, die Beteiligung an der Abstimmung betrug fünf Prozent. Soviel zur starken Bindung an die Verfassungsmäßigkeit angesichts einer Regierung, deren Mandat sich auf die Bajonette der Invasoren stützte.

Amüsanterweise gelten diese Ereignisse in der amerikanischen Geschichtsschreibung als Beispiel für eine »humanitäre Intervention« mitsamt all ihren Schwierigkeiten (die sie natürlich nur uns bereitet). »Haitis tragische Geschichte sollte jene zur Vorsicht mahnen, die jetzt so eifrig die Operation Restore Hope in Somalia betreiben«, warnt Robert Kaplan unter Hinweis auf die Probleme, denen wir konfrontiert sind, wenn wir »die politische Struktur eines Landes zu reparieren suchen, dem die Grundlagen einer modernen politischen Kultur fehlen«. Und Elaine Sciolino von der *New York Times* erinnert daran, daß die Marines »für Ordnung sorgten, Steuern einzogen, Auseinandersetzungen schlichteten, Lebensmittel und Medizin verteilten und sogar Pressezensur betrieben und politische Gegner vor Militärgerichte stellten«. Dem Harvard-Historiker David Landes zufolge führte die wohlwollende Okkupation »zur dringend benötigten Stabilität, damit das politische System arbeiten und der Außenhandel erleichtert werden konnte«. Auch Professor Hewson Ryan von der Fletcher School of Law and Diplomacy ist voll des Lobes für das, was die USA in »zwei Jahrhunderten gutgemeinten Engagements« in Haiti erreicht haben, seit sie 1791 Frankreichs Versuch, den Sklavenaufstand gewaltsam niederzuschlagen, unterstützten. »Nur wenige Nationen haben über einen so langen Zeitraum so viel an gutgemeinter Beratung und Hilfe bekommen«, schreibt er. Haitis gegenwärtiger Zustand muß also einigermaßen rätselhaft erscheinen. Besonders beeindruckt ist Ryan von Wilsons »freundlichem Beharren« auf der Beseitigung »unfortschrittlicher« Vorkehrungen der Verfassung, wie etwa dem Verbot des Landerwerbs durch Ausländer. Mit dem »freundlichen Beharren« bezieht er sich auf die gewaltsame Auflösung der Nationalversammlung.[63]

Die Haitianer haben etwas andere Erinnerungen an diese Zeiten amerikanischer Fürsorge. So meint der Anthropologe Michel-Rolph Trouillot: »Die meisten Beobachter sind sich darin einig, daß die Errungenschaften der Okkupation geringfügiger Art waren; Uneinigkeit besteht nur in der Frage, wie groß der angerichtete Schaden war.« Je-

NOAM CHOMSKY

denfalls beschleunigte die Besatzung die wirtschaftlichen, militärischen und politischen Zentralisierungsprozesse, die ökonomische Abhängigkeit und die scharfen Klassenteilungen, die Ausbeutung der Bauernschaft, die innerethischen Konflikte, die durch den Rassismus der Besatzer noch verschärft wurden, und, was wohl das Schlimmste war, die Errichtung einer »Armee, deren Aufgabe es war, das Volk zu bekämpfen«.[64] Aber, tröstet Landes, »selbst eine gutgemeinte Okkupation ruft ... bei den Nutznießern Widerstand hervor«.

Nicht nur die gewaltsame Auflösung der Nationalversammlung ist aus der Geschichte verschwunden, sondern auch die praktische Wiedereinführung der Sklaverei, die von den Marines verübten Massaker, die Bildung einer staatsterroristischen Armee (der Nationalgarde), die seither die Bevölkerung eisern im Griff hat, sowie die Übernahme des Landes durch US-Konzerne. In der benachbarten Dominikanischen Republik spielte sich das alles ähnlich ab, auch wenn Wilsons Armeen dort nicht ganz so schlimm wüteten.

Und da dies alles vergessen ist, gilt Wilson als großer moralischer Lehrmeister und Apostel von Selbstbestimmung und Freiheit. Zu seinem hochfliegenden Idealismus können wir jetzt zurückkehren. Die Bolschewisten dagegen haben sich, indem sie die Konstituierende Versammlung gewaltsam auflösten, gegen unsere hehrsten Ideale vergangen.

Der Kalte Krieg begann mit Lügen und Täuschungsmanövern, und das sollte sich auch im weiteren Verlauf nicht ändern.

Der Verlauf des Kalten Kriegs

Eine dritte Frage, um das Wesen des Kalten Kriegs zu verstehen, lautet: Welche Ereignisse charakterisieren ihn?

Hier müssen wir zwei Phasen unterscheiden. Die erste reicht von der Russischen Revolution bis zum Zweiten Weltkrieg, die zweite, mit der Erneuerung des Konflikts, vom Ende des Zweiten Weltkriegs bis zum endgültigen Zusammenbruch der Sowjetunion. Betrachten wir zuerst die dortige Entwicklung.

Die erste Phase war durch die rasche Zerschlagung der beginnenden sozialistischen Tendenzen, die Institutionalisierung eines totalitären Staats sowie, vor allem unter Stalin, außergewöhnliche Greueltaten gekennzeichnet. Außenpolitisch war die Sowjetunion kein Hauptakteur; allerdings bemühten sich ihre Führer nach Kräften darum, sozialistische und andere nicht-orthodoxe linke Bewegungen zu untergraben, wofür die Rolle der Stalinisten im Spanischen Bürgerkrieg ein eindrückliches Beispiel gibt. Niemand jedoch hielt die Sowjetunion für eine *militärische* Bedrohung. Trotzdem war die westliche Politik schon damals auf Vorherrschaft und Eindämmung ausgerichtet.

Ihre ideologischen Facetten sollen hier zumindest kurz erwähnt werden. Von vielen Teilen der Linken wurde die bolschewistische Machtergreifung sehr bald als Angriff auf den Sozialismus erkannt. Dazu gehörten prominente Marxisten wie Anton Pannekoek und Rosa Luxemburg ebenso wie unabhängige Sozialisten à la Bertrand Russell und natürlich die anarchistische Linke ganz allgemein. Möglicherweise haben auch Lenin und Trotzki ihre Politik so gesehen und, in orthodox-marxistischer Weise, als Übergangsmaßnahme begriffen, bis die Revolution in den fortgeschrittenen kapitalistischen Ländern (vor allem Deutschland) sich durchgesetzt haben würde. Die Erben der bolschewistischen Konterrevolution jedoch sahen in ihrer Herrschaft den demokratischen Sozialismus verwirklicht. Der Anspruch auf Demokratie wurde vom Westen natürlich scharf zurückgewiesen, während man die ebenso lächerliche Behauptung der Sowjets, den Sozialismus eingeführt zu haben, gern dazu nutzte, linke Bewegungen im eigenen Land und ihren Kampf gegen die autoritären Institutionen des Staatskapitalismus zu denunzieren. Aufgrund ihrer globalen Vorherrschaft gelang es der westlichen Propaganda, die Bedingungen festzulegen, unter denen der ideologische Diskurs auch innerhalb der Linken geführt wurde. Die frühe Kritik am bolschewistischen Feldzug gegen sozialistische Initiativen der vorrevolutionären Epoche wurde bald an den Rand gedrängt, und selbst bekennende linke Antistalinisten, ja sogar Antimarxisten sahen nun, zumindest in ihren öffentlichen Bekundungen, im drohenden Ende der Sowjetunion den Tod des Sozialismus statt die Chance zu seiner Verwirklichung.

Die sowjetischen Verbrechen spielten bei der wachsenden Feindseligkeit des Westens keine Rolle. Wie aus der Geschichte bekannt ist, können die USA und ihre Bündnispartner Greueltaten durchaus tolerieren oder gar selbst verüben, sofern sie den Interessen der Reichen und Mächtigen dienen. Zu verbrecherischen Handlungen werden sie erst, wenn sie diesen Interessen zuwiderlaufen. Als man die Sowjetunion brauchte, damit sie die Schläge von Hitlers Kriegsmaschinerie abfing, war Stalin der liebenswerte »Onkel Joe«. In der Diskussion mit seinen engsten Beratern verteidigte Roosevelt Stalins Pläne für die Baltenstaaten und Finnland ebenso wie die Verschiebung der polnischen Grenze nach Westen. Churchill unterschrieb seine Noten an Stalin mit »Ihr Freund und Kriegskamerad«, während die britische Botschaft betonte, daß vor dem Hintergrund gemeinsamer britisch-sowjetischer Interessen aus dem »guten Start zur Bildung einer Atmosphäre größeren Vertrauens mit unserem schwierigen Verbündeten« ein engeres Bündnis werden könnte. Vielleicht hoffte London dadurch auch, gewisse amerikanische Nachkriegspläne zu verhindern, die britische Politiker mit einiger Unsicherheit erfüllten. Bei den Treffen der Großen Drei pries Churchill Stalin als »großen Mann, dessen Ruhm sich über Rußland hinaus in die ganze Welt verbreitet hat«, und sprach mit warmer Empfindung von seiner »freundschaftlichen und engen« Beziehung zum Tyrannen. »Meine Hoffnungen«, sagte er, »ruhen auf dem illustren Präsidenten der Vereinigten Staaten und auf Marschall Stalin, in denen wir die Meister des Friedens finden, die uns nach der Zerschmetterung des Feindes führen werden, um den Kampf gegen Armut, Verwirrung, Chaos und Unterdrückung fortzusetzen.« Stalin sei, erklärte Churchill seinem Kabinett nach der Konferenz von Jalta, ein Mann von großer Stärke, in den er völliges Vertrauen setze. Es sei wichtig, daß er im Amt bleibe. Besonders beeindruckt war Churchill von Stalins Unterstützung bei der brutalen Unterdrückung des von Kommunisten geleiteten antifaschistischen Widerstands in Griechenland.

Auch für Truman waren Stalins Verbrechen kein Stein des Anstoßes. Truman mochte und bewunderte Stalin, den er für »aufrichtig« und »höllisch schlau« hielt; sein Tod wäre eine »echte Katastrophe«. Im Privatgespräch bemerkte er, daß er mit Stalin »klarkomme«, solange die USA in 85 Prozent aller Fälle ihren Willen durchsetzen könnten. Was in der UdSSR selbst geschehe, gehe ihn nichts an.[65]

In der zweiten Phase, ab 1945, gab es von russischer Seite wiederholte Interventionen bei osteuropäischen Satellitenstaaten und die Invasion von Afghanistan, das einzige Mal, daß die Armee außerhalb der traditionellen Einmarschrouten ihrer Gegner, von denen sie im 20. Jahrhundert dreimal überfallen und an den Rand der Vernichtung gebracht worden war, operierte. Zudem suchte die Sowjetführung außenpolitische Tätigkeitsfelder, indem sie bisweilen Opfern amerikanischer Angriffe half, bisweilen Killer und Diktatoren wie die argentinischen Neonazigeneräle oder den äthiopischen Herrscher Mengistu unterstützte. Repression und Gewalt im Innern ließen nach und erreichten nicht mehr das Ausmaß wie in typischen amerikanischen Satellitenstaaten, wo westliche Anstandsnormen ja ohnehin nicht gelten.

In einem Kommentar zur »samtenen Revolution« in der Tschechoslowakei bemerkte der guatemaltekische Journalist Julio Godoy, der sein Land ein Jahr zuvor hatte verlassen müssen, nachdem sein neueröffnetes Redaktionsbüro von Staatsterroristen in die Luft gesprengt worden war, daß die Osteuropäer »in gewisser Weise mehr Glück gehabt haben als die Mittelamerikaner«:

> »Die von Moskau eingesetzte Regierung in Prag hat die Reformer unterdrückt und erniedrigt, aber die von Washington eingesetzte Regierung in Guatemala hat sie getötet und tut es immer noch. Es läuft auf Genozid hinaus, der schon mehr als 150 000 Opfer gekostet hat ... Amnesty International spricht von einem „Regierungsprogramm für politischen Mord"«.

In den Satellitenstaaten der Sowjets, meint Godoy, waren die Armeen »unpolitisch und ihrer nationalen Regierung gehorsam«, während in den US-Satellitenstaaten »die Armee die Macht *ist*« und das tut, was ihr seit Jahrzehnten von der Vormacht beigebracht worden ist. »Man möchte fast glauben, daß einige Leute im Weißen Haus die Götter der Azteken verehren und ihnen das Blut der Mittelamerikaner zum Opfer darbringen.«[66]

Auch in der zweiten Phase des Kalten Kriegs bieten die sowjetischen Taten und Untaten kein zureichendes Motiv für die westliche Feindseligkeit. Wir müssen also nach anderen Gründen Ausschau halten.

Wenden wir uns nun der amerikanischen Seite der Ereignisse zu. In der ersten Phase, die USA waren noch keine Weltmacht, reagierten sie auf die bolschwistische Revolution so, wie Gaddis es retrospektiv beschreibt.[67] »Das Haupthindernis« für die Anerkennung der UdSSR, meinte der Leiter der Osteuropa-Abteilung im Außenministerium, »sind die weltrevolutionären Ziele und Praktiken der

Herrscher dort.« Zu diesen Praktiken gehörte natürlich nicht die Aggression im direkten Sinn, aber die sowjetische Politik kam den Plänen des Westens in die Quere, was einer Aggression schon fast gleichgesetzt werden kann. Die Regierung Wilson jedenfalls nahm die »Ziele und Praktiken« zum Anlaß, eine große Kommunistenhatz, die »Red Scare«, zu inszenieren und dadurch demokratische Politik, Gewerkschaften, Pressefreiheit und unabhängiges Denken zu untergraben, Macht und Einfluß der privatwirtschaftlichen Interessen dagegen zu sichern. Nach dem Zweiten Weltkrieg spielte man diese Sache, ebenfalls unter dem Vorwand einer kommunistischen Verschwörung, mit McCarthy noch einmal durch. In beiden Fällen begrüßten Wirtschaft, Medien und liberale Intellektuelle die Repression, die für eine Periode der Ruhe und Passivität sorgte, bis die Wirtschaftskrise von 1929 und nach der McCarthy-Ära die Bürgerbewegungen der sechziger Jahre den Bann brachen.

Im Zuge ihrer gegen die Sowjetunion gerichteten Eindämmungspolitik unterstützten die USA Mussolini schon seit dessen Marsch auf Rom 1922 mit aller Kraft. Der amerikanische Botschafter nannte den Triumph des Faschismus eine »schöne junge Revolution«. Ein Jahrzehnt später pries Präsident Roosevelt den »bewundernswerten italienischen Gentleman«, der das parlamentarische System zerschlagen hatte und die Arbeiterbewegung, gemäßigte Sozialisten sowie die kommunistische Partei gewaltsam unterdrückte. Die faschistischen Verbrechen seien legitim, weil sie, so erklärte das Außenministerium, ein zweites Rußland verhindern würden. Aus diesen Gründen wurde auch Hitler unterstützt. 1937 sah das Außenministerium im Faschismus die natürliche Reaktion der »reichen und mittleren Klassen«, die sich verteidigten, als die »enttäuschten Massen sich, das Beispiel der russischen Revolution vor Augen, nach links wandten«. Nationalsozialismus und Faschismus müssen »erfolgreich sein, weil sonst die Massen,

NOAM CHOMSKY

jetzt verstärkt durch die desillusionierten Mittelschichten, erneut nach links driften«. Zur selben Zeit lobte der britische Sondergesandte in Deutschland, Lord Halifax, Hitler, weil dieser die Ausbreitung des Kommunismus gestoppt habe. England begreife sein Wirken jetzt sehr viel besser als vorher, meinte der Lord, an den Diktator gewandt. Die amerikanische Geschäftswelt dachte nicht anders. Italien unter Mussolini war bei Investoren sehr beliebt, und große US-Konzerne beteiligten sich an der Kriegsproduktion der Nationalsozialisten. Einige bereicherten sich sogar an der Plünderung jüdischen Besitzes während des NS-»Arisierungsprogramms«. »US-amerikanische Investitionen zogen erheblich an«, vermerkt Christopher Simpson in einer Studie. »Zwischen 1929 und 1940 stiegen sie um 48,5 Prozent, während sie in anderen kontinentaleuropäischen Ländern stark zurückgingen« und in Großbritannien annähernd stabil blieben.[68]

In einer Untersuchung britischer Regierungsdokumente kommt Lloyd Gardner zu dem Schluß, daß für die Briten noch während des Hitler-Stalin-Pakts (der bis Juni 1941 in Kraft blieb) die Sowjetunion »das unmittelbare Problem« war, nicht aber Deutschland. Hohe britische Regierungsbeamte hielten den Krieg für notwendig und »konzentrierten sich nicht auf die deutschen Bestrebungen zur Teilung [Polens], die London bereits für akzeptabel erklärt hatte, sondern auf den Pakt zwischen Nazis und Sowjets, der inakzeptabel war«.[69]

Die Unterstützung für den Faschismus fand ihr Ende, als man die Gefahr erkannte, die er für die Interessen des Westens darstellte. Aber schon bald darauf entdeckte man erneut seinen Wert. In Italien restaurierten amerikanische Besatzungstruppen ab 1943 die konservative Ordnung und setzten auch faschistische Kollaborateure wieder in Amt und Würden ein, während der antifaschistische Widerstand zerschlagen wurde. Der Aushöhlung der italienischen Demokratie widmete sich die CIA mindestens bis

1970 (spätere Dokumente liegen nicht vor). In Griechenland kam es zur ersten Kampagne, die in der Nachkriegszeit gegen Aufständische geführt wurde. Sie kostete erhebliche Opfer.

Die maßgebenden Werte der britischen und amerikanischen Politik zeigten sich mit besonderer Klarheit in Norditalien, das von der Widerstandsbewegung kontrolliert wurde. Als die Armeen der Alliierten dort eintrafen, fanden sie eine funktionierende soziale und wirtschaftliche Ordnung vor. Der britische Attaché, W. H. Braine, der die Unterstützung der Labour Party genoß, war besonders besorgt über eigenständige Initiativen der italienischen Arbeiter. Sie hatten erfolgreich gegen Entlassungen gekämpft und, schlimmer noch, Räte gegründet, d. h., »willkürlich« Firmeneigner und Geschäftsführer durch eigene Repräsentanten ersetzt. Braine ergriff sofort die Initiative, um diesen Prozeß rückgängig zu machen. Zwar war die Arbeitslosigkeit, wie er erkannte, das vordringlichste Problem, aber das mußte Italien selbst lösen, während die Alliierten sich um die Wiederherstellung der alten Ordnung zu kümmern hatten. Folglich wurden Enteignungen aufgehoben, die Widerstandskräfte entwaffnet und ihr »Komitee zur nationalen Befreiung« zur Ordnung gerufen, wie der Historiker Federico Romero beifällig vermerkt. Die Widerstandsbewegung, schreibt er, »war aus militärischer Sicht zwar nützlich gewesen, hatte bei den Alliierten jedoch immer schon Mißtrauen hervorgerufen, weil sie eine freie politische und soziale Bewegung war, die sich nur schwer kontrollieren ließ«. Sie war »zu einer Quelle unabhängiger Macht [geworden], und das mußte geändert werden«. Danach konnte die Militärregierung, wie der Leiter der Alliierten Kontrolkommission, US-Admiral Ellery Stone, erklärte, ihr Augenmerk darauf richten, »die Italiener im Geist der demokratischen Lebensweise zu erziehen«. Sein Bericht wurde vom Außenministerium übrigens als »ausgezeichnet« gelobt.

Vor allem die Alliierte Militärregierung wandte sich gegen die Arbeiterräte und befand sich damit »im Einklang mit den Ansichten der Industriellen und der gemäßigten politischen Kräfte«, bemerkt Romero, wobei er das Wort »gemäßigt« im konventionellen Sinn benutzt. Ziel war es, die Macht wieder in die Hände des Managements zu legen, »ideologische Vorstellungen zu einer Neustrukturierung der Gesellschaftsordnung« zu überwinden, die traditionelle »soziale Hierarchie« zu bewahren und den Kampf gegen »Privateigentum und Hierarchie in der Industrie« sowie »von Klassenkriterien geleitete antifaschistische Säuberungsaktionen« zu verhindern. Unter einer Mitte-Rechts-Regierung, mit gespaltenen und marginalisierten Gewerkschaften sowie »Ordnung, Disziplin und der Kontrolle des Managements am Arbeitsplatz« gäbe es eine willkommene Rückkehr zur »Normalität«, wobei die »industriellen Verhältnisse auf der dreigeteilten Kooperation zwischen Regierung, Industrie und Gewerkschaften beruhen«. Der Militärregierung gelang es, »das Streben der Arbeiterklasse nach politischer Macht in Schach zu halten, die radikalsten Impulse des siegreichen Antifaschismus zu zügeln und die Strukturen der industriellen Macht unter Kontrolle zu bringen, um so die Vorrechte der Unternehmer zu sichern«.

Überhaupt stellten die Arbeiter ein ziemliches Problem dar, weil sie in den Gewerkschaften »sehr einflußreich« waren und die Ordnung untergruben, kommentiert Romero. Man mußte ihnen den apolitischen Stil der amerikanischen Gewerkschaften beibringen. Das Modell war die AFL [*American Federation of Labor*; der Gewerkschaftsdachverband], in der ein »kleiner Kreis von Funktionären«, der seine Politik auf Versammlungen pauschal absegnen ließ, »enge Verbindungen« zum US-Geheimdienst und dem Außenministerium pflegte und sich »vorwiegend auf politisch-strategische statt rein gewerkschaftliche« Operationen konzentrierte. Leider genossen die italienischen Kommunisten aufgrund ihrer »persönlichen Integrität« und »unzweideutigen antifaschistischen Haltung« das Vertrauen der Bevölkerung, bemerkte der amerikanische Gewerkschaftsattaché John Adams und fügte hinzu: »Die Kommunistische Partei ist eine echte Massenpartei, deren Hauptziel die Verbesserung der materiellen Bedingungen der Arbeiter ist.« Die Arbeiter schätzten die Kommunisten, weil nur sie »in der Lage waren, die Interessen der Arbeiter wirksam zu verteidigen und ihnen die Aussicht auf die Verbesserung ihrer Lage in der Zukunft zu verschaffen« (so umschreibt Romero Adams' Äußerungen). Folglich mußte auch die Kommunistische Partei im Interesse der »gemäßigten Kräfte« und der »Demokratie« untergraben werden. Die USA machten deutlich, daß es keine Hilfsleistungen geben werde, solange die italienischen Wähler nicht ihren Verpflichtungen nachkamen, was sie dann, solchem Druck ausgesetzt, auch taten. Noch sehr viel nachdrücklichere Maßnahmen waren für den Fall geplant, daß die Arbeiter sich den Ergebnissen des »demokratischen Prozesses« widersetzen sollten.[70]

In diesem Sinne machten die Vereinigten Staaten bei der Errichtung der Neuen Weltordnung weiter. 1953 ließen sie die konservativ-nationalistische Regierung Mossadegh im Iran stürzen und den Schah an die Macht zurückkehren; in Guatemala zerstörten sie ein zehn Jahre währendes demokratisches Zwischenspiel, an dessen Stelle sie eine Versammlung von Massenmördern setzten, die den Beifall von Himmler und Göring gewonnen hätten und deren Verbrechen in den achtziger Jahren von der damaligen US-Regierung direkt unterstützt wurden; Frankreich halfen sie bei dem Bestreben, ihre ehemaligen Kolonien in Indochina zurückzugewinnen und errichteten dann, in Verletzung des Genfer Abkommens von 1954, in Südvietnam einen Terrorstaat nach lateinamerikanischem Muster, dessen Bevölkerung, als sie nicht mehr kontrolliert werden konnte, unter Kennedy mörderischen Angriffen ausgesetzt

NOAM CHOMSKY

wurde, was schließlich zu einem Krieg führte, in dessen Verlauf Millionen von Menschen starben und drei Länder verwüstet wurden; in Lateinamerika verhalfen sie Neonazi-Generälen zur Macht, und in Mittelamerika sorgten sie in den achtziger Jahren für Massaker und Zerstörungen größten Ausmaßes.

Ein Rückblick auf die Ereignisse des Kalten Kriegs bietet, in einer ersten Annäherung, folgendes Bild. In Rußland errichteten die Bolschewiki sofort eine totalitäre militärisch-bürokratische Diktatur, die in den dreißiger Jahren unglaubliche Greueltaten verübte. Im Ausland halfen sie während der ersten Phase des Kalten Kriegs bei der Unterdrückung sozialistischer und freiheitlicher Bestrebungen, während der zweiten Phase malträtierten sie ihre Satellitenstaaten, oft mit brutaler Gewalt, besetzten Afghanistan und pflegten auch sonst den Zynismus einer Großmacht. Die Vereinigten Staaten ihrerseits nutzten während der ersten Phase die »bolschewistische Bedrohung«, um daheim und im Ausland die Macht der Privatwirtschaft zu sichern. In der zweiten Phase errichteten sie im eigenen Land einen militärisch-industriellen Komplex, mittels dessen die Konzerne weiter gestärkt und die Arbeiterorganisationen geschwächt wurden; im Ausland, insbesondere in der Dritten Welt, sorgten sie für umfangreiche Subversion, Terrorkampagnen und Aggression und achteten ansonsten darauf, daß die Industriegesellschaften dem System tradierter Herrschaft treu blieben. Damit legten sie das Fundament für ein von transnationalen Konzernen und Finanzgesellschaften beherrschtes Weltsystem. Bei den entscheidenden Ereignissen des Kalten Kriegs spielte der Ost-West-Konflikt nur eine marginale Rolle, hatte aber gleichwohl bestimmte Auswirkungen und Folgen. Er diente beiden Supermächten dazu, die jeweils eigene Bevölkerung bei der Stange zu halten und die Pläne des Gegners zu stören, indem mögliche Angriffsziele unterstützt und die Abschreckung durch militärische Aufrüstung gefördert wurde. Allerdings übertrafen globale Reichweite und Gewalt der Vereinigten Staaten die Mittel der anderen Supermacht bei weitem, während die innerstaatliche Repression in der Sowjetunion ungleich umfassender war als in den USA, in der zweiten Phase jedoch nicht so stark wie in den Satellitenstaaten der USA. Möglicherweise hätte die Sowjetunion ihr Abschreckungspotential noch wirksamer gegen die Ambitionen ihres Rivalen ins Feld führen können, aber für diese Mutmaßung fehlen Beweise aus den sowjetischen Archiven.

Wenn also der Kalte Krieg im wesentlichen oder zumindest großenteils aus diesen Ereignissen besteht, gleicht das konventionelle Bild eher einem Zerrbild.

Davor und danach

Erörtern wir eine letzte Frage, die offensichtlich für das Wesen des Kalten Kriegs von Bedeutung ist: Welche Veränderungen hat er in der politischen Strategie bewirkt? Wie unterscheiden sich die Ereignisse des Kalten Kriegs von denen, die ihm vorausgingen und die ihm folgten? Für die UdSSR kann die Frage nicht sinnvoll beantwortet werden, weil die Gesellschaft sich 1917 und dann erneut seit 1990 radikal gewandelt hat, wohl aber für die Vereinigten Staaten.

Kurz vor der bolschewistischen Machtergreifung besetzte Woodrow Wilson Mexiko, Haiti und die Dominikanische Republik, in den letzten beiden Fällen mit tiefgreifenden, für Haiti sogar schrecklichen Folgen. Ein Grund lag im extremen Rassismus der Regierung Wilson und ihrer Militärkräfte, der sich in Haiti ganz unverhüllt zeigte. Ein hoher Beamter des Außenministeriums erklärte Wilsons Außenminister Robert Lansing:

»Man tut gut daran, die dominikanische Bevölkerung von der haitianischen zu unterscheiden. Erstere

NOAM CHOMSKY

ist zwar in vielfacher Hinsicht für die höchste Form der Selbstregierung nicht weit genug entwickelt, doch überwiegt bei ihr der Anteil an weißem Blut und weißer Kultur. Die Haitianer jedoch sind zum größten Teil negroid und befinden sich, abgesehen von ein paar hochgebildeten Politikern, noch fast im Zustand der Wildheit und völligen Unwissenheit.«

Folglich müssen die amerikanischen Okkupanten in Haiti »für lange Zeit ... eine so umfassende Herrschaft wie nur möglich« ausüben, während in der Dominikanischen Republik weniger starke Kontrollen vonnöten sind.[71] Lansing war der gleichen Ansicht. Er sprach der »afrikanischen Rasse« jegliche Befähigung zu »politischer Organisation und Regierungstalent« ab. »Fraglos besitzt sie eine innere Neigung, zur Wildheit zurückzukehren und die Fesseln der Zivilisation, die ihrer physischen Natur ein Hemmnis sind, abzustreifen.« Diese Tatsache macht das »Negerproblem auch in den Vereinigten Staaten praktisch unlösbar«. Allerdings hielt Lansing ohnehin nicht viel von der menschlichen Rasse insgesamt, von einzelnen Elementen einmal abgesehen.

Dem von Marines besetzten Nicaragua diktierte Wilson einen Vertrag, der den Vereinigten Staaten auf ewige Zeiten das Recht garantierte, einen Kanal zu bauen. Sinn und Zweck dieser Sache war es, möglichen Mitbewerbern um den Panama-Kanal das Wasser abzugraben. Der Vertrag war, wie sogar der damalige Außenminister Elihu Root erkannte, ein vollständiger Betrug, denn die Regierung eines Landes unter militärischer Besatzung habe, so Root, nicht die Legitimität und ganz sicher nicht das Recht, einen Vertrag mit derart weitreichenden Folgen abzuschließen. Costa Rica und El Salvador führten Klage, weil der Vertrag ihre Rechte beschnitt, was der Mittelamerikanische Gerichtshof, der auf Initiative der Vereinigten Staaten 1907 ins Leben gerufen worden war, bestätigte. Die Regierung Wilson reagierte darauf, indem sie den Gerichtshof zur nachhaltigen Wirkungslosigkeit verurteilte; nur wenigen fiel die Parallele zu 1986 auf, als die USA den Weltgerichtshof, der die Angriffe auf Nicaragua verurteilte, einfach ignorierten. Einige Jahre später erkannte Wilson eine gefälschte Wahl in Nicaragua an, ebenso in Kuba 1916/17 und 1921 und in Honduras 1919.[72]

Solche Aktionen waren jedoch mit den von Wilson gepredigten idealistischen Grundsätzen der Selbstbestimmung keineswegs unvereinbar, galten diese doch nicht für Völker »auf niedriger Zivilisationsstufe«, die »freundlichen Schutz, Führung und Hilfe« seitens der Kolonialmächte brauchen. In Wilsons »Vierzehn Punkten« hieß es [unter Punkt 5], daß in »Fragen der Souveränität die Interessen der betroffenen Bevölkerungen gleiches Gewicht haben müssen wie die dem Billigkeitsrecht gehorchenden Ansprüche der Regierung, über deren Rechtsanspruch entschieden werden soll«, d. h. des Kolonialherren. Damit hatte Wilson sich kaum von der bereits erwähnten Doktrin Churchills entfernt.[73]

Die wesentlichen Leitlinien der US-Politik waren, um es kurz zu sagen, nach der Machtergreifung der Bolschewiki unverändert geblieben. Anpassungen waren vorwiegend taktisch motiviert, wenn man die begeisterte Unterstützung für faschistische und andere Diktaturen (wie etwa in Venezuela mit seinen reichen Ölvorräten) mit diesem milden Ausdruck belegen will.

Sein Ende fand der Kalte Krieg mit dem Fall der Berliner Mauer im November 1989. George Bush feierte die Ereignisse, indem er in Panama einmarschierte und im übrigen erklärte, es werde sich nichts ändern. Das verdeutlichten dann auch die Reaktionen Londons und Washingtons auf den zweiten Fall von Aggression nach dem Ende des Kalten Kriegs, die irakische Besetzung Kuwaits.

Ebenso umstandslos zeigte Washington, daß die Verachtung der Demokratie, seit langem ein Charakterzug der amerikanischen Politik und intellektuellen Kultur, weiter bestehen würde. Ein typisches Beispiel, noch aus der Zeit vor dem Ende des Kalten Kriegs, waren die Wahlen von 1984 in Panama, die der Gangster und Mörder Manuel Noriega, damals noch Freund und Verbündeter der USA, mit Betrug und Gewalt beeinflußt hatte. Sein Erfolg wurde von der Regierung Reagan, die den designierten Wahlgewinner insgeheim mit Geldern unterstützt hatte, lebhaft begrüßt. Schon sieben Stunden vor der Bekanntgabe des Endergebnisses erhielt er ein Glückwunschtelegramm, und Außenminister George Shultz besuchte ihn anläßlich seiner Amtseinführung, wobei er den »Beginn des Demokratisierungsprozesses« lobte und die Sandinisten in Nicaragua aufforderte, sich daran ein Beispiel zu nehmen. Noriegas Eingreifen in den Wahlkampf verhinderte den Sieg von Arnulfo Arias, den das US-Außenministerium als »unerwünschten Ultranationalisten« betrachtete, während der Gewinner, ein ehemaliger Student von Shultz, Amerikas gehorsamer Diener war. In Panama jedoch nannte man ihn fortan *fraudito*, kleiner Betrüger.

1989 stahl Noriega, diesmal mit weniger Gewalt, eine weitere Wahl, was indes nicht mehr den Beifall Washingtons und der US-Medien fand. Er hatte nämlich inzwischen ein bedenkliches Unabhängigkeitsstreben an den Tag gelegt und allzu wenig Begeisterung für Reagans Terrorkrieg gegen Nicaragua gezeigt. Damit war er, wie der prominente Fernsehkommentator Ted Koppel psalmodierte, »jener besonderen Bruderschaft internationaler Schurken wie Ghaddafi, Idi Amin und Ajatollah Khomeini, die zu hassen die Amerikaner geradezu lieben«, beigetreten. Koppels Kollege bei der ABC, Anchorman Peter Jennings, bezeichnete Noriega als »eine der eher widerwärtigen Kreaturen, zu denen die Vereinigten Staaten eine Beziehung hatten«. Dan Rather vom CBS setzte ihn »an die Spitze der Liste aller Drogendiebe der Welt« – alles Einsichten, die 1984 offenbar nicht vorhanden gewesen waren. Als die ›widerwärtige Kreatur‹, nachdem sie von US-Truppen bei der Besetzung Panamas gekidnapt worden war, in den Vereinigten Staaten vor Gericht gestellt wurde, datierten die Anschuldigungen fast alle aus der Zeit, da Noriega noch zu unseren Lieblingen gehört hatte.[74]

Im November 1989 wurden in Honduras, einer Basis für US-Terror in der mittelamerikanischen Region, Wahlen abgehalten. Die beiden Kandidaten repräsentierten Großgrundbesitzer und reiche Industrielle. Ihre politischen Programme waren praktisch identisch, und keiner stellte die tatsächlichen Herrscher, das von den USA kontrollierte Militär, in Frage. Der Wahlkampf hatte sich auf einige Schlammschlachten und sonstige Unterhaltungen beschränkt. Vor dem Wahltermin übten sich die Sicherheitskräfte noch in einigen Menschenrechtsverletzungen, die jedoch nicht so schlimm waren wie in El Salvador und Guatemala. Armut und Hunger grassierten, was vor allem auf die von US-Beratern angepriesenen Agroexport-Programme und andere Hilfestellungen zurückzuführen war.[75] Außerdem grassierten Kapitalflucht, Gewinne ausländischer Investoren und die Schuldenlast. Es kann also nicht erstaunen, daß Präsident Bush die Wahlen als »inspirierendes Beispiel des demokratischen Versprechens, das sich gegenwärtig in den Amerikas ausbreitet« bezeichnete.

Im selben Monat, im November 1989, wurde der Wahlkampf in Nicaragua eröffnet. Washington betonte sofort, daß Terror und Wirtschaftskrieg fortgesetzt würden, bis der von den USA gewünschte Kandidat gewählt sei, was dann im Februar 1990 auch geschah. In Lateinamerika wurde das allgemein als Sieg für George Bush interpretiert, während die Medien in den USA von einem »Sieg für das Fairplay der Vereinigten Staaten« sprachen. Die Amerikaner seien, verkündete eine Schlagzeile der *New York Times* stolz, »in Freude vereint«, und Anthony Lewis sprach von Washingtons noblem »Experiment in Sachen Frieden und Demokratie« und sah darin »ein neues Beispiel für die

Kraft von Jeffersons Idee: Regieren mit der Zustimmung der Regierten ... Das klingt romantisch, aber vielleicht leben wir in einem romantischen Zeitalter.« Auch *Time* freute sich über die »demokratische Überraschung, schilderte aber mit bewundernswerter Offenheit, wie es dazu kam: Es ging darum, »die Wirtschaft zu zerstören und einen langen und tödlichen Stellvertreterkrieg zu führen, bis die erschöpften Einwohner die ungewünschte Regierung mit eigenen Händen beseitigen würden«. Für uns sind die Kosten »minimal«, während die Opfer mit »zerstörten Brücken und Kraftwerken und ruinierten Landwirtschaftsbetrieben« leben müssen. Das verhalf Washingtons Kandidat zum Sieg, und damit endet die »Verarmung des nicaraguanischen Volks«.[76]

Wir leben wahrhaftig in einem romantischen Zeitalter, wenn Wahlsiege mit derart jeffersonianischen Mitteln gewonnen werden können.

Die Geschichte mit Nicaragua entwickelte sich ganz nach vertrautem Muster. Am 15. März 1994 verkündete Alexander Watson, seines Zeichens stellvertretender Außenminister, daß »die Regierung Clinton, da die Konflikte der Vergangenheit hinter uns liegen, die Sandinisten als legitime politische Kraft in Nicaragua anerkennt, die alle Rechte und Pflichten einer demokratischen Partei besitzt und sich, wie man erwarten darf, nur friedlicher und legitimer Methoden bedient«. So wie die USA in den achtziger Jahren. Der kurze Reuters-Bericht vermerkte, daß »die Vereinigten Staaten die Contra-Rebellen gegen die von der Sowjetunion unterstützte Sandinisten-Regierung finanzierten«. In die Sprache der Tatsachen übertragen, besagt der Satz, daß die USA gemäß ihrem Standardverfahren alles daransetzten, Nicaragua zu hindern, sich der Bewegung der blockfreien Länder anzuschließen. Es gelang ihnen, die Sandinisten in die Arme der Sowjets zu treiben und den Angriff als Bestandteil des Kalten Kriegs, der nun auch in unserem Hinterhof tobte, auszugeben. Hier zeigt sich die wahre Bedeutung des Kalten Kriegs für die US-amerikanische Politik.[77]

Ansonsten nahm die demokratische Revolution in Mittelamerika ihren Verlauf. Im November 1993 gingen die Honduraner erneut zur Wahl, zum vierten Mal seit 1980. Sie stimmten gegen die neoliberalen Strukturanpassungsprogramme und das mit diesen angeblich vermachte »Wirtschaftswunder«; aber die Geste wird umsonst sein, denn die Reichen-und-Mächtigen lassen nichts anderes zu. »Die Wähler haben keine wirkliche Option zur Verbesserung ihres sich Tag für Tag verschlechternden Lebensstandards«, vermeldete die mexikanische Zeitung *Excelsior*. Die Kaufkraft der Honduraner ist geringer als in den siebziger Jahren, und die Generäle sitzen fester im Sattel als je zuvor. Nutznießer ist vor allem, meint ein wirtschaftswissenschaftliches Institut (das *College of Economists*), »eine Gruppe privilegierter Exporteure und lokaler Investoren, die mit dem Finanzkapital und multinationalen Konzernen verbunden sind«. Sie alle konnten ihr Kapital vervielfachen, während »die wachsende wirtschaftliche Polarisierung zu immer schärferen Kontrasten zwischen den Reichen, die sich nicht scheuen, ihr moralisches Elend prächtig herauszustreichen, und den Armen, die immer tiefer ins Elend versinken, führt«. »Mindestens einer von zwei Dollars, die in den letzten drei Jahren [1991–93] nach Honduras flossen, verließ das Land wieder, um Zinsen für die drei Milliarden Dollar umfassende Schuldenlast abzutragen«, fährt *Excelsior* fort. 40 Prozent der Exporte gehen für die Schuldentilgung drauf, und obwohl fast 20 Prozent der Gesamtsumme erlassen wurden, ist sie seit 1990 schon wieder um 10 Prozent angestiegen.[78]

Im März 1994 erreichte das Projekt »Demokratieförderung« El Salvador. In den achtziger Jahren hatten die Wahlen dort die Aufgabe, den Terrorstaat zu legitimieren und galten als beeindruckende Schritte hin zur Demokratie.

Jetzt aber herrschen in der US-Politik andere Imperative, und so sollen die Wahlen von 1994 den Triumph der demokratischen Revolution à la Washington repräsentieren.

Die Wahlen stellten tatsächlich insofern eine Neuerung dar, als die Formen einigermaßen gewahrt blieben. »Zehntausende Wähler mit Wahlkarten konnten nicht wählen, weil sie auf keiner Wahlliste verzeichnet waren«, berichtete die *Financial Times*, »während an die 74 000 Menschen, mehrheitlich aus Regionen, die, so nahm man an, mit der [oppositionellen] FMLN sympathisierten, ausgeschlossen wurden, weil sie keine Geburtsurkunden hatten.« Nicht nur führende Politiker der FMLN warfen der regierenden Arena-Partei, die fast die Hälfte der Stimmen auf sich vereinigen konnte, massive Wahlfälschung vor und kritisierten das schlechte Management der UN-Beobachtermission.[79]

Dennoch sind, zumindest auf der formellen Ebene, Fortschritte erzielt worden, was u. a. auch das Schicksal des kirchlichen Radiosenders zeigt. 1980 wurde der Sender, nachdem Erzbischof Oscar Romero in einigen Predigten die Regierung – auch damals schon von Arena gestellt – kritisiert hatte, zweimal aus der Luft bombardiert und der Erzbischof wenig später auf Befehl von Roberto D'Aubuisson, dem Begründer der Arena-Partei, umgebracht. 1994 waren die Regierenden ebenfalls nicht begeistert, als Romeros Nachfolger, Rivera Damas, dies alles verurteilte, ließen ihm aber bei der entscheidenden Predigt am Sonntag vor den Wahlen über die staatliche Telefongesellschaft einfach den Strom abdrehen, so daß die Predigt nicht im Rundfunk übertragen wurde. Nach dem Ende der Messe funktionierten die Leitungen dann natürlich wieder.[80]

Bei den Wahlen von 1994 unterstützten die Vereinigten Staaten Arena, die Partei der Todesschwadronen, was aus Propagandagründen jedoch geleugnet wurde. Schon im Februar 1985 berichtete die CIA über das »terroristische Netzwerk« hinter Arena, das von »reichen salvadorianischen Auslandsbürgern, die ihren Wohnsitz in Guatemala und den Vereinigten Staaten haben, finanziert wird«. Ebenso deckte der Geheimdienst die engen Verbindungen zwischen dem regulären Militär und den Todesschwadronen auf, während die Regierung Reagan diese Beziehungen leugnete und nur von rechtsgerichteten Extremisten sprach.

Aber Militär- und Polizeikräfte gehörten selbst zum Terrornetzwerk, das die Greueltaten gegen die Zivilbevölkerung beging. Und alles wurde von Washington finanziert, ausgebildet und instruiert. Die freigegebenen Dokumente enthüllen, daß die Arena-Partei noch bis 1990 in den Terror involviert war, auch der Präsidentschaftskandidat von 1994.[81]

Je näher die Wahlen rückten, desto häufiger wurden Morde und Morddrohungen im Stil der Todesschwadronen, die sich vor allem gegen die FMLN richteten, stellte die Menschenrechtsorganisation Americas Watch fest, die darin eine tiefgreifende »Bedrohung des Friedensprozesses« sah. Überdies gebe es »verläßliche« Beweise für die Verstrickung von Armee und nationaler Polizei in das Organisierte Verbrechen.[82]

Der politischen Opposition, die hauptsächlich von Rubén Zamoras Linkskoalition gebildet wurde, fehlte es nicht nur an Ressourcen für den von der Arena-Partei praktisch monopolisierten Wahlkampf, sondern sie konnte auch keine »Unterstützer oder Sympathisanten für Anzeigenkampagnen gewinnen, weil allgemein Angst vor Vergeltungsaktionen der Rechten herrschte« (*New York Times*). Das war angesichts des Terrors nicht unbegründet, und José María Mendez, von drei renommierten juristischen Organisationen zu El Salvadors »Anwalt des Jahrhunderts« ernannt, floh ins Exil, nachdem er mit dem Tod bedroht worden war, falls er nicht den Vizepräsidentschaftskandidaten der Linken zum Verzicht bewegen konnte.

Ausländische Beobachter waren über das Desinteresse der Bevölkerung an den »Jahrhundertwahlen« erstaunt. Der *Christian Science Monitor* berichtete von Angst und Apathie. Viele befürchteten, daß der Krieg zurückkehren werde, wenn die Arena-Partei die Wahlen verlöre. Mit 45 Prozent lag der Nichtwähleranteil so hoch wie vor zehn Jahren, als die Gewalt am schlimmsten wütete. Die *New York Times* zitierte den Politologen Héctor Dada, der die niedrige Beteiligung auf eine »bewußte Entrechtung der Bürger und ein Gefühl der Apathie bei den Wählern« zurückführte. Wer zur Wahl ging, stimmte, so Luis Cardenal, »in erster Linie für Ruhe und Sicherheit«. So interpretierte auch David Clark Scott vom *Christian Science Monitor* den Ausgang. Das ist durchaus plausibel, denn ein anderes Ergebnis hätte sehr wahrscheinlich zu neuem Aufflammen des Terrors geführt.[83]

»Ohne eine [starke] Zivilgesellschaft«, faßte Héctor Dada die Lehre, die aus den Vorgängen gezogen werden konnte, zusammen, »gibt es keine freien und demokratischen Wahlen. Dieser Schluß liegt auf der Hand.«[84] Insbesondere für die herrschenden Mächte, die formaldemokratische Prozeduren am liebsten auf Situationen beschränken, in denen die Zivilgesellschaft zerstört wurde oder hinreichend eingeschüchtert ist, um das gewünschte Ergebnis zu gewährleisten. Die bereits erwähnten Ereignisse in Italien sprechen eine deutliche Sprache.

Ein höchst lehrreiches Beispiel für die Beharrlichkeit der US-Außenpolitik wird so gut wie gar nicht diskutiert, nämlich Kolumbien. Das Land gehört mittlerweile zu den führenden Terrorstaaten in Lateinamerika und, was kaum überraschen dürfte, zu den führenden Empfängern amerikanischer Militärhilfe. Außerdem empfängt es viel Lob für seine glänzenden Errungenschaften. So schreibt der Lateinamerika-Spezialist John Martz: »Kolumbien darf sich mittlerweile freuen, eine der gesündesten und florierendsten Volkswirtschaften in Lateinamerika zu haben. Politischerseits gehören seine demokratischen Strukturen, von unvermeidlichen Fehlern einmal abgesehen, zu den stabilsten auf dem Kontinent.« Besonders beeindruckt zeigte sich die Regierung Clinton von Präsident César Gaviria, der aus dem Amt schied, um, von Washington gefördert, den Posten des Generalsekretärs der Organisation amerikanischer Staaten (OAS) zu übernehmen. Der US-Vertreter bei der OAS erklärte, Gaviria habe sich »beim Aufbau demokratischer Institutionen in einem Land, wo dies bisweilen mit Gefahren verbunden war, als sehr vorausschauend erwiesen« und auch »die Wirtschaftsreformen in Kolumbien sowie die wirtschaftliche Integration in die Hemisphäre« vorangetrieben. Was das heißt, ist nicht schwer zu erahnen.[85] Daß der Aufbau demokratischer Institutionen in Kolumbien gefährlich war, verdankt sich nicht zuletzt Präsident Gaviria, seinen Vorgängern und deren Helfershelfern in Washington.

Die »unvermeidlichen Fehler« wurden en détail von Americas Watch und Amnesty International aufgelistet.[86] Seit 1986 sind demnach mehr als 20 000 Personen aus politischen Gründen umgebracht worden, die meisten von Militär- und Polizeikräften und den ihnen eng verbundenen paramilitärischen Einheiten. Zu diesen zählt auch die Privatarmee des Smaragd- und Drogenhändlers Victor Carranza, die als landesweit größte gilt und sich in erster Linie dem Kampf gegen die linksgerichtete Patriotische Union (UP) widmet. Das Department Meta, in dem Carranza operiert, gehört mit 35 000 Mann starken Truppen und Tausenden von Polizisten zu den am stärksten militarisierten Regionen. Dennoch können dort paramilitärische Kräfte und Auftragskiller ungehindert Massaker und politische Morde ausführen. Eine zu Beginn der achtziger Jahre durchgeführte regierungsoffizielle Untersuchung kam zu dem Ergebnis, daß mehr als ein Drittel der in Kolumbien an Terrorakten beteiligten Mitglieder paramilitärischer Einheiten aktive Armeeoffiziere sind.

Seit Gründung der UP im Jahre 1985 sind an die 1500 ihrer Führer, Mitglieder und Unterstützer ermordet worden. Diese »systematische Ausrottung der Führungsschicht« ist, so Amnesty, »der sichtbarste Ausdruck politischer Intoleranz in den vergangenen Jahren«. Es ist eben gefährlich, »demokratische Institutionen aufzubauen«, was auf andere Weise auch die Wahlen von 1994 zeigen, die, wie Kritiker vermuten, großenteils vom mächtigen Kokainkartell von Cali gekauft waren; schließlich ist Stimmenkauf in dieser »stabilen Demokratie« gang und gäbe.[87]

Als Vorwand für Terroroperationen dient der Kampf gegen Guerillatruppen und Drogenhändler. Das erste ist, Amnesty und anderen zufolge, eine höchst »partielle Wahrheit«, das zweite ein »Mythos«, der fabriziert wurde, um das Auslaufmodell »kommunistische Bedrohung« durch ein anderes zu ersetzen. In Wirklichkeit arbeiten die offiziellen Sicherheitskräfte und ihre paramilitärischen Verbündeten Hand in Hand mit den Drogenbossen, den Großgrundbesitzern und dem organisierten Verbrechen. Die von der Regierung eingesetzte Kommission zur Überwindung der Gewalt hielt die »Kriminalisierung des sozialen Protests« für einen der Hauptfaktoren bei der von den Ordnungskräften betriebenen Verletzung der Menschenrechte.

Vor allem während Präsident Gavirias Amtszeit haben sich die Probleme noch weiter zugespitzt, wobei die »Gewalt nie zuvor gekannte Ausmaße« annahm, berichtet das Washingtoner Lateinamerikabüro (WOLA). 1992 und '93 erwiesen sich als die schlimmsten Jahre, mit Hunderttausenden von Opfern,[88] zu denen vor allem Menschenrechtsaktivisten, Sozialarbeiter, Gewerkschafter, Studenten, Angehörige religiöser Jugendorganisationen, junge Leute in Favelas, vorwiegend aber Bauern gehören. So wurden, um nur ein Beispiel zu nennen, von August 1992 bis August 1993 217 Gewerkschafter ermordet, was, wie eine übernationale Juristenkommission rügte, »die Unduldsamkeit des Staats gegenüber Gewerkschaftsaktivitäten« zeige.[89] Der offizielle Begriff »Terrorismus« ist, wie Menschenrechtsorganisationen anführen, mittlerweile auf fast alle Opponenten der Regierungspolitik ausgeweitet worden.

Zu den Aufgaben der Sicherheitskräfte gehören »soziale Säuberungsaktionen«, d. h. die Ermordung von Obdach- und Arbeitslosen, Straßenkindern, Prostituierten, Homosexuellen und anderen unerwünschten Personen. Das Verteidigungsministerium formulierte die offizielle Haltung in der Antwort auf ein Entschädigungsbegehren: »Es gibt in diesem Fall für die Nation nichts an Entschädigungen zu zahlen, weil das Individuum weder für die Gesellschaft noch für seine Familie nützlich oder produktiv gewesen ist.«

Eine weitere in den US-Hinterhöfen gängige Praxis ist die Ermordung von Menschen für den Organhandel auf dem Schwarzen Markt, wobei man nicht weiß, ob dies Verfahren in Kolumbien auch auf Kinder ausgedehnt worden ist wie anderswo in der Region.[90]

Das kolumbianische Modell entspricht, wie Menschenrechtsorganisationen nachgewiesen haben, dem von El Salvador und Guatemala. Die von US-Beratern und Ausbildern weitergegebenen Lehren können Michael McClintocks bedeutsamer, in den Vereinigten Staaten jedoch ignorierter Untersuchung zufolge direkt zu den Nationalsozialisten zurückverfolgt werden. Britische, deutsche und israelische Söldner haben Mörder ausgebildet und waren den Drogenkartellen beim Kampf gegen Bauern und linke Aktivisten noch anders behilflich. An diesen Operationen waren, wie kolumbianische Geheimdienste berichten, auch Nordamerikaner beteiligt.[91]

Eine 1992 von Kirchen- und Menschenrechtsorganisationen durchgeführte Untersuchung kommt zu dem Schluß, daß »der Staatsterrorismus in Kolumbien eine Realität ist: Er besitzt Institutionen, Lehren, Strukturen, rechtliche Vorkehrungen, Mittel und Instrumente, Opfer und vor allem verantwortliche Behörden«. Sein Ziel ist die

NOAM CHOMSKY

»systematische Eliminierung der Opposition, die Kriminalisierung umfassender Sektoren der Bevölkerung, massive Anwendung von politischem Mord und Entführung, extreme Machtbefugnisse für die Sicherheitskräfte, gesetzliche Ausnahmeregelungen usw.«[92] Die moderne Version wurzelt in den Sicherheitsdoktrinen, die von der Regierung Kennedy vorangetrieben wurden, als 1962 die Aufgabe des lateinamerikanischen Militärs von der »Verteidigung der Hemisphäre« zur »inneren Sicherheit« verlagert wurde, d. h. zum Krieg gegen den »inneren Feind«, also gegen all jene, die der traditionellen Ordnung von Herrschaft und Kontrolle den Kampf angesagt haben.

Die Doktrinen wurden in US-Handbüchern für Guerillabekämpfung und Kriegführung niederer Intensität erläutert und von lokalen Sicherheitsbehörden weiterentwickelt, die von amerikanischen Beratern und Experten lernten, wie man neue Unterdrückungsmethoden zur Aufrechterhaltung von »Stabilität« und Gehorsam einsetzt. Daraus resultierte ein hocheffizienter Terrorapparat, mit dem die Staatsmacht im »politischen, wirtschaftlichen und sozialen Bereich den totalen Krieg« führen konnte, wie der kolumbianische Verteidigungsminister 1989 erläuterte. Offiziell richtete er sich gegen die Guerillaorganisationen, doch waren diese, wie ein hochrangiger Militär 1987 erklärte, von minderer Bedeutung, »die wahre Gefahr« liege in dem, »was die Aufständischen den politischen und psychologischen Krieg ... zur Kontrolle der Bürgerbewegungen ... und zur Manipulation der Massen genannt haben«. Die »subversiven Elemente« wollten Gewerkschaften, Universitäten, Medien usw. beeinflussen. Deshalb umfaßt, wie die oben erwähnte Untersuchung feststellt, der »innere Feind« des staatsterroristischen Apparats auch »Arbeiterorganisationen, Bürgerbewegungen, Organisationen der Ureinwohner, die politische Opposition, Bauernbewegungen, intellektuelle und religiöse Strömungen, Jugend- und Studentengruppen« usw. Sie alle müssen vor unliebsamen Einflüssen geschützt, d. h. notfalls zerschlagen werden. »Jedes Individuum, das auf die eine oder andere Weise die Ziele des Feindes unterstützt, muß als Verräter angesehen und als solcher behandelt werden«, heißt es in einem Militärhandbuch von 1963, als die von Kennedy angestoßenen Initiativen in Gang kamen.

Die Ideologie des Kriegs gegen »subversive Elemente« findet sich bereits in dem weiter oben erwähnten Dokument NSC 68. Dort wird darauf hingewiesen, daß wir Schwachpunkte in unserer Gesellschaft, wie etwa »eine allzu übertriebene Offenheit des Geistes«, »übermäßige Toleranz« und »Uneinigkeit« überwinden müssen. Es gilt, »zwischen der Notwendigkeit von Toleranz und der Notwendigkeit gerechter Unterdrückung zu unterscheiden«, letztere ist ein entscheidendes Merkmal der »demokratischen Verfahrensweise«. Besonders wichtig ist es, unsere »Gewerkschaften, Zivileinrichtungen, Schulen, Kirchen und alle meinungsbildenden Medien« vor dem bösen Einfluß des Kremls zu schützen, der darauf aus ist, sie zu unterwandern, damit sie »in unserer Wirtschaft, unserer Kultur und unseren politischen Institutionen Verwirrung stiften«. Heute verfolgen mit erheblichen Mitteln ausgestattete »konservative« Stiftungen das gleiche Ziele. In den Vereinigten Staaten setzen wir natürlich keine Todesschwadronen ein, um die Demokratie durch »gerechte Unterdrückung« zu erhalten. Dafür lassen wir unseren Satellitenstaaten in der Dritten Welt freiere Hand im Kampf gegen die »Subversion«.

In Kolumbien eskalierte der Krieg gegen den »inneren Feind« in den achtziger Jahren, als Reagan die Kennedy-Doktrinen aktualisierte. Aus der »legalen« Unterdrückung wurde nun die »systematische Indienstnahme des politischen Mords und des Verschwindenlassens von Personen, später kam es auch zu Massakern« (so die Untersuchung über den Staatsterror). 1988 erlaubten neue gesetzliche Regelungen »die umfassende Kriminalisierung der politischen und sozialen Opposition«, damit, so die offizielle

NOAM CHOMSKY

Version, der »totale Krieg gegen den inneren Feind« geführt werden konnte. Es kam zur »Konsolidierung des Staatsterrors«, vermerkt die Untersuchung.

Wie eifrig die USA den »Antidrogenkrieg« unterstützten, verdeutlicht die Reaktion auf eine Anfrage der kolumbianischen Regierung betreffend die Einrichtung eines Radarsystems zur Überwachung von Flügen aus dem Süden, der Hauptversorgungsquelle für die Kokainhändler. Die US-Regierung kam dem Ansinnen nach, indem sie ein Radarsystem auf der Karibikinsel San Andrés installierte, 500 Meilen vom kolumbianischen Festland und so weit wie möglich von den Schmuggelrouten entfernt, aber gut plaziert für die Überwachung von Nicaragua, das im Terrorkrieg eine wichtige Rolle spielte, als Washington den von den mittelamerikanischen Präsidenten betriebenen »Friedensprozeß« torpedierte. Eine ähnliche Anfrage von Costa Rica wurde auf die gleiche Weise beantwortet.[93]

Von 1984 bis Ende 1992 wurden insgesamt 6844 kolumbianische Soldaten im Rahmen des US-amerikanischen Internationalen Militärischen Ausbildungsprogramms unterwiesen, allein 2000 zwischen 1990 und 1992. US-Berater halfen beim Aufbau von Militärstützpunkten, die offiziell dem Kampf gegen Guerillatruppen und den Drogenhandel dienten. Zudem unterstützte Washington die Gerichte zur Aufrechterhaltung der »öffentlichen Ordnung«, die unter Bedingungen arbeiteten, bei denen Bürgerrechte wenig Beachtung fanden.

Im Juli 1989 lobte das US-Außenministerium in einem Bericht, der u. a. den Verkauf militärischer Ausrüstung an Kolumbien zum Zweck der Bekämpfung des Drogenhandels rechtfertigte, die »demokratische Regierungsform« und die weitgehende Einhaltung der Menschenrechte. Einige Monate zuvor hatte die kirchlich geförderte Organisation *Justicia y Paz* in einem Bericht für die erste Hälfte des Jahres 1988 über 3 000 politisch motivierte Tötungsaktionen dokumentiert, 273 davon in Kampagnen zur »sozialen Säuberung«.[94] Abgesehen von den im Kampf Getöteten gab es pro Tag acht politische Morde, wobei sieben Opfer zu Hause oder auf der Straße umgebracht wurden und eine Person »verschwand«. Besonders viele Opfer gab es unter den Bürgermeisterschaftskandidaten der UP (29 von 87 wurden ermordet) und der 1986 gegründeten Gewerkschaftskoalition, von der 230 Mitglieder nach brutaler Folterung ihr Leben lassen mußten. Mit der verschärften Kriminalisierung der Opposition, die 1988 einsetzte, steigerte sich der Terror: Von 1988 bis 1992 wurden 9500 Personen aus politischen Gründen umgebracht, 830 »verschwanden« und es gab (zwischen 1988 und 1990) 313 Massaker an Bauern und Armen.[95]

Mit dem Ende des Kalten Kriegs hat sich die Situation also keinesfalls verbessert, im Gegenteil. Als sich Präsident Gaviria im Mai 1992 in der kolumbianischen Presse zu Greueltaten des Militärs äußerte, begründete er sie damit, daß »der Krieg gegen die Guerillagruppen unter ungleichen Bedingungen geführt wird. Die Verteidigung der Menschenrechte und der demokratischen Prinzipien könnte sich dabei als Hindernis erweisen.«[96]

Während der Präsidentschaft von George Bush hat die US-Botschaft »keine einzige öffentliche Stellungnahme abgegeben, um die Regierung zur Zügelung politischer oder militärischer Übergriffe zu bewegen«, bemerkt WOLA, sondern die Zuwendungen an Militär und Polizei verstärkt.[97] Das war unter Clinton nicht anders: Die von ihm verkündete Änderung der Politik bestand in einer Erhöhung der Gelder für Militärmaterial und -ausbildung um mehr als zwölf Prozent. Damit erhielt Kolumbien fast die Hälfte dessen, was für ganz Lateinamerika vorgesehen war.

Menschenrechtsorganisationen wie Amnesty International kümmern sich vorwiegend um die politische Situation, sagen jedoch wenig zu den in der Menschenrechtserklärung ebenfalls erwähnten sozialen und wirtschaftlichen

Rechten. Gerade diese aber sind im Fall Kolumbiens besonders wichtig, wenn wir die Wurzeln der außerordentlichen Gewalt entdecken wollen. Der Präsident des kolumbianischen Komitees für Menschenrechte, der frühere Außenminister Alfredo Vásquez Carrizosa, schreibt, daß »Armut und unzureichende Landreform Kolumbien zu einem der tragischsten Länder Lateinamerikas gemacht haben«. Hier liegen auch die Gründe für die Gewalttaten, die schon in den vierziger und frühen fünfziger Jahren Hunderttausende von Menschenleben kosteten. Zwar wurde 1961 ein Gesetz zur Landreform verabschiedet, gelangte aber nicht zur Ausführung, weil die Großgrundbesitzer »die Macht hatten, ihm Einhalt zu gebieten«. Quelle der Gewalt ist die Zweiteilung der Gesellschaft in eine »wohlhabende Minderheit und eine verarmte, ausgeschlossene Mehrheit, mit großen Unterschieden im Hinblick auf Reichtum, Einkommen und politische Einflußmöglichkeiten«.

Diese in ganz Lateinamerika präsente Gewalt ist »durch äußere Faktoren noch verschärft worden«, in erster Linie »durch die Initiativen der Regierung Kennedy, die zur Umwandlung der regulären Armeen in Antiguerilla-Brigaden und zur Strategie des Einsatzes von Todesschwadronen führte«. Die Doktrin von der Nationalen Sicherheit ließ das Militär von der Verteidigung gegen einen äußeren Feind abrücken und »machte die Vertreter des militärischen Establishments zu den Herren der Politik ... die nun, wie in Brasilien, Argentinien, Uruguay und Kolumbien das Recht besaßen, gegen den inneren Feind vorzugehen, also gegen Sozialarbeiter, Gewerkschafter, alle möglichen Dissidenten und sonstige angebliche kommunistische Extremisten«.[98]

Genau in diesem Sinn hat der Kalte Krieg die Politik der USA in den uns unterstellten Regionen geleitet. Das Ergebnis war eine, wie WOLA bemerkt, »völlig unbalancierte Einkommensverteilung«. So besitzen die obersten drei Prozent der kolumbianischen Großgrundbesitzer 70 Prozent des wirtschaftlich nutzbaren Landes, während 57

Prozent der ärmsten Bauern sich mit weniger als drei Prozent zufriedengeben müssen. 40 Prozent der Kolumbianer leben in »absoluter Armut«, 18 Prozent sogar in »absolutem Elend«, d. h. ohne die Möglichkeit, sich ausreichend zu ernähren, heißt es in einem 1986 veröffentlichten Bericht der Nationalen Behörde für Statistik. Das Institut für familiäre Wohlfahrt schätzt, daß viereinhalb Millionen Kinder unter vierzehn Jahren Hunger leiden, also die Hälfte von allen; ein wahrer Triumph des Kapitalismus in diesem an Ressourcen so reichen Land, dessen Wirtschaft »zu den gesündesten und blühendsten in Lateinamerika gehört« (Martz).[99]

Die »stabile Demokratie« existiert dort tatsächlich, aber als eine, wie Jenny Pearce es nennt, »Demokratie ohne Bevölkerung«, die mehrheitlich und seit Mitte der achtziger Jahre in zunehmendem Maß vom politischen System ausgeschlossen ist. Für die Eliten, die internationalen Geldgeber und die ausländischen Investoren funktioniert die »Demokratie« freilich, nicht aber für die »wirtschaftlich und politisch marginalisierte« Öffentlichkeit. Für diese »hat der Staat den „Belagerungszustand" ausgerufen und alle möglichen, auch gesetzgeberischen, repressiven Maßnahmen vorgesehen, die Ordnung garantieren, wenn andere Mechanismen versagen«, fährt Pearce fort. Daran hat sich unter Clinton nichts geändert.

Natürlich hat auch der Kalte Krieg selbst sich auf die US-Politik ausgewirkt. Die sowjetische Macht hielt, wie etwa im Falle Kubas, Washingtons Aggressionsstreben in Grenzen und verhalf Castro, trotz Terror und Embargo, zum Überleben. Aber der Kalte Krieg hat bloß die Rahmenbedingungen der langfristigen politischen Strategien verändert, deren grundlegendes Muster im übrigen fortbesteht. Diese Rahmenbedingungen hatten für die USA positive und negative Aspekte. In positiver Hinsicht bot er die Gelegenheit, wirksame Mechanismen zur Kontrolle der Bevölkerung zu entwickeln. Vor der bolschewistischen Machter-

NOAM CHOMSKY

greifung mußte man die Leute gegen Hunnen, Briten und andere ausländische und einheimische Teufel mobilisieren, danach wurde die Lage übersichtlicher. In negativer Hinsicht führte der Kalte Krieg zur Entwicklung der Bewegung blockfreier Staaten und zum Neutralismus; Realitäten, denen auch die Weltherrscher sich anbequemen mußten. Ebenso schrumpften die Möglichkeiten zu globaler Intervention und Vorherrschaft, was im übrigen auch für die zweite, mittlerweile dahingeschiedene, Supermacht galt.

Diese Charakteristika des Kalten Kriegs wurden gleich nach seinem Ende sichtbar. Die Invasion Panamas war eine reine Routineangelegenheit, aber sie durchbrach das strategische Muster in zweierlei Hinsicht. Zum einen mußte ein neuer Vorwand gefunden werden: An die Stelle der sowjetischen Bedrohung traten Noriega und die Drogenhändler. Zum anderen konnten, wie Reagans Lateinamerika-Spezialist Elliott Abrams bemerkte, die Vereinigten Staaten jetzt aktiv werden, ohne eine sowjetische Reaktion befürchten zu müssen. Diese Faktoren bestimmten auch das Vorgehen gegen Saddam Hussein, der mit der Besetzung Kuweits das Modell Panama nachzuahmen suchte. Statt der kommunistischen Teufel wurde Saddam jetzt zum neuen Hitler, der drauf und dran war, die Welt zu erobern. Seine unzweifelhaft gigantischen Verbrechen, über die man hinwegsah, als er noch Verbündeter der Amerikaner und Briten war, konnten dazu benutzt werden, das Kriegsfieber anzuheizen. Und die USA und Großbritannien hatten die Möglichkeit, eine halbe Million Soldaten in der Wüste zu stationieren und nach Belieben militärische Gewalt auszuüben.

Mit dem Ende des Kalten Kriegs konnten auch seine Realitäten unverhüllter wahrgenommen werden. Ein Beispiel dafür bot die *New York Times*, die zu jedem Jahresende wichtigen Themen einen Essay widmet. Im Dezember 1988 schrieb Dimitri Simes von der Carnegie-Stiftung für Internationalen Frieden über den Kalten Krieg. Er bemerkte, daß sich nun, da die Sowjetunion nicht mehr existiert, die Möglichkeit bietet, »die amerikanische Außenpolitik von der Zwangsjacke der Feindschaft zwischen den Supermächten zu befreien«.[100] Das geschieht auf dreierlei Weise. Erstens kann Washington die Kosten der NATO auf die europäischen Konkurrenten verlagern. Zweitens kann es »die Manipulation Amerikas durch Nationen der Dritten Welt« beenden, indem es in der Schuldenfrage und bei »unbegründeten Forderungen nach Unterstützung« einen härteren Kurs fährt. Drittens schließlich, was am wichtigsten ist, »macht der sichtbare Niedergang der sowjetischen Bedrohung ... die militärische Stärke der USA zu einem nützlicheren Instrument der Außenpolitik ... gegen all jene, die sich wichtigen amerikanischen Interessen entgegenstellen«. Als Beispiel führt Simes das Ölembargo von 1973 an, als führende Politikwissenschaftler zur Übernahme der Ölfelder aufriefen (Walter Laqueur nannte das »Internationalisierung«), Washington aber leider die Hände »gebunden« waren. Auch die »Sandinisten und ihre kubanischen Sponsoren« könnten »ein wenig nervös werden«, wenn Amerika »schließlich angesichts ihrer Übeltaten die Geduld verliert«, ohne daß Gorbatschow reagiert.

Die USA können jetzt also, um es klar zu sagen, Gewalt, Terror, Räuberei und Ausbeutung betreiben, ohne die von der offiziellen Kultur als »globale Pläne« des Kremls bezeichneten Hindernisse berücksichtigen zu müssen.

Das Ende des Kalten Kriegs machte auch eine neue Rechtfertigung des Pentagon-Systems notwendig. In jedem Jahr übermittelt das Weiße Haus dem Kongreß einen Bericht, worin erklärt wird, warum die militärische Bedrohung, der wir konfrontiert sind, die Erhöhung des Verteidigungshaushalts erfordert – der im übrigen die einheimische High-Tech-Industrie am Leben erhält und im Ausland für »gerechte Unterdrückung« sorgt. Die erste Ausgabe dieses Berichts nach dem Kalten Krieg erfolgte im März 1990. Der Tenor war unverändert: Wir sehen uns schrecklichen Bedrohungen gegenüber und dürfen in unserer Wachsamkeit nicht nachlassen. Aber die Argumentation lautete anders: Die amerikanische Militärmacht muß sich auf die Dritte Welt konzentrieren, insbesondere auf den Nahen Osten, wo »die Bedrohung unserer Interessen ... nicht dem Kreml in die Schuhe geschoben werden kann«. Nun also werden, nach jahrzehntelangem Betrug, die Realitäten anerkannt. Wir müssen, hieß es in dem Bericht weiter, unsere Militärstützpunkte ausweiten und Kapazitäten für den Antiterrorkampf und die Kriegführung niederer Intensität entwickeln sowie, angesichts »der wachsenden technologischen Verfeinerung der Konflikte in der Dritten Welt« die »defensiv orientierte Industrie« stärken – ein Euphemismus für Elektronik und Raumflug, Metallurgie und entwickelte Industrie allgemein –, um mit staatlichen Subventionen und Anreizen »für Investitionen in neue Produktionsanlagen und Ausrüstungen wie auch in Forschung und Entwicklung« zu sorgen.[101]

Es geht also weiter wie gehabt, nur daß der Feind jetzt realistischer benannt wird, während die Militärstrategie taktische Änderungen erfährt.

Diese Faktoren können mancherlei Konsequenzen haben. Eine von ihnen betrifft staatliche Interventionen in die einheimische Wirtschaft. Geläufig ist die Behauptung, andere Länder betrieben »Industriepolitik«, während die Vereinigten Staaten getreu den Maximen des freien Marktes, solchen Ketzereien abhold seien. Das hat natürlich nie gestimmt, aber während des Kalten Kriegs konnte die amerikanische Industriepolitik sich hinter dem Schleier der »Sicherheit« verbergen und die öffentliche Subventionierung als »Verteidigungsausgaben« maskiert werden. Seit dem Ende der Sowjetunion läßt sich diese Maskerade nicht mehr so einfach aufrechterhalten.

Eine andere Konsequenz ist der Wandel der Militärstrategie. Durch alle politischen Lager hindurch herrschte Einverständnis darüber, daß die Vereinigten Staaten über ein möglichst einschüchterndes Drohpotential verfügen mußten, um ihre globale Politik der Intervention und Subversion ohne Furcht vor Vergeltungsschlägen betreiben zu können. Strategische Kernwaffen »bilden eine Garantie für unsere Interessen in vielen Teilen der Welt und ermöglichen uns die Verteidigung dieser Interessen durch Diplomatie oder den Einsatz taktischer Militärkräfte«, bemerkte Eugene Rostow kurz vor seinem Eintritt in die Regierung Reagan. Zur gleichen Zeit teilte Carters Verteidigungsminister Harold Brown dem Kongreß mit, daß unsere strategischen Kernwaffen »unsere anderen Kräfte zu sinnvollen Instrumenten militärischer und politischer Kontrolle« machen. Diese Denkweise geht auf die frühe Nachkriegszeit zurück.[102]

Mit dem Verschwinden der sowjetischen Abschrekkungsmacht sind diese Motive für die Beibehaltung strategischer Kernwaffen nicht mehr so zwingend. In seiner »ersten Skizze der außenpolitischen Visionen der Regierung [Clinton]« wies Anthony Lake, der Sicherheitsberater des Präsidenten, auf die Tatsache hin, »daß in einer Welt, in der die Vereinigten Staaten sich nicht mehr tagtäglich Sorgen wegen der sowjetischen Bedrohung durch Kernwaffen machen müssen, die Frage, wo und wie sie intervenieren, zunehmend eine Sache der freien Entscheidung wird«. Mit diesen Worten gibt Thomas Friedman in der *New York Times* unter der Überschrift »Visionäre Wende in der US-Außenpolitik« Lakes Rede wieder und suggeriert einen tiefgreifenden Wandel. Dies sei, betont Friedman, das »Wesen« der neuen Doktrin; einer Doktrin, die doch explizit davon ausgeht, daß US-Interventionen nicht möglich waren, weil es die Bedrohung durch sowjetische Kernwaffen gab. Ohne diese Bedrohung werden Interventionen wieder möglich, was fünf Jahre zuvor bereits von Simes bemerkt worden war.

Im tatsächlichen Wortlaut beginnt Lakes Rede mit folgender Bemerkung: »Während des Kalten Kriegs haben wir eine Eindämmungspolitik gegen die globale Bedrohung für Marktdemokratien betrieben; jetzt sollten wir deren Reichweite vergrößern.« Von der Eindämmung zur Ausweitung – eine in der Tat aufgeklärte »Vision«, von der die Kommentatoren sich gebührend beeindruckt zeigten.

Eine vernünftige Person, die daran interessiert ist, was die Sowjets während des Kalten Kriegs zu tun beabsichtigten, würde fragen, was sie *wirklich* taten, vor allem in den von ihnen kontrollierten Regionen. Auch hinsichtlich der politischen Führung der USA würde eine vernünftige Person diese Frage stellen, wobei Lateinamerika ein auf der Hand liegender Testfall ist. Wir müssen also begreifen, daß wir, als die Regierung Kennedy in Brasilien den Sturz der demokratisch gewählten Regierung in Angriff nahm und an ihre Stelle ein Regime neofaschistischer Mörder und Folterknechte setzte, »die globale Bedrohung für Marktdemokratien« abwehrten. Behauptet wurde das auf jeden Fall: Kennedys Botschafter Lincoln Gordon, der den Putsch mit vorbereitete und später Karriere im Außenministerium machte, lobte die Generäle wegen ihrer »demokratischen Rebellion« und sprach von einem »großen Sieg für die freie Welt«, weil »Brasiliens Demokratie nicht zerstört, sondern bewahrt wurde«. Anderenfalls nämlich wären »alle Republiken Südamerikas für den Westen verloren gewesen«, während jetzt »ein stark verbessertes Klima für private Investitionen herrscht«. Die letzte Bemerkung gibt zumindest einen Blick auf die tatsächliche Welt frei.

In Guatemala, Chile und anderen Ländern spielte sich die gleiche Geschichte ab. Die »globale Bedrohung« war, wie auch eingeräumt wurde, so gut wie inexistent; allerdings gab es viele »Kommunisten« im amerikanischen Wortsinn, d. h. Politiker, die ihrem Land eine von ausländischen Investoren unabhängige, der Bevölkerung dienende Entwicklung gönnen wollten.

Vor uns liegt also eine große Zukunft, die noch größer wird, wenn wir die Einlassungen des Weißen Hauses zum Problem von Interventionen berücksichtigen. Mit unserem bisherigen altruistischen Verhalten ist es nämlich vorbei; wenn wir – wo auch immer – intervenieren, stellen wir fortan die Frage: »Was ist für uns drin?« So führt die Clinton-Doktrin zu einer neuen und humaneren Ära liberaler Demokratie, angemessen gekleidet in rhetorische Floskeln über die Ausweitung der freien Gemeinschaft von Marktdemokratien.[103]

Trotz der neuen Vision dürfte der Verteidigungshaushalt keine signifikanten Einbußen erleiden. An realem Wert liegt er, wie Clinton vorsieht, über dem zu kalten Kriegszeiten üblichen Durchschnitt und soll 1997 sogar leicht steigen. Von den großen Rüstungsprojekten – F-22-Bomber, B-2-Bomber, Trident-II-Raketen – wurde kein einziges gestoppt, allerdings liegt die Betonung jetzt nicht mehr so sehr auf großen Kernwaffen und Bodentruppen, sondern auf »strategischer Mobilität und militärischer Präsenz« in der Dritten Welt, erklärte das Verteidigungsministerium zum neuen Haushalt im März 1993. Der zuständige Minister, Les Aspin, skizzierte in diesem Zusammenhang ein »Doppelkriegs-Szenario«, das, wie der Militärexperte David Evans betont, »praktisch die Garantie für einen Haushalt ist, der näher bei 300 Milliarden Dollar liegt als bei den 234 Milliarden, die das Pentagon für das Fiskaljahr 1998, gemessen am Dollarwert von 1994, vorsieht«. Das Szenario geht von einem Zusammentreffen von Konflikten aus, wie z. B. einem Angriff des Irak auf die Ölfelder Saudi-Arabiens und einem gleichzeitigen Einmarsch Nordkoreas in den Südteil.

Wir müssen in der Lage sein, gegen »Führer von Schurkenstaaten« vorzugehen, die es »auf regionale Vormachtstellungen abgesehen haben« und fortgeschrittene Waffensysteme entwickeln oder »umfangreiche Angriffshandlungen« planen, verkündete Aspin. Bedrohlich sind nicht nur »größere Regionalmächte mit uns zuwiderlaufenden Interessen, sondern auch kleinere, oft interne Konflikte, die auf ethnischen oder religiösen Animositäten, staatlich gefördertem Terrorismus und der Unterwanderung befreundeter Regierungen beruhen«. All diese potentiellen Probleme müssen weltweit von US-Militärkräften entschärft werden, und deshalb sind diese unter allen Umständen »*in Kampfbereitschaft zu halten*«. Und darum müssen wir auch »die einzige Nation der Welt bleiben, die große, kostspielig bewaffnete Kräfte einzig für die Intervention in die Angelegenheiten ausländischer Nationen unterhält«, was uns jährlich an die 200 Milliarden Dollar kostet. Das ist es, was »den Umfang des Verteidigungshaushalts wirklich bestimmt«, meint Aspin, und das erklärt auch, warum das Ende des Kalten Kriegs nicht mit einer Senkung des Militärbudgets einhergeht. »Wir sind Führer, weil Natur und Geschichte uns diese Verpflichtung auferlegt haben«, meinte General Powell und wiederholte damit die seit der Kindheit eingeübten rituellen Phrasen.

Zwar dürften die Pläne der Clinton-Strategen unter den obwaltenden wirtschaftlichen Bedingungen kaum Zustimmung finden, doch spiegeln sie das Denken militärischer Planungsexperten wider.[104]

Kernwaffen werden nicht verschrottet, aber ihre Aufgabe ändert sich. Man braucht sie nicht mehr als »Schild« für die globale Intervention, sondern für den Umgang mit »Schurkenstaaten«. Dick Cheney, unter Bush Verteidigungsminister, verabschiedete sich aus dem Amt mit einem Bericht an den Kongreß über eine »Defensivstrategie für die neunziger Jahre«, in dem die Forderung nach »neuen, nicht-strategischen Nuklearwaffen« erhoben wird. Dieses Programm wird von der Regierung Clinton fortgesetzt und entspricht einer »neuen, vom Golfkrieg geprägten Denkweise, die auf die Entwicklung einer Generation kleiner Kernwaffen abzielt, mit denen Kriege in der Dritten Welt geführt werden können«. Allerdings hatten die alten, strategischen Waffen eine vergleichbare Funktion: Sie bildeten den Schutzschild für die Verwendung von konventionellen Streitkräften gegen »sehr viel schwächere Feinde«.

Eine 1992 veröffentlichte Studie des Kernwaffenlabors in Los Alamos forderte »Kernwaffen mit äußerst niedriger Strahlung«, die »sehr wirksam und glaubhaft gegen zukünftige nukleare Bedrohungen aus der Dritten Welt eingesetzt werden könnten«, weil sie die Kapazität besitzen, »Einheiten in Kompaniestärke« ebenso zu zerstören wie unterirdische Kommandobunker. Außerdem könnten sie den »aufrührerischen Mob neutralisieren«. Ein Jahr zuvor war unter Leitung von General Lee Butler, der später zum Chef des Strategischen Kommandos ernannt wurde, eine Untersuchung erstellt worden, in der es hieß, man solle die Kernwaffen als Absicherung gegen einen möglichen »russischen Imperialismus« beibehalten und Pläne für ein »nukleares Einsatzkommando« schaffen, das vorwiegend auf »China und andere Staaten der Dritten Welt« ziele, wobei die Waffen von Trägern aus kurzer Reichweite abgeschossen werden könnten. Rußland verfolgt ganz offensichtlich ähnliche Pläne und erörtert gemeinsam mit den Vereinigten Staaten die Idee, gegen Länder der Dritten Welt vorzugehen, die den Versuch unternehmen, eigene Kernwaffen zu entwickeln. Die jeweiligen Listen sind nahezu identisch: Nordkorea, dahinter Iran, Irak, Indien und Pakistan.[105] Israel fehlt bezeichnenderweise, ist es doch, als Instrument amerikanischer Macht, ebenso vor Kritik geschützt wie sein Patron. Aus ähnlichen Gründen gehört für Washington auch Saudi-Arabien nicht zu jenem islamischen Fundamentalismus, der als Feind den sowjetischen Teufel beerben soll. Aber auch die Vasallen der CIA in Afghanistan waren Freunde, bis sie ihre Bomben auf die falschen Ziele abzuwerfen begannen.

5. Der Nord-Süd-Konflikt

Aus dem bislang Gesagten erhellt, daß das konventionelle Bild des Kalten Kriegs zwar für die Machtinteressen in Ost und West überaus funktional war, jedoch einer näheren Untersuchung nicht standhält. Ein realistischeres Verständnis gewinnen wir, wenn wir den Kalten Krieg aus längerfristiger Perspektive als eine bestimmte Phase in der seit fünfhundert Jahren währenden Geschichte der Eroberung der Welt durch die europäischen Großmächte sehen, einer von Aggression, Subversion, Terror und Herrschaft bestimmten Geschichte, die jetzt unter dem Namen »Nord-Süd-Konflikt« firmiert. Natürlich hat es in dieser Epoche gewaltige Veränderungen gegeben, zu denen auch und vor allem die durch soziale Kämpfe erreichte Ausweitung von Freiheit und Gerechtigkeit in den reichen Gesellschaften selbst gehört. Und von Bedeutung ist auch der Ausgang des Zweiten Weltkriegs, der den Vereinigten Staaten so viel Macht und Reichtum verschaffte, daß ihre Strategen realistischerweise eine weltumspannende Politik entwerfen und durchsetzen konnten. Aber die großen Linien haben sich nicht verändert, und insbesondere Churchills Vision von der Vorherrschaft der reichen Nationen lebt unverändert fort.

Diese Linien bestimmen den Umriß des Nord-Süd-Konflikts, dessen Logik die Entwicklung des Kalten Kriegs diktierte, der tatsächlich ein Krieg gegen den unabhängigen Nationalismus vor allem der Dritten Welt war.[106]

Zum einen nämlich ist dieser unabhängige Nationalismus – auch »Ultranationalismus«, »Wirtschaftsnationalismus« oder »radikaler Nationalismus« genannt – nicht akzeptabel, wie immer er politisch eingefärbt sein mag. Die Dritte Welt hat nun einmal die Aufgabe, Dienstleistungen für die reichen Nationen zu erbringen: billige Arbeitskräfte, Rohstoffe, Märkte, Investitionsmöglichkeiten, Export von Umweltverschmutzung, Drogengeldwäsche, Tourismus usw.

Zum anderen ist der unabhängige Nationalismus, falls er insofern erfolgreich ist, als er die Lage der armen Bevölkerungsschichten verbessert, ein noch schlimmeres Verbrechen, nämlich ein »Virus«, der sich anderswohin ausbreiten, ein »fauler Apfel«, der das ganze »Faß verderben kann«. So sahen die USA das Guatemala unter Arbenz, das Chile unter Allende und das Nicaragua unter den Sandinisten und viele andere um Unabhängigkeit kämpfende Länder. Genau diese Angst vor einer „Ansteckung" verbarg sich hinter der Domino-Theorie.

Gelegentlich werden solche Befürchtungen recht deutlich ausgesprochen. So warnte Henry Kissinger, daß die Regierung Allende mit ihrem Beispiel nicht nur Lateinamerika, sondern sogar Südeuropa »anstecken«, präziser gesagt, in Italien für einen Sieg der Eurokommunisten sorgen könnte (der sogar Moskau mit Sorge erfüllte). Andere Propagandabemühungen sind vulgärer, zielen aber in die gleiche Richtung. So setzte das US-Außenministerium gegen die Sandinisten die Operation Wahrheit in Gang, um den Kongreß dazu zu bewegen, 100 Millionen Dollar für die Unterstützung der Contras lockerzumachen. Zu diesem Zweck wurde eine angeblich von den Übeltätern in Nicaragua ausgerufene »Revolution ohne Grenzen« erfunden, die bei den üblichen Eliten das übliche Entsetzen auslöste und den Contra-Terror zu legitimieren half. Ausgeschlachtet wurde dazu eine Äußerung des Sandinistenführers Tomás Borge. In einer Rede hatte er erklärt, daß die Sandinisten »nicht ihre Revolution« exportieren könnten, sondern »nur ihr Beispiel«, während die anderen Völker »ihre Revolution selber machen müssen«; in diesem Sinne überschreite die nicaraguanische Revolution »nationale Grenzen«. Die Propagandisten im Außenministerium machten daraus gleich eine Drohung, die gesamte Hemisphäre zu erobern; die Medien spielten das Spiel natürlich mit, und der Terror gegen die Nicaraguaner wurde verschärft, bis die Sandinisten endlich abgewählt werden konnten.[107]

Die globalen Herrscher haben solches Fehlverhalten noch nie auf die leichte Schulter genommen. Metternich und der Zar reagierten höchst besorgt auf die Bedrohung zivilisatorischer Werte, die von den republikanischen Lehren aus Neuengland auf den alten Kontinent übergriff. Als jedoch die befreiten Ex-Kolonien Macht gewannen, reagierten sie nicht anders als die monarchistischen Konservativen. Schon 1791 unterstützten die USA Frankreich im Kampf gegen die Aufständischen in Haiti, und als die Sklavenrevolte trotzdem Erfolg hatte, reagierte man mit Gewalt, aus Angst, die Befreiungsbewegung könnte auf die eigenen Sklaven in den Südstaaten übergreifen. Die Invasion Floridas 1818 entsprang auch der Furcht vor »Horden gesetzloser Indianer und Neger« (John Quincy Adams), die Freiheit von Tyrannen und Eroberern suchten. Ein mögliches »Bündnis zwischen Weißen und Indianern« sollte durch die Annektierung von Texas verhindert werden.

Selbst die geringste Abweichung vom rechten Pfad führt zu Furcht und Zittern. Eisenhowers gegen Guatemala verhängte Blockade diente der »Selbstverteidigung und Selbsterhaltung« der Vereinigten Staaten; gerechtfertigt wurden diese Ängste, wie die Geheimdokumente zeigen, mit einer »Streiksituation« in Honduras, »die von der guatemaltekischen Seite der honduranischen Grenze aus inspiriert und unterstützt« worden sein könnte. Und Reagan rief angesichts der »ungewöhnlichen und außerordentlichen Bedrohung« durch die Sandinisten den nationalen Notstand aus.

Darin, daß es keine Abweichungen geben darf, besteht Einigkeit quer durch alle politischen Lager. Robert Pastor, Carters Lateinamerika-Berater und ein so friedfertiger wie respektierter Gelehrter, schrieb: »Die Vereinigten Staaten wollten weder Nicaragua noch die anderen Staaten in der

Region kontrollieren, aber sie wollten auch nicht zulassen, daß die Entwicklung dort außer Kontrolle geriet. Nicaragua sollte unabhängig handeln, *außer* wenn es damit die US-Interessen negativ beeinträchtigte.« (Hervorhebung von R. P.) [108]

Insofern kann der Kalte Krieg als Phase des Nord-Süd-Konflikts verstanden werden, die einen so ungewöhnlichen Umfang annahm, daß sie ein Eigenleben entwickelte, auch wenn sie der gleichen Logik gehorchte.

Sie gilt nämlich auch für die Anfänge des Kalten Kriegs, die bolschewistische Machtübernahme in Rußland, die sofort als »ultranationalistisch« begriffen und entsprechend verdammt wurde, zumal der Virus schnell auf die Heimatländer des Kapitalismus übergriff. Robert Lansing warnte sofort davor, daß die »Proletarier aller Länder, die Unwissenden und geistig Minderbemittelten schon durch ihre zahlenmäßige Übermacht zur Herrschaft drängen«, und Wilson war besorgt, daß die »amerikanischen Neger, die nach Hause zurückkehren«, d. h. die schwarzen Soldaten, vom Beispiel der Arbeiter- und Soldatenräte in Deutschland angesteckt worden sein könnten. In Großbritannien stellte Lloyd George 1917 eine Kommission zur Untersuchung von Unruhen in der Industriearbeiterschaft auf die Beine, die herausfand, daß die Feindschaft gegen den Kapitalismus unter den walisischen Bergarbeitern weit verbreitet war und dort die noch vor der Oktoberrevolution in Rußland errichteten Räte hohes Ansehen genossen.[109]

Nach dem Zweiten Weltkrieg wurde die Situation noch bedrohlicher. Nach dem Sieg gegen Hitler hatte sich der »faule Apfel« auf ganz Osteuropa ausgedehnt, und dem Westen war der Zugang zu seinen traditionellen Ressourcen verbaut. In vielen Ländern Europas waren die konservativen Herrschaftseliten durch ihre Verbindungen zum Faschismus diskreditiert, während der antifaschistische, oftmals radikaldemokratische bis kommunistische Widerstand großes Ansehen genoß. Dagegen mußten Freiheit und Demokratie mit den bewährten Mitteln verteidigt werden.

In vielen Ländern entstanden bevölkerungsnahe Bewegungen, die sich im Kampf gegen die tradierten Machtstrukturen mit den lokalen Kommunisten sowjetischer oder, später, chinesischer Provenienz verbündeten. Selbst eingefleischte Antikommunisten hielten das sowjetische Entwicklungsmodell für übertragbar auf die Dritte Welt. Die USA sahen das alles mit großer Sorge und waren darauf bedacht, jene Doktrinen, die zunächst nur in ihrer Einflußsphäre gegolten hatten, nunmehr weltweit durchzusetzen: Demokratie und soziale Reformen sind akzeptabel, wenn dadurch tiefgreifenderer Wandel vermieden werden kann. Aber die Reformen müssen von oben nach unten durchgesetzt werden und die Vasallen an der Macht bleiben. Aus diesen Erwägungen heraus wurde in Westeuropa und Asien die traditionelle Ordnung wiederhergestellt.

Im Juli 1945 warnte eine vom US-Außen- und Kriegsministerium durchgeführte Untersuchung vor der russischen Gefahr. Überall auf der Welt strebe, so hieß es, der gemeine Mann nach Höherem, und man wisse nicht, ob Rußland vielleicht mit dem Gedanken spiele, sich mit diesen gefährlichen Strömungen zu verbünden und »expansionistische Bestrebungen« zu hegen. Folglich gehen wir kein Risiko ein, umgeben die Sowjetunion mit einem Kordon von Militärstützpunkten und gestatten ihr keine Kontrolle über ihren einzigen Zugang zu südlichen Gewässern bei den Dardanellen.

Natürlich hatte man nicht unbedingt Angst vor der Militärmacht Sowjetunion. Im Juni 1956 sagte US-Außenminister John Foster Dulles zu Konrad Adenauer, daß die wirtschaftliche Gefahr, die von der Sowjetunion ausgehe, möglicherweise größer sei als die militärische. Die UdSSR verwandle sich mit großer Geschwindigkeit in einen modernen und effizienten Industriestaat, während Westeuropa immer noch stagniere. Zur gleichen Zeit wies ein Bericht des Außenministeriums darauf hin, daß »die wirtschaftlichen Erfolge der UdSSR für die weniger entwickelten Länder Asiens von großer Bedeutung sind, weil das Land offenbar in der Lage war, aus dem Stand sich sehr schnell zu industrialisieren«. 1961 meinte der britische Premierminister Harold Macmillan zu Präsident Kennedy: »Die Russen haben eine florierende Wirtschaft und werden die kapitalistische Gesellschaft bei der Jagd nach materiellem Reichtum bald hinter sich gelassen haben.« Zur gleichen Zeit galt China als möglicherweise attraktives Entwicklungsmodell für Drittweltländer wie etwa Nordvietnam.

Die von Rußland und China ausgehende Infektionsgefahr wurde noch vergrößert durch die unfairen Vorteile, die Kommunisten in den Staaten der Dritten Welt genossen, waren sie doch fähig, »direkt an die Massen zu appellieren«, wie sich Präsident Eisenhower beschwerte, was »wir«, wie Außenminister Dulles monierte, leider »nicht nachmachen können«. Die Kommunisten wenden sich nämlich »an die armen Leute, und sie waren immer schon darauf aus, die Reichen auszuplündern« – das große Problem der Weltgeschichte. Es wäre eine erstrangige Aufgabe der PR-Industrie, die Ausplünderung der Armen durch die Reichen als wohlfahrtsstaatliches Highlight zu verkaufen.[110]

In einer Diskussion mit seinem Stab über Schwierigkeiten mit der arabischen Welt jammerte Eisenhower: »Das Problem ist, daß gegen uns eine Haßkampagne läuft, die nicht von den Regierungen, sondern von der Bevölkerung ausgeht.« Die nämlich stand »auf Nassers Seite«, und Nasser war, wie John Foster Dulles im August 1956 verlauten ließ, »ein äußerst gefährlicher Fanatiker«, weil er eigensinnig auf einem neutralistischen Kurs beharrte. Immerhin war er noch nicht so schlimm wie Chruschtschow, der »Hitler mehr gleicht als irgendein russischer Führer vor ihm«, meinte Dulles ein Jahr später vor dem Nationalen Sicherheitsrat.[111]

NOAM CHOMSKY

Eisenhowers Besorgnisse manifestierten sich am 15. Juli 1958, als 10 000 Marines vor Beirut an Land wateten, nachdem ein Putsch im Irak das anglo-amerikanische Erdölmonopol im Nahen Osten durchbrochen und in London und Washington für Entgeisterung gesorgt hatte. Die Briten waren daraufhin entschlossen, »rücksichtslos zu intervenieren«, falls sich die nationalistische Fäulnis bis nach Kuwait ausbreiten sollte. Die USA unterstützten diese Haltung, waren sie doch hinsichtlich der sehr viel reicheren, von ihnen kontrollierten Regionen derselben Auffassung. Eisenhowers Problem wurde 1990/91 erneut virulent. Von Marokko bis Indonesien reichte die Opposition gegen den von Washington und London geführten Golfkrieg, die in den halbwegs demokratisierten arabischen Staaten kaum einzudämmen war. Insofern ist die Abneigung der amerikanischen und britischen Führung gegen eine Demokratie in der arabischen Welt durchaus verständlich.[112]

Natürlich war die Sowjetunion ungleich gefährlicher als die von Nicaragua oder Guatemala ausgehende Bedrohung, und sei es nur deshalb, weil sie, wie schon das zaristische Rußland, eine nicht zu unterschätzende Militärmacht war. Dennoch bildete der Nord-Süd-Konflikt ein substantielles Element des Kalten Kriegs.

Das läßt sich auch an den Analysen über Wachstum und Entwicklung in den sozialistischen Staaten ablesen. Von Zeit zu Zeit hat die Weltbank das Pro-Kopf-BIP der osteuropäischen Staaten im prozentualen Verhältnis zu den OECD-Ländern untersucht und fand heraus, daß es bis zum Ersten Weltkrieg ständig absank, dann bis 1950 stark anstieg, bis 1973 leicht und bis 1989 stärker zurückging. Ein Bericht der Weltbank von 1990 kommt zu dem Ergebnis, daß »die Sowjetunion und die Volksrepublik China bis vor kurzem zu den hervorstechendsten Beispielen relativ erfolgreicher Länder gehörten, die sich aus eigenem Entschluß von der Weltwirtschaft abgesondert hatten«. Sie verließen sich auf ihre »immense Größe«, um eine »nach innen gerichtete Entwicklung zu ermöglichen, die den meisten anderen Ländern versagt blieb«, bis sie sich »zu einer Änderung ihrer Politik entschlossen und aktiver an der Weltwirtschaft teilnahmen«. Ab 1989 befanden sich die Volkswirtschaften der osteuropäischen Staaten im freien Fall, mit den bekannten Folgen, die wir im nächsten Kapitel erörtern.[113]

Die Sowjetunion erreichte den Höhepunkt ihrer Macht in den späten fünfziger Jahren, lag aber immer weit hinter dem Westen zurück. Mitte der sechziger Jahre geriet ihre Wirtschaft in Schwierigkeiten; die entsprechenden Indikatoren zeigten sinkenden Lebensstandard an. Eine umfassende, von der kubanischen Raketenkrise 1962 ausgelöste Aufrüstungsoffensive ging in den späten siebziger Jahren zuende. Die Wirtschaft stagnierte, und die Gesellschaft wies an den Rändern erste Auflösungserscheinungen auf. In den achtziger Jahren brach das System zusammen und die seit jeher reicheren und mächtigeren Industrienationen des Westens »gewannen den Kalten Krieg«. Jetzt können große Regionen des ehemaligen Sowjetimperiums wieder zu ihrem ehemaligen Drittweltstatus zurückkehren.

Aus dieser Perspektive lassen sich die vier Fragen zum Kalten Krieg relativ eindeutig beantworten. Zum ersten waren echte Sicherheitsbedenken tatsächlich sekundärer Natur, auch wenn sie angesichts der Ostblockstaaten weniger lächerlich erscheinen als im Hinblick auf die viel schwächeren Länder der Dritten Welt, obwohl sie hier ebenfalls geltend gemacht wurden. Überraschen kann auch nicht, daß die »Eindämmungsstrategien« vor allem von innenpolitischen wirtschaftlichen Erwägungen geleitet wurden; ob die Führung wirklich glaubte, die nationale Sicherheit schützen zu müssen, ist dabei ohne Belang. Schließlich wissen wir aus der alltäglichen Erfahrung, daß Überzeugungen zunächst geschaffen werden, um Interessen zu verbergen und sich dann verfestigen, so daß die rationale Analyse die Quellen der Überzeugungen aufsuchen

NOAM CHOMSKY

muß, was wir bei anderen Themen durchaus begreifen; nur bei den Machtstrukturen des eigenen Landes tun wir uns schwer. Zum zweiten ist es sinnvoll, den Beginn des Konflikts auf 1917/18 zu datieren, also auf die Zeit der ersten Konfrontation zwischen Ost und West. Die Vorwände für die Intervention damals entsprechen denen, die später bei Eingriffen in die Entwicklung von Drittweltländern üblich wurden. Zum dritten machen die den Kalten Krieg konstituierenden Ereignisse aus dem Puzzle ein vollständiges Bild. Und zum vierten müssen wir angesichts der Dauerhaftigkeit der politischen Strategien vor, während und nach dem Kalten Krieg nicht überrascht sein.

Die ableitbaren Folgerungen liegen also auf der Hand: Der Feind aller Feinde ist und bleibt die Dritte Welt, die unter Kontrolle gehalten werden muß. Jener Teil der Dritten Welt, der seiner Dienstleistungsrolle entkommen konnte, war militärisch mächtig, war es seit Jahrhunderten gewesen – mächtig genug, die uns »von der Natur und der Geschichte auferlegte Verpflichtung«, die Welt zu kontrollieren, einschränken und als »fauler Apfel« eine, zumindest aus Sicht der US-Strategen, für andere Länder und sogar für die eigene Bevölkerung attraktive Alternative bieten zu können. Die mörderischen Führer dieser Staaten waren feine Kerle, solange sie uns freie Hand ließen, was sie indes nicht immer und nicht allzu gern taten. Außerdem bot schon ihre bloße Existenz dem »Neutralismus« gewisse Optionen, in Europa und in der Dritten Welt, was natürlich mit dem Anspruch auf totale, auch auf die Zukunft sich erstreckende Kontrolle kollidieren mußte. Das alles ist jetzt Vergangenheit, und wir können ganz nach Gusto intervenieren und dabei fragen: »Was ist für uns drin?« Die Sowjetunion ist vergangen, aber die Geschichte unserer Heucheleien ist noch nicht an ihr Ende gelangt.

Kriege, seien sie heiß oder kalt, sind keine einfache Angelegenheit, bei der ein Antagonist (z. B. ein Nationalstaat) gegen einen anderen antritt. Sie haben immer viele Dimen-

sionen, und die Interessen der »Baumeister der Politik«
(Adam Smith) sind selten die der allgemeinen Bevölkerung.
Ein Blick darauf, wer den Sieg feiert und davon profitiert,
und wer darunter leidet, läßt uns häufig genug erkennen,
wer die wahren Sieger und die wahren Verlierer sind und
worum der Krieg geführt wurde. Gemäß diesem Kriterium
gehören zu den Siegern des Zweiten Weltkriegs auch jene
Finanz- und Industrieorganisationen, die den Faschismus
in allen seinen Formen unterstützten und von den offiziellen Siegern wieder in Amt und Würden eingesetzt wurden,
während zu den Verlierern die führenden Organisationen
und Personen des antifaschistischen Widerstands von den
Radikaldemokraten bis hin zu den Kommunisten zu rechnen sind. Sie wurden von den offiziellen Siegern vernichtet
oder vertrieben und marginalisiert.

Die Sieger des Kalten Kriegs wiederum sind die privilegierten Eliten der staatskapitalistischen Industrienationen,
einige ihrer Verbündeten in den Dienstleistungsregionen
und große Teile der herrschenden Klasse im Osten, die sich
jetzt den Siegern angeschlossen haben, während die Bevölkerung zwar das Ende der Tyrannei begrüßte, nicht aber
die neuen Verhältnisse, in denen sie sich als Verlierer empfinden muß. Für die Dritte Welt verschlimmert sich die Situation, von wenigen Ausnahmen abgesehen, weiter. Und
für die Bevölkerungsmehrheit im Westen bricht eine ganz
neue Zeit an: das Ende der luxuriösen Verhältnisse für die
gehätschelten Arbeiter.

Der Süden darf jetzt, nach dem Ende des Kalten Kriegs,
für die Mehrheit der Bevölkerung seiner Länder mit ver-
stärkter Unterdrückung und Ausbeutung rechnen, während die Trittbrettfahrer der Weltwirtschaft sich bereichern. Die Vereinigten Staaten und ihre Vasallen können
sich, nach dem Verschwinden der konkurrierenden Supermacht, ungehinderter der Gewalt bedienen und müssen lediglich neue Rechtfertigungen dafür finden, weil die politischen Kosten von Interventionen mit den Veränderungen

NOAM CHOMSKY

in der politischen Kultur gewachsen sind. Allerdings bietet die Entwicklung der internationalen Wirtschaft kostengünstigere Techniken für die Ausübung von Herrschaft und Kontrolle. Osteuropa schließlich mag hier und da Anschluß an die entwickelten Industriegesellschaften des Westens finden, im großen und ganzen jedoch zum traditionellen Drittweltstatus zurückkehren, was wiederum als Waffe gegen die arbeitende Bevölkerung in den Staaten Westeuropas eingesetzt werden kann. Dazu mehr im nächsten Kapitel.

II: Die Weltwirtschaftspolitik

Im vorigen Kapitel erörterte ich einige politische Strategien, die über Jahrhunderte hinweg kontinuierlich betrieben wurden, zunächst von europäischen Ländern bei ihrer Eroberung der Welt, dann von einer abtrünnig gewordenen Kolonie und schließlich von Japan, das niemals kolonisiert wurde und, wie ein paar kleinere Staaten, unter Vermeidung des neoliberalen Modells, mit dessen Hilfe die Dritte Welt in Abhängigkeit gehalten werden konnte, seinen eigenen Kurs zu steuern vermochte.[114]

Während dieser langen Epoche hat es viele tiefgreifende Veränderungen gegeben, von denen einige bereits erörtert wurden. Besonders einschneidend war der Wandel, der sich mit dem Zweiten Weltkrieg vollzog: Zum ersten Mal in der Geschichte erlangte ein einzelner Staat so viel Macht und Reichtum, daß seine Strategen eine globale politische Vision entwerfen und in die Tat umsetzen konnten. Gegen Ende des Kriegs verfügten die Vereinigten Staaten über die Hälfte des gesamten Reichtums der Welt und genossen aufgrund ihrer militärischen Macht eine nie zuvor gekannte Sicherheit; die Nation hatte keine unmittelbar benachbarten Feinde, beherrschte den pazifischen und den atlantischen Ozean sowie die reichsten und am weitesten entwickelten Regionen in Übersee, kontrollierte die größten Energiereserven und andere wichtige Ressourcen. Die USA waren zur führenden Industriemacht aufgestiegen und konnten, im Gegensatz zu den vom Krieg verheerten Ländern, ihre Produktion nahezu vervierfachen.

Schon in den Anfangsstadien des Zweiten Weltkriegs erkannten amerikanische Strategen, daß sie in der Lage sein würden, vielen Gebieten der Welt ihre Ordnung aufzuprägen. Diese Gelegenheit wollten sie nicht ungenutzt lassen. Zwischen 1939 und 1945 wurden im Council on Foreign Relations umfangreiche Studien zur Nachkriegsordnung betrieben. Diesem auslandspolitisch orientierten Rat gehörten Konzern- und Finanzkreise sowie hochrangige Vertreter des Außenministeriums an. Sie entwarfen den Plan einer, wie sie es nannten, »Grand Area«, einer integrierten Weltwirtschaftsregion, die den Anforderungen der US-Ökonomie Genüge tun und ihr den Freiraum verschaffen würde, »den sie brauchte, um ohne größere Umstrukturierungen überleben zu können«, d. h. ohne die einheimische Verteilung von Macht, Reichtum, Eigentum und Kontrolle antasten zu müssen. Ebenso ging es diesen Strategen um »nationale Sicherheit«, jedoch in dem bereits erörterten expansiven Sinn, der mit der Sicherheit der Nation nur wenig zu tun hat.

Zuerst nahm man an, daß Deutschland als wichtiges Machtzentrum überleben werde (an Japan wurde noch nicht gedacht). Die »Grand Area« wurde also anfänglich, unter Ausschluß Deutschlands, als Block konzipiert, dem zumindest die westliche Hemisphäre, der Ferne Osten und das ehemalige britische Empire, das zusammen mit anderen Regionalsystemen der US-amerikanischen Kontrolle unterstellt werden würde, angehören sollten. Unterdessen erweiterten die USA ihre eigenen regionalen Einflußsphären in Lateinamerika und dem Pazifikraum auf Kosten der traditionellen Kolonialmächte. Als sich die Niederlage Hitlers abzuzeichnen begann, wurde auch Deutschland der »Grand Area« zugeschlagen. Sorge bereitete die Sowjetunion, später auch China, für die »Eindämmungs-« und »Rollback«-Strategien vorgesehen wurden.

Die Struktur der »Grand Area« wurde mit einiger Sorgfalt durchdacht und später in Planungsstudien der Regierung weiterentwickelt. An oberster Stelle der Liste standen die reichen Industriegesellschaften, auf deren Bedürfnisse die Rolle der traditionellen Kolonialregionen zugeschnitten wurde. Kernproblem des Kalten Kriegs war die Exi-

NOAM CHOMSKY

stenz der kommunistischen Staaten, die ihren Drittweltstatus hatten abwerfen können; allerdings sind Rußland
und China mittlerweile wieder in die Weltwirtschaft inte-
griert. Bedacht wurde immer auch die Zukunft der USA
selbst. Ihre Gesellschaft sollte auf eine Weise neu gestaltet
werden, die, so hoffte man, zum Modell für alle Industrienationen werden konnte. Dieses Thema gestattet einen
näheren Blick auf die vorherrschenden gesellschaftlichen
Kräfte und ihre Denkart. Wir werden uns zunächst damit auseinandersetzen, dann, nach einem geschichtlichen
Zwischenspiel, den globalen Kontext und schließlich die
gegenwärtige Entwicklung und ihren möglichen weiteren
Verlauf erörtern.

1. Der Kampf an der Heimatfront

Der Feind im Inneren

Die innenpolitischen Probleme waren teils sozialer und
ideologischer, teils ökonomischer Natur. Die Wirtschaftskrise der dreißiger Jahre hatte sich zur Herausforderung,
gar Infragestellung der Privatwirtschaft entwickelt. Das
wurde als Schock empfunden, glaubte man doch, die Arbeiterbewegung und Forderungen nach mehr Demokratie
ein für alle Mal erledigt zu haben. Aber 1935 wurde das
Wagner-Gesetz verabschiedet, das den Arbeitern Rechte
einräumte, die in England und anderswo schon seit 50 Jahren selbstverständlich waren. Gleich warnte die National
Association of Manufacturers, eine Industriellenorganisa-
tion, vor der Gefahr, die für die Wirtschaft von der »neu
entstandenen politischen Macht der Massen« ausgehe. Deren Denken müsse in geeignete Bahnen gelenkt werden,
sonst »steht uns eine Konfrontation ins Haus«.

Die Konzerne starteten eine rasche Gegenoffensive, die weniger auf staatliche Gewaltmaßnahmen als auf Gedankenkontrolle setzte: »Wissenschaftliche Streikbrechermethoden« und »Human Relations«-Kampagnen sollten die Öffentlichkeit gegen »Außenseiter« mobilisieren, die »Kommunismus und Anarchie« predigten und das Gemeinschaftsgefühl nüchterner Arbeiter und Farmer, treusorgender Mütter und Hausfrauen, hart für das Wohl der Menschen arbeitender Manager – also jenen »Amerikanismus«, der uns alle in Harmonie und Freude vereint – vergiften wollten. Das Projekt griff auf frühere Erfolge der Public-Relations-Industrie zurück, einer amerikanischen Erfindung, die schon zu Beginn des Jahrhunderts und dann nach dem Ersten Weltkrieg der Geschäftswelt zu ideologischen Siegen verholfen hatte.

Dazu beigetragen hatten Erfahrungen mit der ersten regierungsoffiziellen Propagandaagentur, Woodrow Wilsons Creel-Kommission, die während des Ersten Weltkriegs die Amerikaner von Pazifisten zu kriegsbegeisterten Nationalisten machen konnte. Wilsons Propagandamaschinerie beeindruckte die amerikanische Geschäftswelt, aber auch einen Adolf Hitler, der Deutschlands Niederlage auch propagandistischer Unterlegenheit im Vergleich zu den angloamerikanischen Anstrengungen zurechnete. Harold Lasswell, einer der führenden Politikwissenschaftler, der seine Karriere mit Untersuchungen zur Verwendung von Propaganda im Westen begonnen hatte, nannte Wilson den »großen Generalissimus an der Propagandafront«. Wie andere seriöse Wissenschaftler erkannte er, daß die Propaganda sich besonders gut für freiere und demokratischere Gesellschaften eignet, in denen die Bevölkerung nicht mit der Peitsche im Zaum gehalten werden kann. Folglich empfal er den Einsatz dieses Instruments, um den Erhalt der Ordnung, den er aufgrund »der Ignoranz und des Aberglaubens ... der Massen« gefährdet sah, zu gewährleisten. In der *Encyclopaedia of the Social Sciences* erklärte er, wir sollten nicht »dem demokratischen Dogma« anhängen, daß »die Menschen selbst ihre Interessen am besten beurteilen könnten«; das ist vielmehr Sache der Eliten, so wie für Churchill nur die »reichen Leute in den reichen Nationen« wissen, was für die Welt gut ist.

Mit der Geschäftswelt und führenden Intellektuellen teilte Lasswell Robert Lansings Furcht vor der »ignoranten und unfähigen Masse der Menschheit« und der Gefahr ihrer möglichen Vorherrschaft, die, wie Lansing irrtümlich annahm, von den Bolschewisten angestrebt wurde. Auch Walter Lippmann, eine der großen Gestalten des amerikanischen Journalismus und ein hoch geschätzter Demokratietheoretiker des progressiven Lagers, schloß sich diesen Bedenken an. »Die Öffentlichkeit«, meinte er, »muß auf den ihr zugehörigen Platz verwiesen werden«, damit die »verantwortlichen Männer ... von dem Getrampel und Gebrüll einer verwirrten Herde« nicht gestört werden. In einer Demokratie haben diese »ignoranten und aufdringlichen Außenseiter« lediglich die Funktion, »interessierte Zuschauer« in der politischen Arena zu sein, nicht aber »direkt Beteiligte«, außer, wenn sie alle Jahre wieder ihre Stimme einem Mitglied der Führungsschichten geben.

Lippmann zählte, wie gesagt, zu den fortschrittlichen Geistern. Am reaktionären Ende finden wir gerade heute jene sogenannten Konservativen (eine völlig falsche Bezeichnung), die der Öffentlichkeit sogar die Zuschauerrolle absprechen wollen. Kein Wunder, daß die Reaganisten sich so für geheime Terroroperationen, für Zensur- und Agitpropmaßnahmen begeisterten, mittels derer die Bevölkerung unwissend gehalten werden konnte.[115]

Bereits Thomas Jefferson sah in seinen späteren Jahren mit Sorge, auf welch wackligen Füßen das demokratische Experiment stand. Er unterschied zwischen »Aristokraten« und »Demokraten«. Die Aristokraten »fürchten das Volk und mißtrauen ihm und wollen sämtliche Macht in den Händen der oberen Klassen versammeln«. Die Demokraten dagegen »identifizieren sich mit dem Volk, vertrauen ihm, betrachten und würdigen es als ehrlichen und sicheren, wenn auch vielleicht nicht höchstweisen Ort, an dem das öffentliche Interesse seine Bewahrung findet«. Die Aristokraten waren die Befürworter des entstehenden kapitalistischen Staats, den Jefferson mit großer Abneigung betrachtete, weil er sich im Widerspruch zur Demokratie entwickelte, je mehr die modernen Formen, vor denen er gewarnt hatte, also die »Bankinstitutionen und wohlhabenden Korporationen«, begünstigt von juristischen Entscheidungen, an Macht gewannen. Heute gehören fortschrittliche Intellektuelle à la Lasswell und Lippmann zu Jeffersons »Aristokraten« und können nur vor dem Hintergrund des sonstigen politischen Spektrums noch demokratisch genannt werden. Jeffersons schlimmste Befürchtungen dürften sich bestätigt haben.

Natürlich ist das demokratische Ideal nicht völlig zusammengebrochen; es wurde marginalisiert, blieb aber in Bürgerbewegungen und bei einigen Intellektuellen lebendig. Zu diesen gehört John Dewey, einer der bedeutendsten amerikanischen Philosophen des 20. Jahrhunderts. Für Dewey ist »Politik der Schatten, den das *big business* auf die Gesellschaft wirft«, und solange das so bleibt, »wird auch die Abschwächung des Schattens nichts an der Substanz ändern«. Reformen sind von begrenztem Wert; sollen demokratische Verhältnisse herrschen, muß der Verursacher des Schattens entfernt werden, nicht nur wegen seiner Vorherrschaft in der politischen Arena, sondern weil allein schon die Institutionen privater Macht Demokratie und Freiheit untergraben. Dewey benannte die antidemokratische Macht, die er im Sinn hatte, sehr deutlich: »Heute liegt die Macht in der Kontrolle über die Mittel, mit denen Produktion, Handel, Publikationswesen, Transport und Kommunikation betrieben werden. Wer sie besitzt, beherrscht das Leben der Gesellschaft.« Trotz aller Restbestände demokratischer Formen ist »die Privatwirtschaft, die Gewinne macht mittels privater Kontrolle über Bankwesen, Ländereien, Industrie, verstärkt durch Befehlsgewalt über Presseorgane, Presseagenten und andere Publikations- und Propagandamittel« die eigentliche Quelle von Macht, Zwang und Kontrolle, und solange dieses System Bestand hat, können wir nicht ernsthaft von Demokratie und Freiheit reden. In einer freien und demokratischen Gesellschaft hätten die Arbeiter »ihr industrielles Schicksal selbst in der Hand« und wären keine von Unternehmern gemieteten Werkzeuge. Diese Ideen reichen bis zum klassischen Liberalismus eines Adam Smith und Wilhelm von Humboldt zurück. Die Industrie muß »von einer feudalistischen in eine demokratische gesellschaftliche Ordnung überführt werden«, und das »letzte Ziel« der Produktion sollte nicht die Herstellung von Gütern sein, sondern »die Produktion freier, einander in Gleichheit verbundener menschlicher Wesen«. Diese Konzeption, die sich auch im Gildensozialismus und bei Anarchisten und unorthodoxen Marxisten finden läßt, ist mit dem modernen Industriesystem staatskapitalistischer oder staatssozialistischer Provenienz unvereinbar.[116]

Mittlerweile ist das ideologische Spektrum so eng geworden, daß bewährte libertäre Grundsätze exotisch und extremistisch, ja, gar »unamerikanisch« klingen, obwohl sie so amerikanisch sind wie Truthahnbraten und in einem traditionellen Denken wurzeln, das gern gelobt, noch lieber aber entstellt und vergessen wird. Auch hierin zeigt sich der Verfall der Demokratie, den wir im Augenblick, auf der institutionellen wie der intellektuellen Ebene, miterleben.

Die Propaganda im Interesse der Privatwirtschaft trägt das ihre dazu bei, wie aus einem Essay von Michael Joyce erhellt. Joyce ist Präsident der rechtsorientierten Bradley Foundation, die, wie andere ihrer Art, das Ziel verfolgt, vor allem in Schulen und Universitäten das ideologische Spektrum noch weiter nach rechts zu rücken. Seine Argumentation klingt zunächst libertär; er kritisiert den seiner Meinung nach zu engen Begriff der *citizenship* [der Bürgerlichkeit im politischen Sinne; d. Ü.], der die Beteiligung der Bürger an der Politik auf den gelegentlichen Akt des Wählens reduziere, wonach dann wieder die Experten das Sagen haben. Er dagegen möchte darunter die Beteiligung an der Zivilgesellschaft »außerhalb der politischen Sphäre« verstehen. Hier nämlich »vollzieht sich die Aktivität der Bürger ... *nicht* episodisch oder gelegentlich, wie beim Wählen, sondern konstant und regelmäßig«: auf dem Markt, bei der Arbeit, im Familienleben, bei kirchlichen, schulischen und anderen Versammlungen. Hier finden »anständige Bürger« ihre »Aufgabe«.

Und die »politische Sphäre«? Sie verschwindet aus dem Blickfeld, bleibt unbekannten, unsichtbaren Mächten überlassen. Allerdings nicht ganz: Joyce warnt vor »arroganten, paternalistischen Sozialwissenschaftlern, Therapeuten, Freiberuflern und Bürokraten, die das ausschließliche Recht beanspruchen, von feindseligen sozialen Mächten geschlagene Wunden zu heilen«. Sie bilden die »*aufgeblähten, korrupten, zentralisierten Bürokratien*« des »Fürsorgestaats«. »Korrupte intellektuelle und kulturelle Eliten in den Universitäten, den Medien und anderswo ... fordern noch mehr Regierungsprogramme – und noch mehr bürokratische Experten zur Heilung der Wunden, die hilflosen Opfern angeblich vom Industrialismus, Rassismus, Sexismus usw. geschlagen wurden – und berauben dabei die Bürger und ihre Institutionen immer weiterer Befugnisse.«

Während die Bürger sich um ihre Arbeit kümmern und zur Kirche gehen, muß der »Fürsorgestaat« von Therapeuten und Sozialwissenschaftlern, die im Augenblick noch alle Fäden in der Hand halten, befreit werden. In wessen Händen aber liegt er dann? Bezeichnenderweise klammert Joyce die tatsächlichen Zentren, in denen Macht und Reichtum sich ballen, aus, nämlich jene Personen und In-

NOAM CHOMSKY

stitutionen, die entscheiden, was in Wirtschaft, Staat und Gesellschaft geschieht, sei es, daß sie direkt an der Macht beteiligt sind, sei es, daß sie die politischen Alternativen auf ein Minimum beschränken und so einen mächtigen, interventionsbereiten »Fürsorgestaat« schaffen, der sich ihrer Bedürfnisse bereitwillig annimmt. Joyces PR-Operation gleicht einer Analyse der Sowjetunion, in der Kreml, Militär und Kommunistische Partei keine Rolle spielen. Daß diese Farce überhaupt möglich ist, zeigt, wie wirksam die von der Privatwirtschaft betriebene Gedankenkontrolle sein muß.[117]

In den freieren Gesellschaft übt der Staat nur selten direkte Kontrolle aus. »Wirklich düster an der Pressezensur in England«, schrieb George Orwell, »ist die Tatsache, daß sie weitgehend freiwillig ausgeübt wird. Unpopuläre Ideen können zum Schweigen gebracht und unangenehme Tatsachen im Dunkeln gehalten werden, ohne daß es dazu eines offiziellen Bannspruchs bedürfte.« Das verdankt sich u. a. der Konzentration der Presse in den Händen von »reichen Leuten, die bei bestimmten Themen alle möglichen Motive für ihre Unaufrichtigkeit haben«. Deshalb »wird jeder, der die vorherrschende Orthodoxie in Frage stellt, mit überraschender Effektivität zum Schweigen gebracht«. Schon ein Jahrzehnt früher hatte sich John Dewey ganz ähnlich über »unsere unfreie Presse« geäußert: »Die einzig wahre und grundlegende Methode, mit diesem Problem umzugehen, besteht in der Erforschung der notwendigen Auswirkungen des gegenwärtigen Wirtschaftssystems auf das gesamte System des Pressewesens; auf die Beurteilung dessen, was eine Nachricht eigentlich ist, auf die Auswahl dessen, was zur Veröffentlichung ansteht, auf den Umgang mit Nachrichten in Kommentaren und Berichten.« Wir sollten fragen, »ob unter dem gegenwärtigen wirtschaftlichen Regime wirkliche intellektuelle Freiheit und soziale Verantwortung in größerem Umfang überhaupt möglich sind«. Das sei, meinte Dewey, wohl kaum der Fall.[118]

Der australische Sozialwissenschaftler Alex Carey, der sich eingehend mit dem Problem privatwirtschaftlicher Propaganda befaßt hat, kommt zu dem überzeugenden Schluß, daß »das 20. Jahrhundert durch drei Entwicklungen von großer politischer Bedeutung gekennzeichnet ist: durch den Zuwachs an Demokratie, den Zuwachs an konzernspezifischer Macht und den Zuwachs an konzernspezifischer Propaganda als Mittel zum Schutz dieser Macht vor der Demokratie«. Die von den Konzernen in den dreißiger Jahren betriebene Gegenoffensive ist eins von vielen einleuchtenden Beispielen für seine These.

Diese Offensive mußte aufgrund des Kriegseintritts dann eingestellt werden, wurde nach 1945 dann aber wiederbelebt. In großen Kampagnen, bei denen Radiosender, das Kino und andere Medien eingespannt wurden, verkaufte man das »freie Unternehmertum« – d. h. die staatlich subventionierte Herrschaft des privaten Managements – als den »amerikanischen Weg«, der von gefährlichen subversiven Elementen bedroht sei. Natürlich war den PR-Spezialisten die Methode, Furcht und Haß zu erzeugen, die gegen »Ausländer«, »Kommunisten« und »Anarchisten« gerichtet wurden, seit langem vertraut, und dies um so mehr, als die politische Kultur selbst seit ihren frühesten Tagen Züge von Manichäismus gezeigt hatte, wovon allein schon Begriffe wie »unamerikanisch« oder »antiamerikanisch« zeugen.[119]

Im Wissen um diese Besonderheiten der politischen Kultur in Amerika verteilte die US-Handelskammer gleich nach dem Krieg Pamphlete in millionenstarker Auflage mit Titeln wie »Kommunistische Infiltration in die Vereinigten Staaten« und »Kommunisten in der Regierung«. Im April 1947 kündigte der Werberat (Advertising Council) eine 100 Millionen Dollar teure Kampagne in allen Medien an, um der Bevölkerung das amerikanische Wirtschaftssystem zu »verkaufen«; offiziell wurde das Programm als »Großprojekt zur Unterrichtung des amerikanischen Volks über die Tatsachen des Wirtschaftslebens« beschrieben. Konzerne »starteten umfangreich Programme zur Indoktrinierung der Angestellten«, wußte das Wirtschaftsmagazin *Fortune* zu berichten, während die Management-Organisation AMA (American Management Association) herausfand, daß in den Führungsetagen vielfach »Propaganda« und »wirtschaftliche Unterrichtung« für Synonyme gehalten wurden: »Wir wollen, daß unsere Leute das Richtige denken.« Außerdem berichtete die AMA, daß Kommunismus, Sozialismus sowie bestimmte politische Parteien und Gewerkschaften »zu den Angriffszielen dieser Kampagnen gehören«, die »manche Arbeitgeber ... als eine Art „Kampf um Loyalität" mit den Gewerkschaften betrachten« – was angesichts der Ressourcenverteilung ein höchst ungleicher Kampf gewesen sein dürfte.[120]

Andere führten diesen Kampf auf ihre Weise. Bekanntlich sind die Vereinigten Staaten die einzige Industrienation, die über kein gesellschaftlich umfassendes Gesundheitssystem verfügt. Trumans Versuche, hier Anschluß an die Moderne zu finden, wurden von der American Medical Association als »erster Schritt hin ... zu jener Reglementierung« angegriffen, »die in Deutschland zum Totalitarismus und zum Niedergang dieser Nation führte«. Die Zeitschrift der Vereinigung warnte vor »medizinischen Sowjeträten« und den »Gauleitern«, die sie führen würden, und unterstellte den Befürwortern einer nationalen Gesundheitsvorsorge Tendenzen zu einer sozialistischen Revolution. Ihre Werbeagentur lancierte die bis dahin größte Anzeigenkampagne in der amerikanischen Geschichte, um die Gesetzesvorhaben zu verhindern. Mit gefälschten Lenin-Zitaten wurde an protestantische Geistliche appelliert und der Eindruck erweckt, Politiker wollten an der »Heiligkeit des Lebens« rütteln. 54 Millionen Exemplare einer Propagandaschrift wurden verteilt. Die Kampagne stand unter dem Slogan »Freiwilligkeit ist der amerikanische Weg«; ihr Leitmotiv hieß: »Die amerikanische Medizin steht im Brennpunkt eines fundamentalen Kampfs, dessen Ausgang vielleicht darüber entscheidet, ob Amerika frei bleibt, oder ob wir ein sozialistischer Staat werden.« Trumans Vorhaben scheiterte.

Weil die Kosten des höchst ineffizienten und bürokratisierten kapitalistischen Gesundheitssystems für die Geschäftswelt zur Last wurden, kam das Thema in den neunziger Jahren erneut zur Sprache. Nun machten sich die Mainstream-Medien über die damaligen Kampagnen lustig, und die Regierung Clinton versuchte sich an Gesundheitsreformen, beachtete dabei aber zwei wesentliche Bedingungen: Zum einen mußte das Ergebnis streng regressiv sein, was bei Programmen, die auf steuerlichen Belastungen oder Lohnabzügen beruht hätten, nicht der Fall gewesen wäre; zum andern durfte den großen Versicherungsfirmen nicht die Kontrolle entzogen werden. Diese aber tragen mit ihren teuren Anzeigenkampagnen, hohen Managergehältern, Gewinnen und den Kosten ihres bürokratischen Apparats, der darauf achtet, daß die Leistungen auf ein Minimum beschränkt bleiben, ebenso zur Verteuerung des Gesundheitswesens bei wie der umfangreiche Regulierungsapparat der Regierung, dem es obliegt, die Interessen der Allgemeinheit wenigstens einigermaßen mit dem privatwirtschaftlichen Profitstreben in Einklang zu bringen. Das Ganze wird »geregelter Wettbewerb« genannt, ein Euphemismus, der die Hindernisse verbergen soll, die einer ausgewogeneren und effizienteren Gesundheitsvorsorge, welche in den Händen der Regierung läge, im Wege stehen. Gerade diese aber ist, trotz aller Zustimmung der Bevölkerungsmehrheit, »politisch nicht durchsetzbar«.

Die Berichterstattung der Medien bewegte sich innerhalb der auch sonst üblichen Grenzen. Ein Aufmacher der *New York Times* zum Thema erwähnte en passant, daß bei einer Umfrage 59 Prozent der Befragten ein »von Clinton verworfenes Modell« befürworteten: »ein dem kanadischen ähnliches System der Krankenversicherung, die aus Steuergeldern bezahlt wird«. Ein sehr hoher Prozentsatz, angesichts der ablehnenden Haltung von Regierung und Medien. Der *Boston Globe* zitierte Experten, die sich über die »verwirrende« Komplexität der Vorschläge im Vergleich »zu dem einfacheren, von der Regierung zu betreibenden System« wunderten und meinte dazu: »Es ist schwer, Komplexität zu vermeiden, wenn man, wie Clintons Befürworter und Kritiker gleichermaßen, von der Prämisse ausgeht, daß ein einfacheres, von der Regierung bezahltes Gesundheitssystem keine Option ist.« Möglicherweise sind ja alle, die das »einfachere System« befürworten, einfach »antiamerikanisch«.

Eine Woche zuvor hatte der *Boston Globe* ausführlich über eine gemeinsam mit der Harvard School of Public Health durchgeführte Untersuchung berichtet, in der es darum ging, wie die Bevölkerung drei unterschiedliche Optionen einschätzte: Staatlich-privatwirtschaftliche Vorsorge, individuell-private Vorsorge und schließlich Medicare, das staatliche System für die älteren Bürger. Während sich im Hinblick auf die ersten beiden Optionen kaum Unterschiede finden, gewinnt Medicare in allen zur Diskussion stehenden Bereichen wie etwa Qualität, Effizienz und Kostengünstigkeit: »Ins Auge fiel die Tatsache, daß die bei Medicare Versicherten in jeder Hinsicht zu den zufriedensten von allen versicherten Amerikanern zählten«, was von »manchen« als Argument für eine nationale Krankenversicherung interpretiert wird. Aber da Qualität, Effizienz und Kostengünstigkeit nicht im Interesse der Privatversicherer liegen, werden die Mittel für Medicare beschnitten, was immerhin den Vorteil hat, daß man bei späteren Untersuchungen die Zufriedenheit der Versicherten nicht mehr berücksichtigen muß.[121]

Ebenso muß man die hohe Zustimmung in der Bevölkerung für ein nationales Gesundheitssystem, die Anfang der neunziger Jahre bei fast 70 Prozent lag, berücksichtigen. Die hohen Verwaltungskosten und die mangelnde

Leistungsfähigkeit des gegenwärtigen Systems resultieren jedoch nicht, wie immer wieder behauptet wird, aus einem merkwürdigen Charakterzug der amerikanischen Kultur, sondern aus der von Konzernen betriebenen Propaganda und, nicht zu vergessen, der Schwäche der Arbeiterbewegung.[122]

Die Propagandakampagnen der Nachkriegszeit konnten noch viele andere Erfolge vorweisen. Ein Beispiel ist das Schicksal der Preisregulierungsbehörde OPA (Office of Price Administration), die während der Kriegsjahre für eine moderate Preisgestaltung zuständig gewesen war. Eine massive Kampagne von Industriellenvereinigung und Handelskammer sorgte dafür, daß die öffentliche Befürwortung der OPA von 80 Prozent im Februar 1946 auf 26 Prozent acht Monate später zurückging. Präsident Truman mußte die Behörde schließen lassen und sprach von einem Feldzug »für die Aufhebung der Gesetze, die den Konsumenten vor Ausbeutung schützen sollten«. 1947 bemerkte ein PR-Beauftragter des Innenministeriums hämisch, daß sich »gerissene Public Relations wieder einmal ausgezahlt hat«. Die öffentliche Meinung »bewegt sich nicht nach rechts, sondern ist – auf schlaue Weise – nach rechts bewegt worden«: Während »die übrige Welt sich nach links bewegt und Arbeiterparteien an die Regierung gebracht hat, befinden sich die USA in der Gegenbewegung: gegen sozialen Wandel, gegen wirtschaftlichen Wandel, gegen die Arbeiterbewegung«.

Ein paar Jahre später bemerkte der Soziologe Daniel Bell, damals Mitherausgeber von *Fortune*: »In den Nachkriegsjahren war es der Industrie vor allem darum zu tun, das von der Wirtschaftskrise ... hervorgerufene Meinungsklima zu verändern. Die Kampagne für „freies Unternehmertum" hat zwei hauptsächliche Ziele: die Loyalität der Arbeiter zurückzugewinnen, die jetzt den Gewerkschaften verpflichtet sind, und den schleichenden Sozialismus aufzuhalten.« Mit »Sozialismus« meinte Bell den sanft reformorientierten Kapitalismus von Roosevelts New Deal. Der Umfang dieser Kampagnen war, so Bell, »erstaunlich«. Sie führten u. a. zu einer Gesetzgebung, die die Aktivitäten der Gewerkschaften stark einschränkte und zu deren bis heute währendem Verfall entscheidend beitrug. Selbst Clintons Arbeitsminister Robert Reich, eher ein Liberaler, teilt uns mit, daß »noch keine Klarheit darüber besteht, ob die traditionelle Gewerkschaft für die neuen Arbeitsplätze noch notwendig ist«, womit er auf die vom Staatskapitalismus programmierten »leistungseffizienten Arbeitsplätze der Zukunft« anspielt. »Gewerkschaften sind dort in Ordnung, wo es sie gibt. Und wo es sie nicht gibt« – also mittlerweile kaum noch irgendwo – »ist noch nicht klar, welche Art von Organisation die Arbeiter repräsentieren sollte«, führt Robert Brown, Handelsminister und auch so ein »neuer Demokrat«, aus.

Parallel zu den erwähnten Nachkriegskampagnen gab es noch einen erfolgreichen Angriff auf jede offene Infragestellung privatwirtschaftlicher Vorherrschaft, an dem sich große Teile der Intellektuellenschicht ebenso begeistert beteiligten wie die Gewerkschaftsbürokratie. Dieser Feldzug wurde fälschlicherweise »McCarthyismus« genannt; tatsächlich aber stieß Senator McCarthy erst sehr spät dazu und nutzte lediglich das bereits bestehende Klima der Repression aus, konnte jedoch beträchtlichen Schaden anrichten, bevor er abserviert wurde. Diese Kampagne stellte im wesentlichen die Atmosphäre der zwanziger Jahre wieder her, bis die Gärungen der sechziger Jahre neue Hysterie und neue Versuche zur Rückgewinnung der ideologischen Vorherrschaft entfachten.

Eine vom Kongreß in Auftrag gegebene Untersuchung kam 1978 zu dem Ergebnis, daß die amerikanische Geschäftswelt pro Jahr eine Milliarde Dollar für »Grassrootspropaganda«, also Propaganda für die breiten Bevölkerungsschichten ausgab. Ergänzt wurden diese Bemühungen durch das, was Alex Carey »Baumwipfelpropaganda«

nennt. Sie zielte auf die Bildungsschichten und wollte deren Angehörigen das »freie Unternehmertum« schmackhaft machen. Zu diesem Zweck wurden entsprechende Professuren gestiftet und Kampagnen gegen die üblichen verdächtigen Ziele lanciert: gegen Steuererhöhungen, wirtschaftliche Regulierungsmaßnahmen, Wohlfahrt (für die Armen), »bürokratische« Behinderungen des kreativen Unternehmers, gewerkschaftliche Korruption und Gewalt, Apologeten unserer Feinde usw.[123]

Das hatte tiefgreifende Auswirkungen insofern, als nach dem »S«-Wort (»sozialistisch«) nun auch das »L«-Wort (»liberal«) der Verdammnis anheimfiel. Allerdings hat die Rechte die ideologischen Institutionen noch nicht vollständig erobert, weshalb es in Großbritannien und den USA auch zu diesen so heftigen wie leicht komischen Aufrufen führt, das Allerheiligste gegen den Ansturm der »linken Faschisten« zu verteidigen, die sich leider, wie auch die Arbeiterorganisationen, immer noch regen.

Sind funktionierende Demokratien schon in ausländischen Gesellschaften ein Greuel, so erst recht im eigenen Land. Als in den sechziger Jahren bislang marginalisierte Schichten der Bevölkerung den Versuch unternahmen, die politische Arena zu betreten, sprachen liberale Eliten angstschlotternd von einer »Krise der Demokratie« und beschworen das Gespenst der »Unregierbarkeit« herauf. Passivität und Gehorsam müßten, so befand die von David Rockefeller gegründete Trilaterale Kommission in ihrer ersten Studie mit dem Titel *Die Krise der Demokratie*, wiederhergestellt werden. Der Kommission gehörten Vertreter von Eliten aus den USA, Europa und Japan an; Jimmy Carter war Mitglied, und seine Regierung rekrutierte sich fast ausschließlich aus dieser Kommission. Ihr amerikanischer Berichterstatter, Samuel Huntington von der Universität Harvard, blickte mit einiger Nostalgie auf das goldene Zeitalter zurück, als »Truman das Land mit der Kooperation einer Handvoll von Anwälten und Bankiers der Wall Street regieren konnte«. Damals gab es natürlich keine »Krise«.

Freies Unternehmertum, freie Märkte

Neben sozialen und ideologischen Problemen gab es nach dem Zweiten Weltkrieg gravierende wirtschaftliche Schwierigkeiten. Die Weltwirtschaftskrise hatte die Überlebensfähigkeit des Kapitalismus in Frage gestellt, die Maßnahmen des New Deal waren nur begrenzt wirksam gewesen, und erst die massiven Kriegsausgaben konnten, verbunden mit staatlich gelenkter Wirtschaft, zu einem neuen Boom führen. Nach dem Krieg hielt der Nachholbedarf an Konsum die Wirtschaft einigermaßen über Wasser, doch schon gegen Ende der vierziger Jahre ging man von einer Wiederkehr der Rezession aus. Einflußreiche Kreise in Politik und Wirtschaft hielten eine abermalige Intervention des Staats zur Rettung des privaten Unternehmertums für selbstverständlich.

Die Unternehmer erkannten, daß eine Erhöhung des Sozialbudgets die Wirtschaft ankurbeln könnte, doch zogen viele die militärkeynesianische Variante vor, was nicht »ökonomischer Rationalität« entsprang, sondern einem Denken in Macht- und Privilegienkategorien. Also erhöhte man den Rüstungshaushalt, wobei der Kalte Krieg als Rechtfertigung diente. Als 1948 die Rezession einsetzte, wurden Trumans Ausgaben für den Kalten Krieg von der Wirtschaftspresse als »Zauberformel für fast endlos gute Zeiten« (*Steel*) und als Methode für den »allgemeinen Aufschwung« (*Business Week*) gepriesen; nur die Russen mußten mitmachen. 1949 notierte man mit einiger Erleichterung, daß Stalins »Friedensfühler« von Washington bislang mit Nichtachtung gestraft worden seien, machte sich aber weiterhin Sorgen, ob die »Aussicht auf ständige Erhöhung der Militärausgaben« nicht gefährdet werden könnte. Zum Glück blieb es beim Kalten Krieg, und einige Jahre später bemerkte das *Wall Street Magazine*: »Offensichtlich hängen mittlerweile auch ausländische Wirtschaften hauptsächlich vom Umfang der fortgesetzten Rüstungsausgaben in diesem Land ab« – was sich auf den mittlerweile international gewordenen Militärkeynesianismus bezog, mit dem der Wiederaufbau der vom Krieg geschädigten staatskapitalistischen Industriegesellschaften gelang. Das war zugleich die Grundlage für die zumeist von den USA ausgehende Entwicklung der transnationalen Konzerne.

Das Pentagon-System galt für diese Zwecke als ideal. Über die eigentlich militärischen Behörden hinaus umfaßt es auch das Energieministerium, das Kernwaffen produziert, sowie die Weltraumbehörde NASA, die von der Regierung Kennedy zu einer wichtigen Komponente der staatlich dirigierten öffentlichen Subventionen für die High-Tech-Industrie umgemodelt wurde. Diese Arrangements bürden der öffentlichen Hand erhebliche, für Forschung und Entwicklung (kurz: R&D, research & development) anfallende Kosten auf, während sie dem Management der Konzerne einen garantierten Markt für die Überschußproduktion verschaffen. Zudem hat diese Art der Industriepolitik nicht die unerwünschten Nebeneffekte wie Sozialausgaben, die sich an menschlichen Bedürfnissen orientieren. Hier kann eine Umverteilung von Reichtümern die Folge sein, und überdies werden gewisse Vorrechte privatwirtschaftlichen Managements in Frage gestellt. Gesellschaftlich nützliche Produktion kann private Gewinne schmälern, während staatlich subventionierte Ausschußproduktion (Waffen, bemannte Mondraketen usw.) der Industrie wie ein Geschenk in den Schoß fällt, weil dabei immer vermarktbare Produkte abfallen. Sozialausgaben könnten auch das Interesse der Öffentlichkeit an politischer Partizipation und damit die Möglichkeit demokratischer Drohgebärden erhöhen, und die Öffentlichkeit interessiert sich für Krankenhäuser, Straßenbau, Kindergärten usw., nicht aber für Raketen und Jagdbomber. Aus diesen Gründen gibt es, wie *Business Week* erklärte, »einen gewaltigen Unterschied zwischen militärischer und wohlfahrtsstaatlicher Wirtschaftsankurbelung«. Welche Variante vorzuziehen ist, dürfte nicht schwer zu erraten sein.

Als die Strategen aus Wirtschaft und Politik nach dem Zweiten Weltkrieg die Rolle des Staats in der Wirtschaft zu vergrößern suchten, konnten sie sich auf historische Erfahrungen berufen. Von Anfang an hatten die USA auf Interventionismus und Protektionismus gesetzt: zu Beginn des 19. Jahrhunderts in der Textil-, gegen Ende in der Stahlindustrie, heute bei Computern, Elektronik und Biotechnologie. Das gilt im übrigen für jede erfolgreiche industrielle Gesellschaft, was für den Süden zu bedenken wichtig sein könnte.

Auch nach dem Kalten Krieg muß das Pentagon-System aufrechterhalten werden, was u. a. durch Waffenverkäufe in die Dritte Welt geschieht. Die Regierung Bush legte sehr viel Wert auf die Erweiterung dieser Verkäufe und hatte dabei vor allem den Nahen Osten im Auge. Andere Staaten sollten sich dabei natürlich zurückhalten – schließlich war es eine Krisenregion. Vielleicht deshalb nahm die Regierung zum ersten Mal in der Geschichte eine aktive Rolle bei der Erschließung neuer Märkte für die Rüstungsindustrie ein und nutzte dazu den Golfkrieg von 1991. Im Juni wurden anläßlich der Pariser Luftfahrtschau die Waffen, die den Irak zerstört hatten, mit sichtbarem Stolz ausgestellt, auch mit Hoffnung auf gute Geschäfte. In diesen Jahren waren die Vereinigten Staaten der größte Waffenverkäufer in Länder der Dritten Welt; 1992 beherrschten sie 57 Prozent dieses Marktes (Rußland hielt 9 Prozent). Allein Saudi-Arabien hatte Verträge mit US-Waffenhändlern im Wert von 30 Milliarden Dollar abgeschlossen, die zum riesigen Aufrüstungsprogramm dieses Landes gehörten, das dessen Wirtschaft untergrub und den mit dem Öl gewonnenen Reichtum in den Westen zurückspülte.

Die Regierung Clinton erweiterte die Programme ihrer Vorgängerinnen. »Die erwarteten 28 bis 30 Milliarden Dollar an Rüstungsverkäufen ins Ausland in diesem Fiskaljahr sind die größte bislang erreichte Gesamtsumme«, meldete AP im August 1993. Das meiste war für den Nahen Osten bestimmt. Zum ersten Mal wurde der Handelsminister zur Luftfahrtschau nach Paris und zu potentiellen Kunden in der Dritten Welt – Malaysia und Saudi-Arabien – geschickt, »um Jagdbomber an den Mann zu bringen«, wie ein Spezialist für die Luftfahrtindustrie zustimmend bemerkte. Die Sorgen der Industrie, Clinton könnte die Weiterverbreitung von Waffen und den Einsatz von Gewalt einschränken, erwiesen sich als unbegründet. »Das schmutzige kleine Geheimnis der Großen Fünf bei ihren Gesprächen über Waffentransfers« war, wie Lee Feinstein von der Arms Control Association in Washington kommentierte, »daß die Gespräche die US-amerikanischen Waffenverkäufe nicht tangieren.«[124]

Auch ohne den Vorwand einer sowjetischen Bedrohung bleiben die Rüstungsausgaben ein wichtiges Stimulans für umfangreiche Sektoren der Wirtschaft, insbesondere der High-Tech-Industrie. »Friedensdividenden« werden erst dann gezahlt, wenn ein anderer Mechanismus entdeckt ist, um die Reichen am Trog der öffentlichen Hand zu füttern. Um das zu verschleiern, werden Slogans mit dem Namen »Sicherheit« oder »Arbeitsplätze« ausgegeben; und wir sehen mit Begeisterung, wie Konzernmanager und Politiker sich abmühen, »Arbeitsplätze« zu schaffen, wobei diese tatsächlich in Billiglohnländer verlegt werden, was auch gern im Rahmen von Programmen zur »Entwicklungshilfe« geschieht.[125] Während George Bush bei jeder Gelegenheit mehr »Arbeitsplätze, Arbeitsplätze, Arbeitsplätze« forderte, wurden unter seiner Ägide so viele wegrationalisiert wie nie zuvor.

Auch Clintons »neue Demokraten« verstehen sich auf die Technik der rhetorischen Verschleierung. Zu diesem Zweck veröffentlichte Clintons Denkfabrik, das Progressive Policy Institute, ein für breitere Schichten gedachtes Buch mit dem Titel *Mandate for Change* (Auftrag für den Wandel), dessen erstes Kapitel, »Enterprise Economics«, das Hauptgewicht auf »nationale Investitionen« legt, mit deren Hilfe »amerikanische Firmen und ihre Arbeiter Schubkraft erhalten sollen«, weil nämlich die »entscheidenden Kräfte in einem freien Land ... die unternehmerischen Kräfte aller Arbeiter und jener Unternehmen sind, in denen sie die Güter und Dienstleistungen produzieren, die unseren nationalen Reichtum ausmachen«. Diese neue, unternehmerisch orientierte Ökonomie »dient einem einzigen Ziel: Amerikas Arbeiter und Firmen sollen in die Lage versetzt werden, hochbezahlte Arbeitsplätze, steigenden Lebensstandard und höhere Gewinne zu sichern«. Das Wort »Gewinne« (*profits*) taucht sonst nirgendwo auf, auch kennt das Buch keine Firmeneigner, Manager, Arbeitgeber, Finanziers usw.; beklagt wird nur, daß »reiche Investoren« in den bösen Reagan-Jahren zu viel verkonsumiert haben. Gelegentlich werden »Unternehmer« (*entrepreneurs*) erwähnt – das sind Leute, die »neue Geschäftsideen kreieren«, um dann, nachdem sie den Arbeitern und ihren Firmen geholfen haben, wieder zu verschwinden. Ansonsten sind die Arbeiter, ihre Familien und ihre Firmen gemeinsam für das Wohl Aller tätig, und angesichts dieser harmonischen, an kommunitaristischen Werten ausgerichteten Arbeitsplätze der Zukunft sind Gewerkschaften nun wirklich überflüssig.

Diese Runderneuerung von Standardthemen der Wirtschaftspropaganda bezeichnet sich selbst als »progressiv«, um keinen Raum für die klassisch-liberalen Ideale – soziale Gerechtigkeit und Menschenrechte – zu lassen, denen lediglich zynischer Lippendienst erwiesen wird.

Die Umsetzung dieser Rhetorik in politisches Handeln machte deutlich, wohin der Hase lief. Staatliche Förderprgramme, die unter Bush kontinuierlich zugenommen und die von der Regierung Reagan durchgesetzten Kürzungen wenigstens teilweise revidiert hatten, wurden zurückgefahren, was sich besonders stark bei den Investitionen in »Humankapital«, d. h. Bildungsprogramme, auswirkte; aber auch die Forschungs- und Entwicklungsgelder für den Zivilbereich gingen zurück, während Steuermaßnahmen vorwiegend die Reichen begünstigten: »Eine wichtige Tatsache bleibt: Die mittleren und oberen Einkommensschichten sind die hauptsächlichen Nutznießer des verborgenen Wohlfahrtsstaats«, meint der Politologe Christopher Howard. »Über 80 Prozent der Steuervergünstigungen für Eigenheimfinanzierungen, Wohltätigkeitsspenden und Immobilien kommen denen zugute, die mehr als 50 000 Dollar« pro Jahr verdienen. Dazu kommt dann natürlich noch das Pentagon-System, Export- und Leistungssubventionierungen für die Privatwirtschaft in Höhe von 51 Milliarden Dollar jährlich, sowie über 53 Milliarden Dollar an Steuervergünstigungen für Konzerne (eine Summe, die die gesamten Wohlfahrtsprogramme für die Armen um fast 30 Milliarden Dollar übersteigt). All das natürlich, um »Arbeitsplätze« zu sichern.[126]

Eingriffe der Regierung in die Wirtschaft im Interesse privater Macht können noch viele andere Formen annehmen. Eines der interessantesten Beispiele ist die Motorisierung und Suburbanisierung Amerikas. Diese von Staaten und Konzernen gemeinsam betriebene Kampagne begann mit einer illegalen Verschwörung dreier Großkonzerne, nämlich General Motors, Firestone Rubber und Standard Oil of California. Sie wollten in 45 Städten die elektrisch betriebenen öffentlichen Transportmittel aufkaufen und durch Busse ersetzen. Die drei wurden wegen krimineller Verschwörung angeklagt und mußten 5000 Dollar Strafe zahlen. Dann nahm sich die Bundesregierung der Sache an und setzte die von GM-Chef Alfred Sloan entwickelten Pläne in die Tat um. In den Citys zerstörte man die Infrastruktur und vernichtete das Aktienkapital und verlagerte alles in die Stadtrandgebiete. Dann wurden große Schnellstraßen gebaut, die Interstate Highways, wobei, wie üblich, »Verteidigungszwecke« als Vorwand dienten. Die Eisenbahn wurde zugunsten der vom Staat finanzierten Beförderungsmittel Luft- und Straßenverkehr verdrängt. Mitte der sechziger Jahre war ein Sechstel aller Unternehmen direkt von der Automobilindustrie abhängig. Dieses umfangreiche Regierungsprogramm war ein weiteres Mittel, um das moribunde System der Privatwirtschaft, das in den dreißiger Jahren zusammengebrochen war, zu stützen. Außerdem beruhigte es Eisenhower, der eine nach dem Koreakrieg einsetzende Wirtschaftskrise befürchtete. Einer der Architekten des Straßenbauprogramms, ein Kongreßabgeordneter, bemerkte, man habe damit »der Wirtschaft in Zeiten der Rezession ein schön solides Fundament verschafft«. Die Auswirkungen auf Kultur, Wirtschaft und Gesellschaft waren enorm und sind, was die Zukunft angeht, nach wie vor umstritten.[127]

Heute gehören neben Agrarwirtschaft und Dienstleistungen vor allem Pharmazie und Biotechnologie zu den aus Steuermitteln geförderten Bereichen der Ökonomie, die zudem darauf angewiesen sind, daß der Staat ihnen im Ausland Märkte verschafft, sei es durch »Entwicklungshilfe« oder Gewalt.

Industriepolitik für die neunziger Jahre

Nach dem Ende des Kalten Kriegs werden die traditionellen Formen industrieller Subventionierung problematisch. Es ist also nicht verwunderlich, daß im Augenblick ganz offen über die Notwendigkeit einer »Industriepolitik« diskutiert wird, d. h. über neue Formen, die sich nicht mehr hinter dem Pentagon-System verbergen. Dessen Nachteile konnten verkraftet werden, als die USA noch den Weltmarkt beherrschten; jetzt aber stoßen die US-Konzerne auf Konkurrenten, die direkt für den Markt produzieren können und nicht auf Nebenprodukte aus der Herstellung von High-Tech-Waffen und Weltraumraketen warten müssen. Außerdem verlagert sich die Speerspitze der industriellen Entwicklung auf biotechnologische Industrien, deren staatliche Subventionierung sich nicht mehr so einfach hinter dem Pentagon-System verstecken kann. Im Wahlkampf von 1992 zeigten Clintons Manager, daß sie bei diesen Themen konkretere Vorstellungen hatten als die Reagan-Ideologen, weshalb große Teile der Industrie die Demokraten favorisierten.

Natürlich war die Regierung Reagan keineswegs zimperlich, wenn es darum ging, die Reichen vor den Unwägbarkeiten des Marktes zu schützen, wobei sie sich insbesondere der üblichen militärkeynesianischen Mittel bediente. Auch das Verteidigungsprogramm SDI, genannt »Star Wars«, war für solche Zwecke vorgesehen. Auf diese Weise hatte die Regierung bereits 1983 den Staatsanteil am Bruttosozialprodukt auf 35 Prozent erhöht; 1973 hatte er noch bei etwa 27 Prozent gelegen. Zudem wurden die Importbeschränkungen mit 23 Prozent fast verdoppelt, mehr als bei allen Nachkriegsregierungen zusammengenommen. Außerdem hatten sich die Reaganisten, wie Fred Bergsten vom Institute for International Economics bemerkt, auf »Vereinbarungen zur freiwilligen Exportbeschränkung« spezialisiert, also die »heimtückischste Form des Protektionismus«, die »Preise nach oben treibt, den Wettbewerb vermindert und zur Kartellbildung animiert«.

Das britische Parlamentsmitglied Phillip Oppenheim wies darauf hin, daß »eine Untersuchung der Weltbank über nicht-zollgebundene Handelsschranken in Japan 9 Prozent aller Güter betraf, in den USA dagegen 34 Prozent«. Diese Handelsschranken, die Konkurrenten den Weg verlegen sollen, wurden unter Reagan in immer neuen Varianten erfunden. Dadurch wurde, wie Patrick Low vom GATT-Sekretariat erklärt, ein Gutteil der positiven Auswirkungen, die die Reduzierung von Zöllen auf die Handelspolitik der Nachkriegszeit hatte, wieder zunichte gemacht. OECD-Daten zeigen, daß in den USA die staatliche Förderung nicht-militärischer Forschung ein Drittel der insgesamt dafür ausgegebenen Mittel beträgt, während es in Japan ganze zwei Prozent sind.[128]

Unter Reagan wurde mit der Sanierung der Continental Illinois Bank auch die größte Verstaatlichung in der US-Geschichte durchgeführt. Deregulierungsmaßnahmen im Zusammenhang mit staatlichen Garantien zur Risikominderung von Investoren führten bei den Sparkassen- und Kreditinstituten zu einer Orgie von Korruption und faulen Krediten, die den Steuerzahler mit Hunderten von Milliarden Dollar belasteten. Er muß darüber hinaus die Kosten für faule Schulden tragen, die von Handelsbanken in der Dritten Welt angehäuft wurden. Susan George kommt zu dem Schluß, daß in der OECD wohl nur Japan das einzig wirklich kapitalistische Land sei, weil es sich »an den kapitalistischen Grundsatz hält, daß der Steuerzahler nicht für die Fehler von Handelsbanken haftbar gemacht werden kann«.[129]

Wie gut der »freie Markt« funktioniert, zeigt auch ein Blick auf das Chile unter Pinochet, wo die Wirtschaft nach zehn ungezügelten Jahren zusammenbrach, was zur »schlimmsten Krise seit 50 Jahren« führte (so der Wirtschaftswissenschaftler Patricio Meller). Die Regierung mußte massiv eingreifen, um das sinkende Schiff vor dem Untergang zu bewahren. Für diese Intervention sprach sich vor allem ein Institut aus, das, wie David Felix vermerkt, »normalerweise Hayekschen Wirtschaftsliberalismus predigt und die führende Denkfabrik der Pinochet-Eliten ist«. Sein Präsident, Carlos Cáceres, wies als Finanzminister 1983 »ausländische Banken darauf hin, daß die Regierung die Verantwortung für ihre Darlehen an chilenische Privatfirmen« übernehme. Im übrigen sieht das Programm der neuen Zivilregierung, ganz im Gegensatz zur klassischen Ökonomie, »eine umfassende Steuererhöhung zur Finanzierung neuer Sozialprogramme« und eine erhebliche Anhebung der Minimallöhne vor (schreibt Nathaniel Nash in der *New York Times*). So viel zum Erfolg der »Chicago Boys« in Chile.[130]

Unter Reagan vollzog sich auch der Wiederaufbau der Stahlindustrie, indem Importe praktisch ausgesetzt und durch Druck auf die Gewerkschaften die Lohnkosten gesenkt wurden. Als die Regierung aus dem Amt schied, hinterließ sie weitreichende Beschränkungen für Stahlimporte aus der EG, die aus europäischer Sicht internationale Handelsabkommen verletzen. Gerechtfertigt wurde das mit angeblichen EG-Dumpingpreisen, woraufhin die Europäer konterten, daß die Gesamtquote der Stahlexporte bereits das freiwillig vereinbarte Minimum der nicht-zollbedingten Handelsbeschränkungen unterschritten habe. Außerdem wurde der Export durch entsprechende Bankkredite gefördert, was, wie der Vorsitzende der Export-Import-Bank John Macomber einräumte, »gegen die GATT-Bestimmungen verstieß«.[131]

Trotz dieser und anderer Erfolge bei der Unterminierung freier Märkte und internationaler Handelsabkommen blieben die Regierungen Reagan und Bush innerhalb der Grenzen eines ideologischen Extremismus, der sie für die gegenwärtigen Probleme industrieller Politik blind machte. Clinton dagegen war offensichtlich gut beraten, als er Laura Tyson zur Vorsitzenden des Wirtschaftsrats berief. Tyson war Begründerin und Kodirektorin des Berkeley Roundtable on the International Economy, eines von Konzernen finanzierten Instituts zur Handels- und Technologieforschung, das unverhüllte staatliche Industriepolitik befürwortet. Tyson hat »seit langem bestehende Beziehungen zu den Firmen in Silicon Valley, die von der von ihr vertretenen Politik profitieren dürften«, schreibt die Wirtschaftskorrespondentin Sylvia Nascar in der *New York*

NOAM CHOMSKY

Times. Tysons Kollege Michael Borrus, der sich ebenfalls für diese Politik stark macht, zitiert eine Studie des Handelsministeriums aus dem Jahr 1988, in der gezeigt wird, »daß fünf der sechs US-Industrien, die zwischen 1972 und 1988 am schnellsten gewachsen sind, direkt oder indirekt durch Investitionen des Bundes gefördert wurden«.[132]

»Amerika kann nicht weiterhin darauf warten, daß Nebenprodukte militärischer Produktion langsam in den Zivilbereich durchsickern«, hieß es in einem Dokument aus Clintons Wahlkampfhauptquartier im September 1992. »Präsident Clinton will an die 76 Milliarden Dollar jährlich in Bundesforschungsvorhaben umdirigieren, damit die industrielle Innovation Schubkraft erhält«, schreibt William Broad in der *New York Times*. Aus dem Forschungsbudget des Pentagon werden für diese Zwecke über vier Jahre als Minimum 30 Milliarden Dollar abgezweigt – eine »Friedensdividende«. Diese Initiative, bemerkt Broad weiter, würde dieselbe Summe wie Star Wars, nämlich 30 Millionen, in der Hälfte der Zeit verbrauchen.[133]

»Wir werden auf ganz ähnliche Weise eine ökonomische Strategie entwickeln, wie wir eine Sicherheitsstrategie für den Kalten Krieg entwickelt haben«, verkündete Kent Hughes, Präsident von Clintons »Rat für wirtschaftlichen Wettbewerb«. Das zeigt, wie alte politische Strategien neuen Bedingungen angepaßt werden; man muß nur die Begriffe »Kalter Krieg« und »Sicherheit« realistisch interpretieren.

Und man muß erkennen, inwieweit die Reaganisten, obwohl sie alle möglichen Handelsabkommen zugunsten von US-Konzernen verletzten, doch nicht weit genug gingen, um die Bedürfnisse der Privatwirtschaft zu befriedigen. Clinton zögerte nicht, diesen Spielraum noch zu erweitern. Zum einen wurde das höchst unpopuläre und sehr protektionistische NAFTA-Abkommen unterzeichnet, zum anderen eine neue Exportstrategie entwickelt, die, weit über die »weniger koordinierten Bemühungen« von Reagan und Bush hinaus, die Ausweitung von Darlehen für die Export-Import-Bank vorsieht, was gegen das GATT verstößt. Eigentlich ist die Regierung gegen die von ihr eingeleiteten Maßnahmen, weil diese, wie die Presse berichtet, »auf staatliche Subventionen hinauslaufen, die den internationalen Markt verzerren«. Tatsächlich aber gibt es keinen Widerspruch. Kenneth Brody, der Präsident der Ex-Im-Bank, erklärte: »Durch die Umsetzung eines solchen Programms in den Vereinigten Staaten hätte die Regierung Clinton mehr Einfluß bei der Bestimmung internationaler Grenzen für solche Darlehen.« Brody befürwortete auch ein weiteres Programm zur Bereitstellung von drei Milliarden Dollar in Darlehensgarantien für in- und ausländische Käufer von in den USA gebauten Schiffen – was wiederum dazu dienen soll, andere zur Beendigung solcher Praktiken zu bewegen, wie das *Wall Street Journal* mitteilte.

Die Logik ist bekannt: Krieg bringt Frieden, Verbrechen führen zu Gesetzlichkeit, Waffenproduktion und -handel zu Abrüstung und Nichtverbreitung usw. Anders gesagt: *Anything goes*, solange es eine gute Antwort gibt auf die Frage: »Was ist für uns drin?«

Diese einfachen Wahrheiten unterstrich Clintons Finanzminister Lloyd Bentsen: »Ich habe keine Lust mehr auf ein nivelliertes Spielfeld«, sagte er. »Wir sollten es kippen, um US-Firmen Vorteile zu verschaffen. Wir hätten es schon vor 20 Jahren tun sollen.« Tatsächlich haben »wir«, d. h. die Staatsmacht, damit schon vor 200 Jahren begonnen und im letzten halben Jahrhundert ganz besonders kräftige Kippbewegungen vollführt. Aber wer interessiert sich schon für das Tatsächliche? Die für ihre Sorge um die arbeitende Bevölkerung bekannte Wirtschaftspresse schilderte die Programme als Maßnahmen zur Schaffung neuer »Arbeitsplätze«. Von »Profiten« war selbstverständlich nicht die Rede.[134]

Natürlich bedienen sich nicht nur die Vereinigten Staaten solcher Praktiken. Die Europäische Gemeinschaft, Japan und die Schwellenländer achten ebenfalls darauf, wirtschaftliche Entwicklung auf Kosten von Marktprinzipien zu fördern. Eine Studie der OECD aus dem Jahre 1992 kommt zu dem keineswegs überraschenden Schluß, daß »oligopolistischer Wettbewerb und strategische Interaktionen zwischen Firmen und Regierungen in den hochtechnologischen Industrien sehr viel stärker das Ringen um Wettbewerbsvorteile und die internationale Arbeitsteilung bestimmen als die unsichtbare Hand von Marktkräften«.[135]

Allerdings ist die Methode, den Staat (also letztlich die Öffentlichkeit) für jene Infrastruktur – von Straßen bis zu Schulen – bezahlen zu lassen, die der Privatwirtschaft dann zu ihren Gewinnen verhilft, nicht ohne Tücken. Selbst das *Wall Street Journal* beklagt mittlerweile den von der Regierung Reagan in Gang gesetzten Verfall des staatlichen Bildungssystems: »Die öffentlichen höheren Bildungsanstalten – einer der wenigen Bereiche, in denen Amerika noch ganz vorn liegt – leiden unter der Kürzung staatlicher Gelder«, was der Geschäftswelt, die »auf einen ständigen Zustrom an Graduierten angewiesen ist«, Sorge bereitet. Indes war diese Folge der verheerenden Finanzpolitik der Regierung Reagan seit langem absehbar.[136]

Der Klassenkrieg bedarf eben fortwährender Feinabstimmung.

Die reaganistische Politik hat dem Land einen gigantischen Schuldenberg hinterlassen. Hätte man die Gelder für produktive Investitionen verwendet oder in Forschungs- und Entwicklungsprogramme gesteckt, ließe sich das noch rechtfertigen, aber sie wurden für den Konsum von Luxusgütern, für Finanzmanipulationen und Schwindeleien verschwendet, ähnlich wie in Großbritannien unter Thatcher. Unter Reagan sanken bei Firmen, die sich mit Fusionen und Akquisitionen befaßten, die Ausgaben für Forschung und Entwicklung um fünf Prozent, während sie bei anderen um eben diesen Betrag stiegen.[137] Zugleich gingen die Reallöhne zurück, breiteten sich Hunger und Armut aus und wuchs die Dritte Welt im eigenen Land. Angesichts der Schulden dürfte selbst Clintons »moderate Zunahme der Ausgaben für infrastrukturelle Maßnahmen« auch ohne den Einspruch des Kongresses nicht machbar gewesen sein.[138]

Problematisch sind darüber hinaus die Auswirkungen der anti-etatistischen Propagandakampagnen der Privatwirtschaft. Antigouvernementale Gefühle nehmen zu: Im Mai 1992 befürwortete die Hälfte der Bevölkerung eine neue Partei, die Demokraten und Republikaner ersetzen könnte. Allerdings ist der damit einhergehende Haß auf »Bürokraten« und »Politiker« vor dem Hintergrund der Überzeugung von 80 Prozent der Bevölkerung zu sehen, die das Wirtschaftssystem für seinem Wesen nach unfair halten. Jedoch kommen Vorschläge zu einer faireren Gestaltung bestenfalls von jenen »Antiamerikanern«, die dem »amerikanischen Weg« kritisch gegenüberstehen und den Führern des Landes nicht mit der nötigen Ehrfurcht begegnen.[139]

2. Geschichtliche Lektionen

Wie bereits erwähnt, konnten sich die Politstrategen der Nachkriegszeit bei der Rettung privatwirtschaftlicher Strukturen durch staatliche Macht auf Kosten der ökonomisch und politisch Schwachen auf eine solide historische Praxis stützen. Erfolgreiche Industriegesellschaften waren erfolgreich, weil sie selbst jene Marktdisziplin, die sie anderen auferlegten, vermissen ließen.[140]

Das Fundament für die britischen Auslandsinvestitionen und -verbindungen wurde, wie John Maynard Keynes einmal bemerkte, von den Piraten und Plünderern der Elisabethanischen Zeit gelegt, die heute möglicherweise als Terroristen gelten würden. Mitte des 17. Jahrhunderts wurde Englands Vorherrschaft im Mittelmeer durch militärische Überlegenheit, Handelsmonopole und staatliche Unterstützung abgesichert. Das waren die Voraussetzungen für den Aufstieg zur Handelsmacht ein Jahrhundert später. Eben diese Faktoren schufen auch eine solide Basis für die Überlegenheit im Indischen Ozean, von wo aus dann Südasien in Angriff genommen werden konnte. Durch den Einsatz staatlich geförderter Macht konnten die handelsmäßig weiter entwickelten, aber militärisch schwächeren Holländer aus dem Nordatlantik vertrieben werden, was englischen Kauffahrtei-Abenteurern zuvor schon mit der Hanse sowie mit italienischen und flämischen Konkurrenten gelungen war. Die Eroberung Indiens im 18. Jahrhundert erwies sich als äußerst profitabel, und das Staatswesen entwickelte sich, im Gegensatz zu den Rivalen auf dem Kontinent, zu bislang ungekannter Wirksamkeit und Umfänglichkeit.[141]

In den amerikanischen Kolonien vollzog sich eine ganz ähnliche Entwicklung, die von der Piraterie der Kolonialzeit zu massiven staatlichen Eingriffen in die Wirtschaft nach der Unabhängigkeit führte, um die lokale Produktion, insbesondere vor billigen britischen Importen, zu schützen. So gelang es, »die Würfel zugunsten der Unternehmer rollen zu lassen und zugleich ihre Unternehmungen und Gewinne vor demokratischer Einmischung zu bewahren«, bemerkt der Historiker Charles Sellers.[142]

Das Baumwollkönigreich im Süden, das schon Großbritanniens industrielle Entwicklung gefördert hatte, war sicher kein Beitrag zu den Wundern des freien Markts. Es beruhte auf Sklaverei und der massenhaften Vertreibung und Ermordung der Urbevölkerung. Die Annexion von Texas sollte das Baumwollmonopol erzwingen – damals war Baumwolle das, was heute das Erdöl ist.[143]

Großbritannien pflegte zum Wirtschaftsliberalismus ebenfalls ein taktisches Verhältnis, d. h. es befürwortete ihn, wenn es stark genug war, verwarf die reine Lehre aber sofort, wenn es sich Vorteile verschaffen wollte, wie etwa in den zwanziger Jahren des 20. Jahrhunderts gegen Japan. Das von London 1932 im Fernen Osten eingerichtete Präferenzsystem trug nicht unwesentlich zur Entstehung des Pazifikkriegs bei. Kolonisierte Länder wurden gewaltsam »deindustrialisiert«, mit Folgen, die sich an Irland und Indien besonders gut ablesen lassen.[144] So wurde zunächst Bengalen »destabilisiert und in Armut gestürzt«, schreibt John Keay in seiner Geschichte der Ostindischen Handelskompanie. 1757 beschrieb der Eroberer, Robert Clive, die Textilstadt Dacca als »so ausgedehnt, bevölkert und reich wie London«. Schon 1840 war die Einwohnerzahl von 150 000 auf 30 000 gefallen, wie Sir Charles Trevelyan vor dem Oberhaus bezeugte. Dacca, das »Manchester Indiens«, verkam und verarmte und ist heute die Hauptstadt von Bangla Desh.

Zur Zeit der Eroberung durch die Briten war Indien in seiner industriellen Entwicklung so weit fortgeschritten wie England. Aber die indische Industrie wurde durch britische Regelungen und Einmischungen zerstört. Ohne diese Maßnahmen, schrieb Horace Wilson in seiner *History of British India*, hätten »die Mühlen von Paisley und Manchester gar nicht erst ihr Werk beginnen können, noch nicht einmal nach Erfindung der Dampfkraft. Sie verdanken ihre Existenz der Vernichtung der indischen Baumwollfabrikanten«.

Zeitgenossen beschreiben diesen Prozeß der »Unterdrückung und Monopolisierung«, mit dem die Eroberer den Reichtum Bengalens ruinierten, das Land mit Leichen übersäten und »reiche Felder, die Reis oder andere Frucht trugen, umpflügten ... um Mohn auszusäen«, wenn das

Opium außergewöhnliche Gewinne abzuwerfen versprach (Adam Smith). Die »dauerhafte Besiedlung« (Permanent Settlement) von 1793 dehnte das Experiment von Bengalen auf ganz Indien aus. Die Privatisierung von Ländereien verschaffte den britischen Verwaltern und ihren lokalen Statthaltern große Reichtümer, während »fast die gesamten unteren Schichten schwerer Unterdrückung ausgesetzt sind«, wie eine britische Untersuchungskommission 1832 befand. Auch der Direktor der Ostindischen Handelskompanie gab zu, daß »das Elend in der Geschichte des Handels seinesgleichen sucht. Die Ebenen Indiens sind übersät mit den Knochen der Baumwollweber«.

Die von heutigen Theoretikern entworfenen Experimente von Weltbank und Weltwährungsfonds sind also nicht ohne historische Vorbilder.

Immerhin war das indische Experiment kein vollständiger Fehlschlag, denn es schuf, wie Lord Bentinck, Generalgouverneur von Indien ausführte, »eine umfangreiche Schicht von Großgrundbesitzern, die am Fortbestand des britischen Dominions interessiert waren und die Massen in Schach halten konnten«.

Im 19. Jahrhundert finanzierte Indien mehr als zwei Fünftel des britischen Handelsdefizits, war ein Markt für britische Waren und stellte Truppen für weitere koloniale Eroberungen und den Opiumhandel, die Grundlage der Beziehungen zu China. Bengalen wurde zum Exportland für Indigo und Jute gemacht, die man andernorts verarbeitete; die Briten bauten dort nicht eine einzige Fabrik.

Als Indien endlich nach dem Zweiten Weltkrieg unabhängig wurde, war es ein armes, überwiegend agrarisches Land mit hohen Sterblichkeitsraten, das sich jedoch mit den Kolonialherren zugleich der langen Stagnation entledigte und in den fünfziger und sechziger Jahren dreimal so schnell wuchs wie unter britischer Herrschaft.[145] Allerdings wuchs Indien in eine bereits von viel mächtigeren Konkurrenten beherrschte Welt hinein.

In einer erhellenden Studie über das moderne Ägypten sieht Afaf Lutfi Al-Sajjid Marsot in der Geschichte ihres Landes Parallelen zu Indien. In den dreißiger Jahren des 19. Jahrhunderts, als Muhammad Ali mit dem Aufbau einer Baumwollindustrie begann, »hatte sich England auch gerade darauf eingestellt und die industrielle Revolution auf der Grundlage dieser einen Ware« und mit reichlich Protektionismus betrieben. Schon 1817 wies der französische Konsul darauf hin, daß »die Seidenfabriken, die in Ägypten aufgebaut werden, den italienischen und sogar unseren den Todesstoß versetzen werden«.

Großbritannien brauchte Märkte und keine Konkurrenz, schon gar nicht von Ägypten. Und es brauchte keinen »neuen, unabhängigen Staat am Mittelmeer, der zudem noch militärisch und wirtschaftlich mächtig und in der Lage sein würde, den britischen Interessen in der Region und am Persischen Golf einiges entgegenzusetzen«, schreibt Marsot. Britanniens Außenminister Lord Palmerston gab denn auch seinem »Haß« auf den »unwissenden Barbaren« Muhammad Ali Ausdruck und hielt dessen Pläne zu einer Zivilisierung Ägyptens für »äußersten Humbug«, während er die britische Flotte und Finanzmacht in Bewegung setzte, um Ägypten den Weg zu Unabhängigkeit und wirtschaftlicher Entwicklung zu verlegen. »Die Industrialisierung schlug fehl«, bemerkt Marsot weiter, »nicht weil die Ägypter unfähig dazu gewesen wären, sondern weil europäischer Druck, der sich der ottomanischen Kontrolle über Ägypten bediente, alle potentiellen Rivalen, die der eigenen industriellen Entwicklung gefährlich werden konnten, aus dem Feld schlug.«[146]

Allerdings gehen mächtige Staaten mit ihrer Macht durchaus unterschiedlich um. Ein Symposium der Universität Stanford, bei dem sowjetische und US-amerikanische Dependenzen miteinander verglichen wurden, kam zu dem Schluß, daß »Lateinamerikaner vorwiegend von ökonomischer Ausbeutung reden«, während »die sowjetische Ausbeutung Osteuropas hauptsächlich politisch und sicherheitsorientiert ist«. Das hatte u. a. zur Folge, daß der Lebensstandard in Osteuropa höher war als in der UdSSR, was auf umfangreiche Subventionen zurückzuführen ist, die sich, US-amerikanischen Regierungsquellen zufolge, in den siebziger Jahren auf 80 Milliarden Dollar beliefen. Der sowjetische Herrschaftsbereich bildete, so Lawrence Weschler, »in historisch einzigartiger Weise ein Imperium, bei dem das Zentrum *sich selbst* zugunsten seiner Kolonien, oder besser, zugunsten politischer Ruhe in diesen Kolonien, verausgabte«.[147]

Japan schlug einen anderen Kurs ein. Seine Kolonialpolitik in Südkorea und Taiwan war brutal, schuf aber die Grundlage für eine spätere industrielle Entwicklung. Die chinesischen Nationalisten der Kuomintang, die nach ihrer Vertreibung vom Festland sich auf Taiwan niederließen, »profitierten außerordentlich von den japanischen Staatsmonopolen, die sie übernahmen«, schreibt Alice Amsden. Taiwans bemerkenswertes Nachkriegswachstum entsprach dem Wachstum unter japanischer Herrschaft, während derer sich im Agrarsektor trotz eines Bevölkerungszuwachses von 43 Prozent das Prokopfeinkommen fast verdoppelte. Amsden geht sogar davon aus, »daß es den taiwanesischen Bauern in der ersten Hälfte des 20. Jahrhunderts besser ging als den japanischen«.[148]

In der Mandschurei sah das Bild jedoch ein bißchen anders aus. Japans gegen die Aufständischen gerichteten Operationen nahmen das Vorgehen der US-Truppen in Vietnam vorweg, und die Japaner führten sich auch sonst recht besatzungsmachtmäßig auf, was mit der üblichen, auch vom Westen gern benutzten, Rhetorik bemäntelt wurde.[149] Japans Weigerung, sich für seine Kriegsverbrechen unzweideutig zu entschuldigen, wurde in den USA hart kritisiert; dafür ist man hierzulande unter gewissen Umständen bereit, Vietnam seine Verbrechen zu vergeben;

Amerika ist eben eine großzügige Nation, im Unterschied zu Japan.

Allerdings machte die in Japan regierende Liberaldemokratische Partei als Reaktion auf die US-Vorwürfe eine andere Rechnung auf: Die einst von Japan beherrschten Gebiete haben sich nachträglich als ökonomische Erfolge erwiesen, während die von den USA bevormundeten Philippinen in dieser Hinsicht eine einzige Katastrophe sind.[150]

Natürlich kann, wie auch ein Blick auf die europäische Geschichte zeigt, die globale Eroberung unterschiedliche Formen annehmen. Es gibt Differenzen zwischen traditionellem und neuem (eher indirektem) Kolonialismus, zwischen »informellem Empire«, »Freihandelsimperialismus« und den Interventionen des Weltwährungsfonds. Aber bestimmte Muster sind über die Jahrhunderte hinweg gleichgeblieben, und auch die Opfer des gegenwärtigen neoliberalen Fundamentalismus wissen, woran sie sind.

Die Analyse dieser Muster sollte nicht mit einer Version jener »Dependenztheorie« verwechselt werden, die die Unvermeidlichkeit einer »Entwicklung der Unterentwicklung« zu beweisen sucht. Historische Faktoren sind zu vielschichtig und zu variabel für eine Theorie, die universelle Geltung beanspruchen dürfte. Unter bestimmten Bedingungen hielten es die Beherrscher der Welt für angeraten, eine Art von »Wirtschaftsnationalismus«, verbunden mit öffentlichen Investitionen, zu fördern, auch wenn sie von ihren Grundsätzen her dagegen waren. Abgesehen davon ist auch hochkonzentrierte Macht nicht total und allumfassend. Was sich gleich bleibt, ist eine Reihe von Binsenweisheiten: die Befolgung der Maxime »Alles für uns und nichts für die anderen«, die Ausrichtung der Politik an den Interessen ihrer »hauptsächlichen Architekten«, Churchills Doktrin von den »reichen Nationen« sowie die Märchen über Altruismus, gute Absichten und Naivität, die von den »verantwortlichen Männern« erzählt werden,

NOAM CHOMSKY

damit sie ihr Gewissen beruhigen, die Öffentlichkeit besänftigen und den Boden für das nächste »Experiment« bereiten können.

3. »Die Welt regieren«

Die erste Aufgabe, die die Geschäftswelt den Planungsstrategen 1945 stellte, war der Wiederaufbau der reichen, vom Krieg jedoch geschädigten Industriegesellschaften. Frühe Vorschläge, Deutschland in eine Agrarnation zu verwandeln, wurden ebenso schnell verworfen wie versprochene Reparationszahlungen für das verwüstete Osteuropa. Deutschland und Japan sollten die »großen Werkstätten« und zukünftigen industriellen Kernländer innerhalb des übergreifenden Rahmens der amerikanischen Weltmacht werden.

Verschiedene miteinander verknüpfte Probleme mußten angegangen werden: Zunächst war der antifaschistische Widerstand zugunsten der traditionellen, durch ihre Verbindungen mit dem Faschismus diskreditierten Machthaber zurückzudrängen, sodann der Sozialismus im Osten einzudämmen, und schließlich das Gespenst einer neutralistischen, ihrem Charakter nach sozialdemokratischen dritten Macht zu bannen. Der schlimmste geopolitische Alptraum der US-Strategen war ein mehr oder weniger vereinigtes Europa, das sich Washingtons Kontrolle entziehen würde; die Furcht vor einer möglichen Einheit der europäischen Kontinentalstaaten hatte schon die britische Politik der vergangenen Jahrhunderte bestimmt.

Vor allem aber galt es, die »Dollarlücke« zu schließen, damit die Industriemächte amerikanische Waren und Landwirtschaftsprodukte kaufen konnten. Ohne diese

Märkte würde, wie Dean Acheson und andere befürchteten, die US-Wirtschaft in die Depression zurückfallen oder staatliche Eingriffe in die ökonomischen Privatsektoren hinnehmen müssen. Zudem hatten die Kriegsgewinne den Wirtschaftsbossen große Kapitalreserven verschafft, die sie vor allem in die reichen Länder des Westens investieren wollten. Schon aus diesen Gründen stand der Wiederaufbau der Industrienationen gemäß US-Interessen ganz oben auf der Tagesordnung.

Zunächst wurde Ende der vierziger Jahre ein gewaltiges Hilfsprogramm (zu dem auch der Marshall-Plan gehörte) in Gang gesetzt, das jedoch nur begrenzte Ergebnisse lieferte. Erfolgreicher war der Militärkeynesianismus, der sich durch seine umfangreichen Wiederaufrüstungsbemühungen und den Koreakrieg als kräftiges Stimulans für die westeuropäische und japanische Wirtschaft erwies. Später verhalf der Vietnamkrieg Europa zu Reichtum, machte Japan zu einer führenden Industrienation und beflügelte auch die ostasiatischen Schwellenländer, verursachte jedoch für die USA Kosten, die schließlich nicht mehr als tragbar erschienen.

Die traditionellen Dienstleistungsgebiete fanden innerhalb dieses Rahmens ihren natürlichen Platz. Ihre Bedeutung wurde noch größer, weil der Westen die Kontrolle über die landwirtschaftlichen Gebiete und Energiereserven Osteuropas verloren hatte. Die Strategen in Washington wiesen jeder Region ihren Status und ihre »Funktion« zu. Die Vereinigten Staaten sollten sich der westlichen Hemisphäre annehmen und die französische und britische Konkurrenz daraus verdrängen. Die Monroe-Doktrin wurde auf den Nahen Osten ausgeweitet, wo die Briten Hilfestellung leisten durften. Afrika würde für den Wiederaufbau Westeuropas »ausgebeutet« werden, während Südostasiens »hauptsächliche Funktion darin besteht, für Japan und Westeuropa als Quelle von Rohstoffen zu dienen«. So sahen es 1948/49 die Pläne von George Kennan

NOAM CHOMSKY

und seinen Strategen im Außenministerium vor. Die USA würden Rohstoffe aus den ehemaligen Kolonien beziehen und dadurch dreiseitige Handelsbeziehungen wiederbeleben, bei denen die Industriegesellschaften Waren aus den USA beziehen und durch den Export von Rohstoffen aus ihren traditionellen Kolonialgebieten Dollar verdienen. Dadurch könnte, wurde feinsinnig argumentiert, den ehemaligen Kolonien zumindest die nominelle politische Selbstbestimmung gewährt werden, allerdings nur selten mehr als das.[151]

Für diese ehemaligen Kolonien planten die globalen Strategien die Unterdrückung »ultranationalistischer« Tendenzen. Die amerikanischen Interessen galten als durch »radikale und nationalistische Regimes« bedroht, die den Forderungen der Bevölkerung nach »sofortiger Verbesserung der Lebensbedingungen der Massen« und einer Wirtschaftsentwicklung zugunsten einheimischer Bedürfnisse Tribut zollten. Solche Tendenzen stehen natürlich im Widerspruch zur notwendigen Herstellung »eines politischen und wirtschaftlichen Klimas, das private Investitionen begünstigt«, die »angemessene Rückführung von Gewinnen« (NSC 5432/1, 1954) und den »Schutz unserer Rohstoffe« gewährleistet. So argumentierte damals George Kennan, der 1948 in einem Geheimbericht an die Regierung davor warnte, »über vage ... und irreale Zielsetzungen wie Menschenrechte, Verbesserung der Lebensbedingungen und Demokratisierung« zu reden. Statt dessen empfahl er eine strikte Machtpolitik, die sich »von idealistischen Slogans ... über Altruismus und Weltverbesserung« nicht beeindrucken läßt. Immerhin müssen wir die »Position der Disparität«, den Unterschied zwischen unserem Reichtum und der Armut der anderen, aufrechterhalten.

Ergebnis dieser und ähnlicher Überlegungen war die antidemokratische Stoßrichtung der US-Politik in der Dritten Welt, wozu auch die terroristische Vernichtung »linker«, d. h. bevölkerungsorientierter Bewegungen gehörte.

Diese Politik wurde ganz unabhängig von den Strategien, die der Kalte Krieg hervorrief, betrieben und dürfte auch weiterhin fortbestehen.

Der »unabhängige Nationalismus« wird um so mehr zur Bedrohung für die »nationale Sicherheit« der Vereinigten Staaten, je mehr die »Stabilität« durch die von den Strategen befürchteten positiven Auswirkungen unabhängiger Entwicklung in Gefahr gerät. Auch hier sprechen Geheimdokumente eine eindeutige Sprache. 1954 wies das Außenministerium darauf hin, daß Guatemala sich »zu einer ernsthaften Bedrohung für die Stabilität von Honduras und El Salvador entwickelt hat. Seine Agrarreform ist eine wirksame Propagandawaffe; sein umfassendes Sozialprogramm für die Arbeiter und Bauern, das zum Sieg über die Oberschichten und ausländischen Unternehmen beitragen soll, besitzt große Anziehungskraft für die Bevölkerung der mittelamerikanischen Nachbarn, wo ähnliche Bedingungen herrschen.« Will man die »Stabilität« bewahren, muß man die »Oberschichten und ausländischen Unternehmen« schützen, d. h., das »nationale Interesse« berücksichtigen. Das tat Washington und machte mit dem demokratischen Experiment in Guatemala kurzen Prozeß.

Auf diese Weise war der Konflikt zwischen der amerikanischen Außenpolitik und Unabhängigkeitsbestrebungen in der Dritten Welt vorprogrammiert. Ebenso absehbar war, daß die USA im Konfliktfall zu militärischen Gewaltmaßnahmen und ökonomischer Kriegsführung bereit sein würden.

Besonders deutlich zeigten sich diese Verwerfungslinien in Lateinamerika, wo es den USA schon gleich nach dem Krieg gelang, ihre seit langem bestehenden Ziele durchzusetzen, nämlich die Konkurrenten auszubooten und die Monroe-Doktrin auszuweiten. Robert Lansings diesbezügliche Argumente fand schon Präsident Wilson »unwiderlegbar«, hielt es aber nicht für »politisch opportun«, sie an die Öffentlichkeit dringen zu lassen. Lansing meinte, die USA würden in Lateinamerika ihre eigenen Interessen verfolgen, wobei die Integrität anderer Nationen kein Zweck an sich sein dürfe. Nach dem Zweiten Weltkrieg hatte Lateinamerika, so der Historiker Stephen Rabe, die Funktion, »seine Rohstoffe zu verkaufen« und überschüssiges US-Kapital aufzusaugen.[152]

Die Bewohner Lateinamerikas hatten andere Vorstellungen. Sie wollten ihre Wirtschaft entwickeln, um den Reichtum gerechter verteilen und den Lebensstandard der Massen erhöhen zu können. Das entsprach natürlich nicht den Plänen Washingtons. In einer Konferenz vom Februar 1945 legten die USA ihre »Wirtschaftscharta für die Amerikas« vor, in der sie ein Ende des Wirtschaftsnationalismus »in all seinen Formen« forderten. Die Nutznießer der Ressourcen eines Landes müßten die US-Investoren und ihre Verbündeten vor Ort sein, nicht aber »die jeweilige Bevölkerung«.

Angesichts der Machtverhältnisse konnte Washingtons Position sich durchsetzen. Die Folge ist, daß in Lateinamerika »die Einkommensverhältnisse so ungleich verteilt sind wie sonst nirgendwo auf der Welt«, berichtete die Weltbank im September 1993 und sagte »Chaos« vorher, falls die Regierungen nicht »aggressive Maßnahmen gegen die Armut« ergriffen.[153]

Schon die Regierungen Truman und Eisenhower richteten sich gegen eine »exzessive industrielle Entwicklung« in Lateinamerika, die den US-Wirtschaftsinteressen zuwiderlaufen würde. Die Länder des Südens sollten die Wirtschaft des Nordens ergänzen und nicht etwa mit ihr konkurrieren. Das galt natürlich auch für andere Weltregionen, wo jedoch die Interessen der Industrienationen berücksichtigt werden mußten, weshalb die USA »aus eigenem Interesse die Verantwortung für das Wohlergehen des kapitalistischen Systems übernahmen«, bemerkt der Historiker Gerald Haines.

Für Asien sah eine Studie des Nationalen Sicherheitsrats aus dem Jahre 1949 eine Politik »gegenseitigen Austauschs zu beiderseitigem Vorteil« vor. Die Aussichten für eine unabhängige industrielle Entwicklung hielt man für gering: »Keines [dieser Länder] besitzt ausreichende Rohstoffe für eine allgemeine Industrialisierung«, befand die Studie, obwohl Indien, China und Japan »sich seiner solchen Entwicklung annähern könnten«. Allerdings galten gerade Japans Aussichten für ziemlich begrenzt; das Land könne, meinten US-Experten 1950, bestenfalls Nippsachen für die unterentwickelten Staaten herstellen. Dahinter steckte natürlich einiger Rassismus, ganz unrealistisch war die Annahme jedoch nicht, denn erst nach dem Koreakrieg kam Japans stagnierende Wirtschaft in Schwung.

Die wirtschaftlichen Hilfsprogramme folgten denselben Prioritäten. Der Marshall-Plan entsprach den bereits erwähnten strategischen Imperativen. Westeuropa konnte wirtschaftlich davon profitieren, mußte dafür aber die Arbeiterorganisationen in Schach halten und durfte weltpolitisch nur die zweite Geige spielen. Mehr als zehn Prozent der Gelder des Marshall-Plans wurden für Ölimporte verwendet, was dem Zweck diente, die westeuropäische Wirtschaft stärker auf diesen Rohstoff zu gründen, um die als politisch unzuverlässig geltenden Gewerkschaften der Kohlearbeiter zu schwächen und den USA, die die Erdölreserven kontrollierten, stärkere Einflußmöglichkeiten zu verschaffen. Von den zum Wiederaufbau Europas vergebenen Krediten der Weltbank profitierten US-Konzerne. Zwischen 1946 und 1953 dienten 77 Prozent dieser Kredite dem Kauf amerikanischer Waren und Dienstleistungen; die Finanzpolitik »war darauf bedacht, direkt oder indirekt private Investitionen und Unternehmen zu fördern«.[154] Die amerikanischen Steuerzahler finanzierten diese Leistungen, während die Konzerne auf doppelte Weise Gewinn machten, nämlich durch Exporte sowie durch verbesserte Investitionsbedingungen.

NOAM CHOMSKY

Wie der Marshall-Plan wird auch das Programm »Lebensmittel für Frieden« (Food for Peace, PL 480) gerne als »eine der größten humanitären Taten, die jemals von einer Nation für die Bedürftigen anderer Nationen vollführt wurden« beschrieben. Trotz dieser hehren Worte Ronald Reagans sah die Wirklichkeit anders aus: Das Programm war eine öffentliche Subventionierung der US-amerikanischen Landwirtschaft und diente darüber hinaus der Durchsetzung politischer Ziele, indem die Bevölkerungen der betreffenden Länder von diesen Lebensmittellieferungen abhängig gemacht werden sollten, wie Senator Hubert Humphrey in schöner Offenheit betonte. Humphrey war eine der führenden Persönlichkeiten des amerikanischen Liberalismus und vertrat im Senat die Interessen seiner Wähler, überwiegend Farmer aus Massachussetts. Und noch andere Zwecke erfüllte das Programm: Indem es die einheimische Landwirtschaft und deren Produktion für den Binnenmarkt untergrub, zwang es die Länder der Dritten Welt zum Agrarexport, wovon die transnationalen US-Lebensmittelkonzerne ebenso profitierten wie die Hersteller von Düngemitteln und Chemikalien; ferner trug es zur Finanzierung von Antiguerilla-Operationen bei, indem in einheimischer Währung angelegte Ausgleichsfonds (»counterpart funds«) für Militär- und Aufrüstungsausgaben verwendet wurden; dadurch konnte im Endeffekt »ein globales militärisches Netzwerk kapitalistischer Regierungen im Westen und in der Dritten Welt abgestützt werden« (William Borden). Das hatte für die Landwirtschaft der betroffenen Staaten oftmals verheerende Auswirkungen.[155]

Die konterrevolutionären Ziele dieser Hilfsprogramme wurden 1958 in einem vertraulichen Bericht des Außenministeriums mit dem Titel »Die Mäßigung der afrikanisch-asiatischen Revolution« beschrieben: »Wir wollen den Wandel in den weniger entwickelten Gebieten nicht verhindern, können aber auch nicht zulassen, daß er Afrika und Asien in die Arme ungezügelter revolutionärer Begeisterung und nationalen Ehrgeizes treibt. Wir wollen neuen Regierungen helfen, ihre vernünftigen Ziele zu verwirklichen«, wobei natürlich wir bestimmen, was »vernünftig« ist. Sorge bereitete in diesem Fall der »Wirtschaftsnationalismus«, der sich z. T. am chinesischen Modell orientierte. Kennedys »Bündnis für den Fortschritt« war von ähnlichen Motiven bestimmt und richtete sich gegen Castros Kuba.[156]

Alles das konnte im Rahmen der Politik des Kalten Kriegs propagandistisch abgefedert werden: »Nationale Sicherheit« hieß, daß kein Gegner eine, und sei es noch so schwache, Bedrohung darstellen und kein Land sich »unabhängig entwickeln« durfte, weil es dann schon mit einem Bein im Lager des Feindes stand. Mit diesen Prinzipien konnten die ideologischen Manager alle Verstöße gegen die reine Lehre von Demokratie, Freiheit und Marktwirtschaft mit den unglückseligen Notwendigkeiten des Kalten Kriegs rechtfertigen. Heute müssen dafür neue Teufel herhalten, wie etwa »Schurkenstaaten« oder der »islamische Fundamentalismus«.

So bildete der Neoliberalismus das Modell für die Dritte Welt, aber nicht ausnahmslos. Als die Strategen in Washington befürchteten, daß sich asiatische Staaten am chinesischen Modell ausrichten könnten, halfen sie Taiwan und Südkorea beim Aufbau eines staatlich koordinierten Industrialisierungsprogramms[157], und auch Indien wurde in den späten fünfziger Jahren als Gegengewicht zu China interessant.

Nach der Befreiung von britischer Herrschaft wollte Indien wieder Anschluß an die moderne Welt finden und die einstmals blockierte industrielle Entwicklung vorantreiben. Während der Regierungszeit Eisenhowers und kurz danach boten die USA Indien Hilfe an, verhielten sich dabei aber sehr zurückhaltend, weil sie die neutrale Haltung und die staatliche Industriepolitik des Landes mit Mißtrauen betrachteten. 1950 erkannte die Regierung Truman zwar, daß Indien eine Hungerkatastrophe drohte, der, so nahm man an, zehn bis dreizehn Millionen Menschen zum Opfer fallen könnten; dennoch sahen die USA keinen Anlaß, überschüssigen Weizen, den die Regierung zur Subventionierung der Agrarwirtschaft aufgekauft hatte, an Indien zu liefern. Trotzdem sprachen sich einige Politiker dafür aus, um die Gefahr »kommunistischer Subversion« und die Machtübernahme durch eine Regierung abzuwenden, die »aus unserer Sicht entschieden schlimmer wäre« als der in Washington ungeliebte Nehru (George McGhee). Nach dem Ausbruch des Koreakriegs bot Dean Acheson Indien Hilfe an, sofern es sich dem Kreuzzug gegen den Kommunismus anzuschließen bereit sei. Fünf Monate nach dem Hilfeersuchen der indischen Regierung erhielt sie einen Kredit, der in Form von strategisch wichtigen Materialien zurückgezahlt werden mußte.

»Es gibt«, kommentiert Dennis Merrill diese Vorgänge, »keine verläßlichen Statistiken darüber, wieviele zusätzliche Hungeropfer es während dieser Periode gab ... Als 1950 und 1951 Millionen Inder um ihr Überleben kämpften, versuchte die amerikanische Politik den Hunger zu ihrem Vorteil zu nutzen.«

Daran änderte sich auch später nichts. Hilfe wurde von Eisenhower gewährt, weil das, »was in Indien geschieht, enormen Einfluß auf die Entscheidungen haben wird, die von anderen Ländern in Asien, Nahost, Afrika und sogar Amerika gefällt werden«, meinte Eisenhowers Vize Richard Nixon. *Business Week* sah in Indien den »hauptsächlichen Testfall für eine vom Westen geförderte Entwicklungspolitik«. John F. Kennedy, damals noch Senator, wollte Indien helfen, den Wettlauf mit China zu gewinnen, dessen »planwirtschaftliche Bestrebungen überall auf der Welt mit großem Interesse verfolgt werden«. Wir können nicht »umgeben von einem Meer von Feinden« leben, meinte Eisenhower. Um »unsere Interessen und unser System« zu schützen, müssen wir den »großen Hunger« der

Dritten Welt nach verbesserten Lebensbedingungen begreifen, auch wenn die dortige Entwicklungspolitik von dem Modell des »freien Unternehmertums«, das wir sonst anderen aufzwingen, etwas abweicht. Im Januar 1963 argumentierte Kennedy, jetzt Präsident, ganz ähnlich, als er den Kongreß ermahnte, »sehr sorgfältig« die Folgen zu bedenken, die uns drohen, wenn Länder »kommunistisch werden, nur weil wir ihnen ein gewisses Maß an Hilfe verweigerten«. Wir müssen »darauf achten, daß Entwicklungshilfe unseren Interessen am besten nützt«.[158]

Der beste Weg dazu sind indirekte Subventionen der öffentlichen Hand für US-Konzerne, was in den Vorstandsetagen nicht unbekannt ist. Im Fall Indiens beschrieben Vertreter des »Wirtschaftsrats für internationale Verständigung« – Orwell läßt grüßen – im Februar 1966 vor dem US-Kongreß ihre Schwierigkeiten und Erfolge. Indien würde »wahrscheinlich lieber Techniker und Know-how importieren statt ausländische Konzerne«, bemerkten sie, da das aber nicht möglich sei, »akzeptiert Indien ausländisches Kapital als notwendiges Übel«.

Als Beispiel für den Gesinnungswandel führten sie Verhandlungen zur Verdoppelung von Düngemittellieferungen an, die »in Indien dringend benötigt werden«. Diese Düngemittel sollten Eigentum der Lieferfirmen bleiben, was Indien gar nicht gefiel, weil, so der Einwand, »die amerikanische Regierung und die Weltbank offensichtlich bestrebt sind, sich das Recht herauszunehmen, den Rahmen, innerhalb dessen unsere Wirtschaft funktioniert, festzulegen«. Aber der Widerstand fruchtete nichts, und Indien mußte nachgeben, weil USA und Weltbank »den bei weitem größten Teil des Devisenhandels kontrollierten, den Indien zur Entwicklung seiner Wirtschaft und Industrie brauchte«. Die amerikanischen Firmen, die Indien auf Druck der USA ins Land lassen mußte, bestanden darauf, ihre eigenen Maschinen mitzuliefern, obwohl Indien selbst über entsprechende Gerätschaften verfügte. Ebenso mußte es Flüssigammoniak importieren, obwohl der einheimische Rohstoff Naphtha entwicklungsfähig war und zur Unabhängigkeit beigetragen hätte. Aber die *New York Times* war von dem Handel begeistert und sah Indien auf dem Weg »vom Sozialismus zum Pragmatismus«.[159]

In den achtziger Jahren unterwarf sich Indien dem Regiment des Weltwährungsfonds und geriet ebenfalls in den weltweiten Strudel des Katastrophen-Kapitalismus. Die Auswirkungen schilderte Michel Chossudovsky, Spezialist für Entwicklungspolitik an der Universität von Ottawa, im führenden indischen Wirtschaftsjournal: »Unter der britischen Kolonialherrschaft hatte die indische Regierung ein faires Maß an Autonomie, während unter der Vormundschaft von Weltwährungsfonds und Weltbank der Finanzminister unter Umgehung des Parlaments direkt [am Hauptsitz der Weltbank] in Washington Bericht erstattet. Die Budgetvorschläge der indischen Regierung sind nichts als Wiedergaben von mit der Weltbank geschlossenen Übereinkommen. In Schlüsseldokumenten der Regierung, die direkt aus Washingtoner Büros stammen, finden sich zunehmend amerikanische stilistische Eigenarten und Schreibweisen. Wichtige Ministerien beschäftigen ehemalige Angestellte von IWF und Weltbank, die mittlerweile eine Art »Parallelregierung« bilden. Diese kann, ohne sich von demokratischen Verfahrensweisen hindern zu lassen, die »Armen in Stadt und Land« noch weiter niederdrücken und zur Bereicherung der Reichen beitragen. Die Landbevölkerung leidet hunger, während der Export von Lebensmitteln boomt. Bauern werden in den Ruin getrieben, und die Reallöhne der Arbeiter fallen. Selbst in prosperierenden ländlichen Gebieten sind Hungertode keine Seltenheit mehr. Die erzwungenen »strukturellen Anpassungsprogramme« führen zur Kürzung von Sozialhaushalten und treffen, wie indische Ökonomen feststellen, »die Kinder der Armen in der indischen Gesellschaft besonders hart«.

Aber es gibt auch Nutznießer: die indischen Eliten, ausländische Investoren und Konsumenten. Ein besonders eindrucksvolles Beispiel ist die Diamantenindustrie. Sieben von zehn im Westen verkauften Diamanten werden in Indien geschnitten, zu Niedrigstlöhnen. »Erzielte Preisvorteile reichen wir an unsere Kunden in Übersee weiter«, bemerkt einer der führenden Diamantenexporteure. Dank der Wunder des Markts kann Diamantschmuck in den New Yorker Boutiquen billiger angeboten werden.[160]

Daß die Entwicklungshilfe im wesentlichen den Geberländern nützt, wurde noch deutlicher, als der Westen nach dem Ende des Kalten Kriegs die globale Vorherrschaft antrat. 1991 waren drei Viertel der britischen Entwicklungshilfe an britische Waren und Dienstleistungen gebunden. Der *Economist* hält es für eine Binsenweisheit, daß »Entwicklungshilfe nicht geleistet wird, um der Armut abzuhelfen, sondern dem Eigeninteresse des Gebers dient, der so nützliche Freunde gewinnt, strategische Ziele verfolgt oder die Exporte des Geberlands fördert«. Diese »Nachlässigkeit« führt zu den »bizarren« Ergebnis, daß »die reichsten 40 Prozent der Bevölkerung von Entwicklungsländern pro Kopf zweimal so viel Hilfsleistungen bekommen wie die ärmsten 40 Prozent«. Überdies fließt die Entwicklungshilfe meist in Länder, »die davon Kanonen und Soldaten bezahlen, statt in das Gesundheits- und Bildungswesen zu investieren«. Etwa »die Hälfte der Entwicklungshilfe ist immer noch an den Kauf von Waren und Dienstleistungen des Geberlands gebunden«, was die »Entwicklungsländer 15 bis 20 Prozent der Hilfe kostet, weil sie höhere Importpreise bezahlen.« Das ist, so der *Economist*, »verrückt«, nicht jedoch, wenn man das Eigeninteresse der Geber in Rechnung stellt.[161]

Ausnahmen dürften kaum zu finden sein. Schließlich sind Staaten, wie Kennan und andere sehr wohl wußten, keine moralisch handelnden Personen, was die Ideologen nicht davon abhält, von »Altruismus« und »Großzügig-keit« zu schwärmen oder gar die Wiedereinführung der kolonialen Gutwilligkeit zu fordern, damit die »zivilisier-te Welt« sich auf ihre Mission besinnt und »die Orte der Verzweiflung aufsucht«, um sich abermals der zurückge-bliebenen Völker anzunehmen, die sie einst mit ihrer Für-sorge bedachte, dann aber unter dem Einfluß »liberaler« und »moralisch defensiver« Vorstellungen ihrem grausa-men Schicksal überließ.[162] Wir warten noch auf den Ruf nach Wiedereinführung der Sklaverei.

4. Bilanzierung

Für Churchills reiche und satte Nationen, deren Vorherr-schaft legitim ist, konnten die Ergebnisse der Nachkriegs-politik kaum besser ausfallen. US-Investoren profitierten über alle Maßen vom Wachstum der einheimischen Wirt-schaft und der rapiden Ausweitung ihrer überseeischen Geschäfte. Der Marshall-Plan »sorgte für umfangreiche Direktinvestitionen der US-Privatwirtschaft in Europa«, befand Reagans Handelsministerium 1984, und schuf auch die Grundlagen für die transnationalen Konzerne, die zunehmend die Weltwirtschaft beherrschen. Sie waren der »ökonomische Ausdruck« des von den Nachkriegsstrate-gen geschaffenen »politischen Rahmens«, bemerkte *Busi-ness Week* 1975 und beklagte den augenscheinlichen Nie-dergang des goldenen Zeitalters staatlicher Intervention, als die US-Geschäftswelt durch den »Schirm der amerika-nischen Macht« vor »negativen Entwicklungen« geschützt wurde. Allerdings könnte die Rede von der »fehlerhaften« Stärkung möglicher Konkurrenten oder die Klage über un-dankbare Staaten, die es versäumen, das ihnen Erwiesene dankbar zurückzuzahlen, nur dann ernstgenommen werden, wenn angegeben würde, was die Nachkriegsstrategen hätten besser machen können.[163]

Die traditionellen Opfer

Die Dritte Welt hat, kaum erstaunlich, von dieser Politik nicht profitiert. Einem UN-Bericht des Human Development Program zufolge hat sich die Lücke zwischen den reichen und den armen Nationen in den zwei Jahrzehnten seit 1960 verdoppelt, was vor allem mit der Strategie der reichen Länder zusammenhängt, Prinzipien des »freien Markts« über die strukturellen Anpassungsprogramme von Weltbank und IWF den armen Ländern aufzubürden, die eigenen Konzerne aber vor den Unwägbarkeiten des Markts zu schützen.

Die Weltbank berichtet, daß protektionistische Maßnahmen der Industrienationen das Nationaleinkommen der armen Länder um das Zweifache dessen reduzieren, was die offizielle Entwicklungshilfe beträgt. Diese wiederum dient strategischen Zwecken und ist darüber hinaus wenig mehr als Exportförderung, weshalb sie zumeist den reicheren Bevölkerungsschichten der Entwicklungsländer zugutekommt. In den achtziger Jahren verstärkten 20 von 24 OECD-Staaten ihre protektionistischen Maßnahmen, allen voran die USA unter Reagan. In Lateinamerika fielen die realen Minimallöhne unter dem Einfluß neoliberaler Strukturanpassungsprogramme zwischen 1985 und 1992 ins Bodenlose, während die Anzahl der Armen zwischen 1986 und 1990 um fast 50 Prozent stieg. Das war nun wirklich ein »Wirtschaftswunder«, weil das reale Bruttoinlandsprodukt (parallel zu den Auslandsschulden) stieg, während die Reichen und die ausländischen Investoren sich bereicherten. Die Untersuchung einer deutschen Presseagentur ergab, daß die Auslandsschulden von 17 lateinamerikanischen Staaten von Dezember 1991 bis Juni 1993 um mehr als 45 Milliarden Dollar auf insgesamt 463 Milliarden anstiegen – all dies in einer mit viel Lob bedachten Erholungsphase mit glänzenden Aussichten, allerdings nur für wenige.

Die von der Weltbank erhobenen Daten für jene 76 Länder der Dritten Welt und Osteuropas, die in den achtziger Jahren von strukturellen Anpassungsmaßnahmen betroffen waren, zeigen, wie Rehman Sobhan darlegt, daß die große Mehrheit bei wichtigen Entwicklungsindikatoren – Wachstum der fixen Investitionen und der Exporte sowie der Wirtschaft allgemein – einen signifikanten Rückgang aufwies, und das im Unterschied »zu den schlechten alten Zeiten der sechziger und siebziger Jahre, als staatliche Kontrollen und Marktverzerrungen die wirtschaftliche Entwicklung zu behindern schienen«. Selbst die Inflationsbekämpfung, der die internationalen Wirtschaftsbürokraten ihre besondere Aufmerksamkeit gewidmet hatten, zeitigte keine eindeutigen Resultate. Die wenigen »Erfolge« sind eher auf Entwicklungshilfe oder den Export von Grundstoffen zurückzuführen; Chile, das am häufigsten angeführte Beispiel, erzielt mehr als 30 Prozent der Exportgewinne mit Kupfer, das übrige mit Agrarprodukten, und ist so den Handelsschwankungen des internationalen Markts besonders ausgeliefert. Die Philippinen, in denen der Einfluß der USA stärker ist als in anderen asiatischen Ländern, waren den Anpassungsprogrammen am nachdrücklichsten ausgesetzt und verfielen in eine hartnäckige Rezession.

Zudem sind, wie viele Ökonomen meinen, die längerfristigen Kosten der Privatisierung, bei der oftmals rentable und gesellschaftlich wichtige Unternehmen für kurzfristigen Gewinn verkauft werden, erst in der Zukunft spürbar. Jedenfalls ist die bisherige Bilanz des Wirtschaftsmanagements, das von den USA, einigen anderen reichen Ländern und den internationalen Finanzinstitutionen, »die ihre Fahne in den aus Washington wehenden Wind hängen«, durchgesetzt werden konnte, keineswegs erfreulich, schließt Sobhan.

Der Rohstofftransfer von den Ländern des Südens in die des Nordens belief sich, schätzt Susan George, zwischen 1982 und 1990 auf 418 Milliarden Dollar; im selben Zeitraum nahm die Schuldenlast um 61 Prozent zu, für die ärmsten Länder sogar um 110 Prozent. Die Handelsbanken schützen sich, indem sie faule Schulden auf den öffentlichen Sektor verlagern, so daß die Armen einen übermäßigen Anteil der den Schuldner- wie den Geberländern entstehenden Kosten tragen. 1991 zahlten die Schuldnerländer 24 Milliarden Dollar mehr an Zinsen, als sie an neuen Krediten und Hilfsleistungen insgesamt erhielten. Selbst IWF und Weltbank »sind jetzt Nettoempfänger von Rohstoffen aus den Entwicklungsländern«, bemerkt die South Commission.

Zu den Entwicklungsländern, die die Reichen finanzieren, gehören auch die Staaten in Mittelafrika, wo Hunger und Elend herrschen, was nicht zuletzt durch die vielbewunderte US-Politik des »konstruktiven Engagements« verursacht wurde, die es Südafrika gestattete, in den Nachbarstaaten eineinhalb Millionen Menschen zu töten und Zerstörungen in Höhe von 60 Milliarden Dollar anzurichten, während Namibia auf illegale Weise besetzt gehalten wurde. Dazu kommt noch, laut UNICEF, die halbe Million Kinder, die jedes Jahr sterben, weil die reichen Länder auf der Schuldenrückzahlung bestehen, sowie die elf Millionen Kinder, die jedes Jahr unnötigerweise an Krankheiten sterben. Das ist, wie der Generaldirektor der Weltgesundheitsorganisation (WHO), Hiroshi Nakajima, bemerkt, ein »stillschweigender Völkermord« und eine »völlig überflüssige Tragödie, weil die entwickelte Welt über Arzneimittel und Technologien verfügt, mit denen gewöhnliche Krankheiten weltweit besiegt werden könnten ... Aber es fehlt der Wille, den Entwicklungsländern zu helfen«.[164]

NOAM CHOMSKY

Betriebe irgendein offizieller Feind diese Politik, würden wir sie als Völkermord bezeichnen.

Ganz besonders haben die Kinder darunter zu leiden, deren Wohlergehen »symptomatisch ist für den Zustand einer Gesellschaft«, bemerken zwei indische Ökonomen, die in ihrer Rezension einer UNICEF-Untersuchung von 1992 schreiben: »Hervorzuheben ist, daß die Strukturanpassungsprogramme der achtziger Jahre und die lange Rezession, die ihnen folgte, für Kinder besonders schlimme Folgen zeitigten.« Die Kindersterblichkeit stieg drastisch an, ebenso Kinderarbeit und -prostitution, während Bildungsmaßnahmen gekürzt wurden. Eine Ausnahme war Chile, wo selbst unter der Diktatur Pinochets und der »Chicago Boys« die Öffentlichkeit noch stark genug war, allzu große Exzesse in puncto »freier Marktwirtschaft« zu verhindern.[165]

In Lateinamerika war Kuba das einzige Land, dessen Kindersterblichkeitsrate auch in den achtziger Jahren kontinuierlich sank. Das dürfte sich durch das Embargo mittlerweile geändert haben, derweil westliche Moralisten diesen erneuten Triumph ihrer Ideale bejubeln. Ein zweites Beispiel war Nicaragua, das jetzt, wie der erfahrene Lateinamerika-Korrespondent Hugh O'Shaughnessy berichtet, »neben Haiti zu den ärmsten Ländern der westlichen Hemisphäre gehört« – auch dies ein Triumph der amerikanischen Außenpolitik. Die Kindersterblichkeit, die unter den Sandinisten rapide gesunken war, gehört nun »zu den höchsten auf dem Kontinent, während, UN-Berichten zufolge, ein Viertel aller Kinder an Unterernährung leidet«. Krankheiten, die durch die Gesundheitsreformen eingedämmt werden konnten, sind wieder weit verbreitet. Der Finanzminister der neuen Regierung »rühmt die niedrigste Inflationsrate der westlichen Hemisphäre, wobei es ihn nicht kümmert, daß vier Millionen Menschen hungern«. Die »Gesundheits-, Ernährungs-, Bildungs- und Agrarprogramme [der Sandinisten] sind auf Druck des IWF und

Washingtons zugunsten von Privatisierungsmaßnahmen und der Kürzung öffentlicher Mittel gekippt worden«.[166]

Diese Maßnahmen haben weitere negative Auswirkungen auf Nicaraguas Wirtschaft oder was davon noch übrig ist. »Die Privatbanken und die mit ihnen verbundenen Großkonzerne genießen en Schutz des staatlichen Bankensystems und nutzen die hohen Zinsraten zu spekulativen Aktivitäten«, bemerkt eine Gruppe nicaraguanischer Ökonomen und schätzt, daß allein 1992 an die 50 Millionen Dollar das Land verlassen haben. »Während die Liquidität der Wirtschaft, gemessen in Geld, um 14 Prozent gefallen ist, hat sich das Vermögen der Privatbanken in der ersten Hälfte des Jahres 1993 um 28 Prozent vermehrt und damit zur Knappheit an zirkulierendem Geld geführt, worunter die Bevölkerung augenblicklich leidet.« Derweil fordert der US-Senat, der lange Zeit einen mörderischen Terrorkrieg gegen Nicaragua unterstützte, von der neuen Regierung Beweise, daß das Land nicht in den internationalen Terrorismus verstrickt ist, und macht geringfügige Hilfsleistungen von einer negativen Antwort abhängig. Zudem soll es dem FBI gestattet sein, entsprechende Untersuchungen vorzunehmen.

Trotz dieser Siege ist Washington noch nicht zufrieden. Die Bevölkerung Nicaraguas muß für die an uns begangenen Verbrechen büßen. Im Oktober 1993 stellten IWF und Weltbank neue Forderungen. Nicaragua wird nicht, wie viele andere Länder, von seinen Schulden entlastet. Es muß Kredite der staatlichen Industrie- und Handelsbank bedienen und staatliche Unternehmen und Dienstleistungen – Post, Energie, Wasser – privatisieren. Wer nicht zahlen kann, muß Durst leiden. Die Arbeitslosigkeit liegt bei über 60 Prozent. Sozialausgaben der öffentlichen Hand müssen um 60 Millionen Dollar gekürzt werden – angesichts der von den Privatbanken im vorherigen Jahr außer Landes gebrachten Gelder eine symbolisch anmutende Summe.

Die Privatisierung sorgt dafür, daß die Banken gesunden wirtschaftlichen Prinzipien folgen, mithin lieber an der New Yorker Börse agieren, statt armen Bauern Kredite zu gewähren und so die Ressourcen sinnvoll einzusetzen. Weil aber keine Kredite vergeben wurden, fiel 1993 die Bohnenernte trotz günstiger klimatischer Bedingungen aus, was für die Bevölkerung eine Katastrophe war. Das gleiche Bild ergab sich für die hauptsächlichen Baumwollanbaugebiete, obwohl die potentesten Produzenten wie z. B. der Landwirtschaftsminister und der Präsident des Hohen Rats für Privatunternehmen, Ramíro Guardián, mehr als 40 Millionen Dollar an Darlehen erhalten hatten, berichtet *Barricada Internacional*. Der Mittelamerika-Spezialist Douglas Porpora schreibt, daß 70 Prozent aller Kredite an »eine kleine Anzahl großer Exportproduzenten« vergeben werden.

Kirchliche Quellen berichten, daß Ende 1993 an Nicaraguas Atlantikküste 100 000 Menschen, überwiegend Miskito-Indianer, Hunger litten. Hilfslieferungen kamen nur aus Europa und Kanada. Als die Sandinisten im Verlauf des Terrorkriegs der Contras einige Dutzend dieser Indianer töteten und viele zwangsumsiedelten, sprach man in den USA von »Völkermord« (Reagan) und den »schlimmsten« Menschenrechtsverletzungen in Mittelamerika (Jeane Kirkpatrick). Aber das hatte rein instrumentellen Wert; damals waren die Miskitos »wertvolle Opfer« (um einen gelungenen Ausdruck von Edward Herman zu verwenden), deren Leiden dem offiziellen Feind angerechnet werden konnten. Das hat sich jetzt erledigt, und um ihre Hungersnot müssen wir uns jetzt nicht mehr kümmern.

Auch nicht um das Elend der Straßenkinder von Managua, das David Werner beschreibt: »Der Verkauf von Schuhklebemitteln ist mittlerweile ein lukratives Geschäft«, weil »Ladenbesitzer in den Armenvierteln gut daran verdienen, die kleinen Flaschen der Kinder nachzufüllen«, damit sie, um (wie es heißt) den Hunger zu betäuben, Leim schnüffeln können.

Was ihnen vielleicht noch bevorsteht, wurde in einem Dokumentarfilm des kanadischen Fernsehens enthüllt. In *The Body Parts Business* (Das Geschäft mit den Körperteilen) ging es um Morde an Kindern und Armen, um sie ihrer inneren Organe zu berauben. Solche und andere Praktiken, die es in Lateinamerika schon seit längerem zu geben scheint, sind jüngst von der Regierung El Salvadors offiziell bestätigt worden. Es gebe dort einen »schwunghaften Handel mit Kindern«, die nicht nur zu Exportzwecken gekidnapt, sondern auch für pornographische Videos, für Adoption und Prostitution verwendet würden. In diesem Zusammenhang erinnert Hugh O'Shaughnessy an eine Operation der salvadorianischen Armee vom Juni 1982, wo die Truppen nahe dem Lempa-Fluß »sich auf die Jagd nach Kleinkindern begaben«. 50 wurden in Helikopter verladen und nicht wiedergesehen.[167]

Jene amerikanischen Liberalen, die den Krieg der Contras guthießen und schließlich den »Sieg des US-amerikanischen Fair Play« lobten, als die nicaraguanische Bevölkerung das Handtuch warf, können sich über ihre Erfolge in diesem »romantischen Zeitalter« freuen.

Es gehört zu den Vorrechten der Mächtigen, die Diskussion darüber zu bestimmen, wer Opfer ist und wer Unterdrücker, wobei die tatsächliche Relation regelmäßig ins Gegenteil verkehrt wird. Demzufolge müssen die Vietnamesen ihre an *uns* begangenen Verbrechen wiedergutmachen, und Nicaragua muß *uns* beweisen, daß es nicht in Terroraktivitäten verstrickt ist. Immer wieder hören wir Klagen über die Armen, die die Reichen ausplündern wollen (Dulles), über den kubanischen Führer, den wir umbringen müssen, weil er »die Vereinigten Staaten auf gewaltsame und unfaire Weise kritisiert« (McCone), über die Palästinenser, die »terroristische Angriffe gegen den Staat Israel führen« (so die Terminologie der US-Regierung für

NOAM CHOMSKY

die Intifada), wenn sie nach Jahrzehnten »endloser Erniedrigungen und Brutalitäten« (so der israelische Journalist Danny Rubinstein) den Aufstand wagen, und über all die anderen Terroristen und Schurken, die sich gegen uns erheben.

Nicaragua ist dafür ein besonders eindrucksvolles Beispiel. Bereits 1854 zerstörte die US-Kriegsflotte eine Küstenstadt, um einen angeblich beleidigenden Angriff auf US-Beamte und den Millionär Cornelius Vanderbilt zu rächen. Da uns das internationale Recht als Gewohnheitsrecht gilt, war es immer schon unsere Gewohnheit, Nicaragua nach Belieben herumzustoßen oder den Diktator Somoza, unseren Vasallen, bei seinen Massakern nach Kräften zu unterstützen, bis sich die gepeinigte Bevölkerung schließlich wehrte. Als dann die sandinistische Regierung sich weigerte, den nötigen Kniefall zu vollziehen, löste das erheblich Wut aus. Ein US-Kongreßabgeordneter beschrieb die »Begierde, gegen den Kommunismus [in Nicaragua] loszuschlagen«.

Besonderen Zorn erregten Nicaraguas Friedensbemühungen im Zusammenhang mit dem Contadora-Plan. Hochrangige Regierungsmitglieder forderten sogar, eine Einladung Daniel Ortegas nach Los Angeles rückgängig zu machen, um ihn »und die Sandinisten wegen der Annahme der Contadora-Friedensvorschläge zu bestrafen«, vermeldete die *New York Times* kommentarlos. Tatsächlich gelang es der US-Regierung, den Contadora-Plan zu verhindern. Weitere Wutanfälle gab es, als der Weltgerichtshof die USA wegen der Unterstützung der Contras zu Reparationen verurteilte. Nicaragua zog den Antrag schließlich zurück, nachdem es sich mit Washington über ein Abkommen zur Förderung der Wirtschafts- und Handelsbeziehungen und der technischen Entwicklung verständigt hatte. Das Abkommen wurde dann von den USA unterlaufen, und im September 1993 forderte der Senat mit 94 gegen 4 Stimmen, Nicaragua keine Entwicklungshilfe zu gewähren, wenn für US-Eigentum, das nach dem Sturz Somozas enteignet worden war, keine ausreichende Entschädigung gezahlt würde.[168]

Als drittes Land in Lateinamerika, das einen traditionell recht gut entwickelten Lebensstandard für die Bevölkerung besaß, wurde Costa Rica zu neoliberalen Maßnahmen gezwungen. Der Begründer der costaricanischen Demokratie, José Figueres, verurteilte Washingtons »Versuch, unsere sozialen Institutionen und unsere ganze Wirtschaft den Geschäftsleuten zu überlassen« und das Land in die Hände ausländischer Konzerne zu geben. Vergebens.[169]

Während also die USA in Lateinamerika Staatsterroristen Unterstützung angedeihen ließen, wurden Kuba, Nicaragua und Costa Rica ins Fadenkreuz genommen, um durch Krieg, Terror und wirtschaftliche Strangulierung, bzw. im Falle Costa Ricas durch Druck und Subversion, Wohlverhalten zu erzwingen (was bei Kuba bis jetzt nicht gelungen ist). Das liegt nicht daran, daß Washington gern Kinder sterben oder Erwachsene gefoltert sieht. Treibendes Motiv ist vielmehr die prinzipielle Abneigung gegen eine unabhängige, den Interessen der Privatwirtschaft zuwiderlaufende Entwicklung, die zeigt, daß ein Land der Dritten Welt sich weigert, die ihm zugewiesene »Funktion« in der globalen Ökonomie zu spielen.

Ein weiteres signifikantes Beispiel für die Prärogativen der Macht ist Brasilien.[170] Dieses Land mit seinen außergewöhnlichen natürlichen Ressourcen, dieser potentielle »Koloß des Südens« war von den USA schon lange als »Region unbegrenzter Möglichkeiten« in Augenschein genommen worden. »Kein Territorium auf der Welt ist für die Ausbeutung besser geeignet als Brasilien«, schwärmte das *Wall Street Journal* schon 1924.

1945 nahmen sich die Vereinigten Staaten der Sache an, indem sie die traditionellen europäischen Rivalen aus dem Weg räumten und den Koloß in ein »Testgebiet für moderne wissenschaftliche Methoden der industriel-

NOAM CHOMSKY

len Entwicklung« verwandelten, bemerkt Gerald Haines in seiner hoch gelobten Monographie. Unter Anleitung durch die USA folgte Brasilien den neoliberalen Doktrinen, von denen es jedoch zeitweilig abweichen mußte, um katastrophale Folgen für die Gesamtgesellschaft (Reiche inbegriffen) abzuwehren. Seit den sechziger Jahren unterstützten die USA eine Militärdiktatur, deren Fundamente schon von der Regierung Kennedy gelegt worden waren. Die neofaschistischen Generäle konnten die erwünschten wirtschaftlichen Maßnahmen leichter durchsetzen, zumal sie die Opposition mit Folter, Mord und »Verschwinden-lassen« von Personen zum Stillschweigen gebracht hatten. Brasilien wurde zum vielbestaunten »Wirtschaftswunder« und zum »Liebling der internationalen Geschäftswelt«, wußte *Business Latin America* 1972 zu berichten. Auch der Vorsitzende der US-Bundesbank (der »Fed«), Arthur Burns, pries das »Wunderwerk« der Folterknechte und ihrer neoliberalen Technokraten, die brav die Vorstellungen der »Chicago Boys« umsetzten. Diese fanden schon ein Jahr später, in Chile, ein weiteres Betätigungsfeld und verkauften den Chilenen Brasilien als leuchtendes Beispiel für Wirtschaftsliberalismus.

Allerdings war das Wunder nicht ganz makellos. Mehr als 90 Prozent der Bevölkerung lebten unter zunehmend elender werdenden Bedingungen, und in Agrargebieten, die sich im Besitz von Großgrundeigentümern befinden, entdeckten medizinische Forscher eine neue Art von Menschen, »Pygmäen«, die nur 40 Prozent des Gehirns normal entwickelter Menschen besaßen – eine Folge langwährender Unterernährung. In den Städten werden Kinder versklavt oder von Sicherheitskräften ermordet. Pater Barruel von der Universität São Paulo teilte der UN mit, daß »75 Prozent der Leichen [ermordeter Kinder] innere Verstümmelungen aufweisen, und vielen fehlen die Augen«, auch hier möglicherweise zu Zwecken der Organtransplantation entfernt.

Der wirtschaftliche Erfolg war allerdings sehr real. US-Investitionen und -Profite boomten, der brasilianischen Oberschicht ging es gut, und die makroökonomischen Statistiken zeigten schwarze Zahlen; es war ein »Wirtschaftswunder« im technischen Sinn des Wortes. Bis 1989 übertraf Brasiliens Wirtschaftswachstum das von Chile, dann kam der Zusammenbruch, und nun war der »Koloß« kein Triumph der Marktdemokratie mehr, sondern ein Beispiel für das Versagen etatistischer Wirtschaftspolitik.[171] Daß es selbst in diesen wunderbaren achtziger Jahren der Bevölkerung in den osteuropäischen Staaten weitaus besser ging als den darbenden Massen in Lateinamerika, steht auf einem anderen, ungelesen gebliebenen Blatt.

Die Schuldenberge der Dritten Welt sind vor allem eine Folge der monetaristischen Finanzpolitik des Westens und des Zusammenbruchs der Weltmarktpreise zu Beginn der achtziger Jahre. Der Wirtschaftswissenschaftler Melvin Burke weist darauf hin, daß »hohe Zinsraten [in den USA] und Kapitalflucht für die mexikanische Krise der achtziger Jahre verantwortlich waren«, auf diese Weise ging der amerikanische Wohlstand auf Kosten der Dritten Welt. Die unseren Lieblingsdiktatoren und -oligarchen für den Kauf von Luxusgütern und den Kapitalexport ins Ausland gewährten Darlehen gehen jetzt zu Lasten der Armen und der amerikanischen Steuerzahler.

Der Westen nützt die Schuldenlast, um seine Politik in der Dritten Welt besser durchsetzen und die Länder zur Anpassung ihrer Wirtschaft verhalten zu können. Insofern ist auch bezeichnend, welchen Ländern Schulden erlassen werden und warum. Polen z. B. wurden 15 Milliarden Dollar erlassen, »um den Übergang von einer kommunistischen zu einer kapitalistischen Wirtschaft zu erleichtern«, wovon der Westen zu profitieren hofft; und Ägyptens »Unterstützung des Bündnisses gegen Saddam Hussein im Golfkrieg« wurde mit 11 Milliarden erkauft, schreibt Michael Meacher. Aber in Mittelafrika müssen jedes Jahr

Hunderttausende von Kindern sterben, weil die Prinzipien des Wirtschaftsliberalismus wichtiger sind. »Schuldenerlasse sollen«, folgert Meacher, »nicht die Armut in der Welt bekämpfen, sondern die politischen Interessen der führenden westlichen Nationen bedienen« – genauer gesagt, die wirtschaftlichen und strategischen Interessen ihrer herrschenden Eliten.[172]

Die Lage im Westen

Was wirklich vor sich geht, zeigt eine genauere Analyse der Zahlen, die der Bericht des UN-Human Development Program über die wachsende Kluft zwischen Arm und Reich enthält. Der kanadische Ökonom Ian Robinson weist darauf hin, daß die Breite der Kluft »noch erstaunlicher wird, wenn wir nicht auf die Einkommensunterschiede zwischen armen und reichen *Nationen*, sondern zwischen armen und reichen *Bevölkerungsschichten* blicken«. 1960 betrug das Verhältnis des Bruttosozialprodukts zwischen den Ländern mit den 20 Prozent reichsten Schichten der Weltbevölkerung und denen mit den 20 Prozent ärmsten 30:1, 1989 bereits 60:1; jedoch »lag das Einkommensverhältnis zwischen den 20 Prozent Reichsten und den 20 Prozent Ärmsten bei 140:1«. Die Kluft zwischen Arm und Reich geht zur Hälfte auf Einkommensunterschiede *innerhalb* von Staaten zurück, schreibt Robinson. Vergleichbares hat die US-Regierungsbehörde für Gesundheitsstatistik herausgefunden: Die Ungleichheit der Sterblichkeitsraten hat sich zwischen 1960 und 1986 mehr als verdoppelt, ein »Klassenunterschied«, der immer größer wird.[173]

Wir dürfen also die von Adam Smith geforderte, von seinen Nachfolgern jedoch regelmäßig übersehene »Klassenanalyse« nicht vergessen, um zu erkennen, wem die bei »uns« betriebene Politik nützt. Darüber hinaus klingt »Ungleichheit« eher aseptisch, wenn man bedenkt, was das Wort bedeutet: hungernde Kinder, zerbrochene Familien, kriminelle Gewalt und andere soziale Pathologien, die mit dem Ende der Hoffnungen einhergehen.

Diese intranationalen Veränderungen betreffen alle »drei Welten«: die staatskapitalistischen Industriemächte, die »Entwicklungsländer« des Südens und auch die ehemals kommunistischen Staaten, die jetzt wieder in die Dritte Welt zurückgegliedert werden. In allen Fällen sind die Auswirkungen großenteils Folge der selektiven Anwendung neoliberaler Wirtschaftsdogmen, die die Reichen und Mächtigen je nach Nutzen und Vorteil in die Tat umsetzen.

Mit dieser selektiven Anwendung bilden die reichen Nationen eine Art Mikrokosmos, in dem sich die internationalen Verhältnisse spiegeln. Wenn die Konzerngewinne unter Druck geraten, schneiden die Regierungen ihre Sozialhaushalte zurück, ohne jedoch den Wohlfahrtsstaat für die Reichen anzutasten.

In den USA unter Reagan machte eine Verbindung militärkeynesianischer Exzesse mit einer Steuerpolitik im Sinne der Reichen das Land vom führenden Kreditgeber zum führenden Schuldner. Bereits 1986 hatten sich die Staatschulden mit 2,1 Billiarden Dollar mehr als verdoppelt und beliefen sich auf 4,4 Billiarden, als Clinton sein Amt antrat. Daniel Patrick Moynihan, Vorsitzender des Finanzkomitees des Senats und ein ausgewiesener Kenner der Materie, kommt zu dem Schluß, daß die »strategischen Defizite« der Ära Reagan auf eine »verborgene Agenda« zurückzuführen sind: Es galt, eine Barriere gegen Sozialausgaben und andere für die Konzerne inakzeptable Regierungsinitiativen zu errichten. Die Kürzung von Bundesmitteln erlegte den Einzelstaaten und Gemeinden unerträgliche Bürden auf, die an die schwächeren Bevölkerungsschichten weitergereicht wurden. Verschärft wurden die Probleme durch erfolgreiche PR-Kampagnen der Geschäftswelt für Steuersenkungen bei gleichzeitiger Berück-

NOAM CHOMSKY

sichtigung ihrer Bedürfnisse seitens eines mächtigen und interventionsbereiten Staats.

Eine regressive Steuerpolitik führte zum Konsum von Luxusgütern und zu finanztechnischen Bereicherungsaktionen, während im Verhältnis zum Bruttosozialprodukt die Investitionen auf den niedrigsten Stand innerhalb der G-7-Staaten zurückfielen und dennoch zunehmend von Kapitalimporten abhängig wurden. Die Folge waren gigantische Handelsdefizite. Das reale Pro-Kopf-BSP fiel ebenso wie die persönlichen Sparguthaben, und die Staatsausgaben für Infrastrukturprogramme sanken auf die Hälfte dessen, was in den sechziger Jahren aufgewendet worden war. Niedrig blieb allein die Inflationsrate, was vor allem mit dem Fall der Ölpreise zusammenhing. Kredite sorgten für eine so umfassende wie scheinhafte Prosperität, die sich natürlich nicht lange aufrechterhalten ließ.

Die Arbeitsökonomen Lawrence Mishel und Jared Bernstein wiesen darauf hin, daß im Juli 1992 »über 17 Millionen Arbeiter, das sind 13,2 Prozent der arbeitenden Bevölkerung insgesamt ... ohne Beschäftigung oder nur geringfügig beschäftigt waren«, ein Anstieg von acht Millionen während der Regierungszeit von George Bush, als sich die Auswirkungen der Reagan-Programme bemerkbar machten. Zudem bedeutete der Anstieg der Arbeitslosigkeit in drei Vierteln aller Fälle dauerhaften Jobverlust. Die Reallöhne, die vor Reagan ein Jahrzehnt lang stagnierten, sanken während seiner Präsidentschaft dramatisch ab. 1987 erreichte diese Entwicklung auch die an Hochschulen Ausgebildeten, die kurz darauf ebenfalls von Arbeitslosigkeit betroffen wurden. Das hängt möglicherweise mit dem Rückgang des Pentagon-Budgets zusammen, als 1985/86 die Regierungsinvestitionen in die militärische High-Tech-Industrie zurückgingen und schließlich auf den während der Jahre des Kalten Kriegs üblichen Durchschnitt fielen. Für die unteren 60 Prozent der amerikanischen Männer sanken die Reallöhne, während sie für die oberen 20 Prozent stiegen. Rüdiger Dornbusch, Ökonom am MIT, weist darauf hin, daß von dem Wachstum des Pro-Kopf-Einkommens während der Ära von Reagan und Bush »70 Prozent auf das oberste Prozent der Verdiener fielen, während die unteren Schichten in absoluten Zahlen einen Rückgang zu verzeichnen hatten«, so daß »für die meisten Amerikaner der Grundsatz, der jüngeren Generation werde es wirtschaftlich besser gehen als den Eltern, nicht mehr gilt«. Das ist ein bedeutsamer Wendepunkt in der Geschichte der Industriegesellschaften. Umfragen aus dem Jahr 1992 zufolge erwarten 75 Prozent der Bevölkerung keine Verbesserung der Lebenssituation für die nächste Generation.

Während der Reagan-Jahre beschleunigten sich Prozesse, die bereits im Gang waren. Ungleichheiten in der Einkommensverteilung hatten sich bis 1968 vermindert, um dann wieder anzusteigen. 1986 waren sie größer als zur Zeit der großen Wirtschaftskrise der dreißiger Jahre. In den siebziger und achtziger Jahren sank das Durchschnittseinkommen des unteren Fünftels der amerikanischen Familien um etwa 18 Prozent, während es beim reichsten Fünftel um acht Prozent zunahm. In dieser Zeit, so der Wirtschaftsjournalist Richard Rothstein, »gab es in den USA von allen Industrienationen das größte Wachstum an Ungleichheit und zugleich die größten Einkommenseinbußen im Bereich der Niedriglöhne«. Eine Studie der OECD berichtet von zunehmender Einkommensungleichheit in den meisten reicheren Ländern während der achtziger Jahre, wobei Großbritannien unter Thatcher die Spitzenposition vor den USA hielt. In den USA verschlechterte sich die Lage vor allem für die wirtschaftlich Schwächeren: ältere Menschen, Kinder, alleinerziehende Mütter (die meisten davon berufstätig, in den USA häufiger als in allen anderen Ländern, obwohl die Propaganda der Rechten das Gegenteil behauptete). Die *The Progress of Nations* betitelte UNICEF-Studie von 1993 betonte, daß es amerikanischen und britischen Kindern weitaus schlechter geht als 1970. Unter den industrialisierten Ländern sind die USA der Spitzenreiter bei der Kinderarmut; der Anteil ist hier zweimal so hoch wie in Großbritannien, dem zweitplazierten Land, und seit 1970 um 21 Prozent gestiegen.

»Hauptfaktor bei der negativen Entwicklung der Lohnstruktur in den USA ist der Niedergang der Gewerkschaften«, sagt Lawrence Katz vom US-Arbeitsministerium. Einer der großen Erfolge der Regierung Reagan war ihr Kampf gegen die Gewerkschaften: Arbeiter konnten gefeuert werden, wenn sie für gewerkschaftliche Organisierung eintraten, Streiks wurden gebrochen durch die Einstellung »dauerhafter Ersatzkräfte« usw. Die Geschäftswelt war entzückt. Eine Titelgeschichte im *Wall Street Journal* sprach von einer »begrüßenswerten Entwicklung von grenzüberschreitender Bedeutung«, weil sinkende Löhne die Wirtschaft wieder konkurrenzfähig machten; hinzu kamen verbesserte Möglichkeiten zur Produktionsverlagerung ins Ausland. Die Arbeitskosten pro Produktionseinheit fielen 1992 um 1,5 Prozent, während sie in Japan, Europa, Taiwan und Südkorea stiegen. 1985 lag der Stundenlohn in den USA höher als in den anderen G-7-Staaten, 1992 darunter. Nur in Großbritannien war es Frau Thatcher gelungen, die Arbeiter noch härter zu bestrafen. Die Stundenlöhne lagen in Deutschland um 60 Prozent höher als in den USA, in Italien um 20 Prozent.

Mit der urbanen Krise stieg auch die Zahl der Gefängnisinsassen auf den höchsten Stand in der industriellen Welt und ließ sogar Rußland und Südafrika hinter sich. Innenstädte und ländliche Gebiete verfielen, die Infrastruktur brach zusammen, und Armut und Obdachlosigkeit griffen um sich. In der zweiten Hälfte der achtziger Jahre stieg die Zahl der Hungerleidenden um 50 Prozent auf etwa 30 Millionen Menschen. Zu Beginn des Jahres 1991, noch bevor die Rezession der letzten Jahre sich auszuwirken begann, waren im reichsten Land der Welt zwölf Millionen

Kinder unterernährt. In Boston mußte das Stadtkrankenhaus sogar eine Klinik für solche Kinder einrichten, die soviel Zulauf hatte, daß gar nicht alle Fälle betreut werden konnten. Im Winter war es besonders hart, wenn die Familien entscheiden mußten, ob sie Heizöl oder Lebensmittel einkauften.[174]

Im Oktober 1993 brachte das *Wall Street Journal* einen Bericht über Statistiken der Zensusbehörde, denen zufolge »die Zahl der Armen in Amerika im vergangenen Jahr um 1,2 Millionen auf 36,9 Millionen angestiegen ist, während die Reichen ihre Börsen füllen konnten«. Das durchschnittliche Familieneinkommen lag 13 Prozent unter dem Niveau von 1989 und die Armut war so hoch wie während der heftigen Rezession zu Beginn der achtziger Jahre. Experten erwarten, daß der langfristige Trend zur Ausweitung der Armut anhält, mit »absinkenden Löhnen, schrumpfender staatlicher Unterstützung für die Armen und einer Zunahmen von alleinerziehenden Müttern oder Vätern«. Der Trend zur ungleichen Einkommensverteilung, der sich in den achtziger Jahren beschleunigte, hat sich bis 1992 fortgesetzt, wobei das obere Fünftel der amerikanischen Haushalte seinen Einkommensanteil auf 47 Prozent ausweiten konnte. Dagegen sind die Einkommen des unteren Fünftels bei etwas mehr als 7000 Dollar geblieben, was kaum mehr ist als das Existenzminimum. Eine Untersuchung des Handelsministeriums zeigte, daß der Prozentsatz von Vollzeitarbeitern mit Mininallöhnen während der Reagan-Jahre von 12 Prozent auf 18 Prozent gestiegen war. Die Kinderarmut ist zwischen 1973 und 1992 um 47 Prozent gestiegen und betrifft jetzt 20 Prozent der Kinder, eine Zunahme von 12 auf 14 Millionen seit der letzten Zählung vor einem Jahr. Die Armutsgrenze liegt bei einem jährlichen Einkommen von 11 186 Dollar für eine dreiköpfige Familie. Daß es da zu Gewalt und Verbrechen kommt, ist klar. Der Staat antwortet darauf mit drakonischen Strafen; die Ursachen gehen ihn nichts an.[175]

NOAM CHOMSKY

Trotz der 1991 einsetzenden wirtschaftlichen Erholung fielen die Löhne für Arbeiter und Angestellte gleichermaßen, wobei die der Arbeiter drastischer sanken. Lohnzuwächse hatte bestenfalls das oberste Prozent zu verzeichnen. Überdies war nach 28 Monaten wirtschaftlicher Erholung die Arbeitslosigkeit noch nicht gesunken, was man in der Nachkriegsära so noch nicht erlebt hatte. Außerdem gab es eine Zunahme an Teilzeit- und zeitlich befristeter Arbeit, was sich jedoch nicht der freien Wahl der Arbeitnehmer verdankte, sondern einer wachsenden »Flexibilisierung« des Arbeitsmarkts, die laut der herrschenden Doktrin gut ist für die wirtschaftliche Gesundheit. Tatsächlich heißt »Flexibilisierung«, daß die Beschäftigten abends zu Bett gehen, ohne zu wissen, ob sie am nächsten Morgen noch einen Job haben. 1992 waren fast 28 Prozent der neu geschaffenen Arbeitsplätze zeitlich befristet, weitere 26 Prozent auf Regierungsebene vor allem bei staatlichen und lokalen Behörden. 1993 gab es 24,4 Millionen Teilzeit- und Zeitarbeiter, 22 Prozent der gesamten Arbeitskräfte, die höchste Quote überhaupt. Die US-weit größte Firma für Teilzeitarbeit, Manpower, hat 600 000 Beschäftigte auf der Gehaltsliste, 200 000 mehr als General Motors.

Mit der wirtschaftlichen Erholung wuchs auch die Schaffung neuer Arbeitsplätze. Der März 1994 übertraf alle Erwartungen, was in der *New York Times* und anderen Zeitungen enthusiastisch gefeiert wurde. In der *Financial Times* las man dann allerdings, was die Zahlen zu bedeuten haben: »349 000 der 456 000 neuen Arbeitsplätze waren Teilzeitjobs. In der Industrieproduktion stieg die Zahl der Vollzeitjobs nur um 12 000.«[176]

In England gelang es der Regierung Thatcher sehr schnell, für die schlimmste Krise in der Industrieproduktion seit der industriellen Revolution zu sorgen. Durch blinde Förderung von Laisser-faire-Methoden à la Friedman wurde binnen weniger Jahre fast ein Drittel der Fabriken vernichtet, was, wie das konservative Parlamentsmitglied Ian Gilmour feststellte, zu erheblichen Verwerfungen in der Wirtschaft führte, weil die Thatcher-Ideologen den »Guten Samariter für die Besserverdienenden spielten«. Die Wachstumsraten wiesen nach unten und London nahm das Aussehen einer Großstadt der Dritten Welt an. Obwohl reichlich Nordseeöl gefördert wurde und die Preise für Exportgüter aus der Dritten Welt fielen, führte das, wie Gilmour weiter mitteilte, zu keiner durchgreifenden Änderung. Für den Wirtschaftswissenschaftler Wynne Godley ist die Ära Thatcher durch langsameres Wachstum, abnehmende Konkurrenzfähigkeit auf den Weltmärkten, beträchtliche Zunahme von Staatsverschuldung und Arbeitslosigkeit sowie »hysterische Auf- und Abschwünge« in einer erstaunlich labilen Ökonomie gekennzeichnet.

Ein Viertel der Bevölkerung, wozu 30 Prozent der Kinder unter sechzehn Jahren gehören, lebt von der Hälfte des Durchschnittseinkommens, also knapp oberhalb der offiziellen Armutsgrenze, berichtete die Presse im Juli 1993. Unter Thatcher sank das Einkommen der ärmsten Familien um 14 Prozent. Die Kommission für soziale Gerechtigkeit stellte fest, daß die Einkommensungleichheit so hoch sei wie seit einhundert Jahren nicht mehr: Der Einkommensanteil der unteren Bevölkerungshälfte sank von einem Drittel des Gesamtanteils auf ein Viertel. Immer mehr Haushalten wird von der privaten Wasserindustrie der Hahn zugedreht, weil sie die Rechnungen nicht mehr bezahlen können. Das ist, wie der Mikrobiologe John Pirt bemerkt, eine Form der »bakteriellen Kriegführung«.[177]

Die Kluft zwischen Reichtum und Armut wird sich, wie die Marktforschungsorganisation Mintel feststellte, »zumindest in den nächsten fünf Jahren noch vertiefen«. Verfügten die oberen 20 Prozent der Haushalte 1979 noch über 35 Prozent des Gesamteinkommens, waren es 1992 schon 40 Prozent, während der Anteil der unteren 20 Prozent der Haushalte von 10 auf 5 Prozent fiel. Die 1869

unter der Schirmherrschaft der englischen Königin gegründete Wohltätigkeitsorganisation Action for Children
kommt in einer Untersuchung zu dem Schluß, daß »die
Kluft zwischen Arm und Reich heute so tief ist wie zur
viktorianischen Zeit. Eineinhalb Millionen Familien können ihre Kinder nicht mit der Nahrung versorgen, »die ein
vergleichbares Kind 1876 in einem Arbeitshaus in Bethnal
Green bekam«. Zahlen der Europäischen Kommission belegen, daß in Großbritannien proportional zur Zahl der
Gesamtbevölkerung mehr Kinder in Armut leben als in jedem anderen europäischen Land mit Ausnahme von Irland
und Portugal. Auch die *Financial Times* schickte Großbritannien ins »Armenhaus Europas« und empfahl die Bean-
tragung von zusätzlichen Geldern von der EG.[178]

Die Parallelen zur US-amerikanischen Entwicklung liegen auf der Hand. Thatchers Revolution machte sich vor
allem für die Reichen bezahlt, und die Industrie freute sich
über sinkende Lohnkosten und eine »veränderte Einstellung der Arbeitskräfte«, wie ein britischer Fabrikleiter im
Wall Street Journal bemerkte. Auch in Großbritannien gab
es viele neue Arbeitsplätze, meistens als Teilzeitjobs für
Frauen und natürlich mit geringer Bezahlung als Vollzeitjobs. Zudem ist die Zahl der Vollbeschäftigten mit einem
Monatslohn, der unterhalb dessen liegt, was der Europa-
rat für »anständig« hält, von 28,3 auf 37 Prozent gestiegen, wie in den USA dank »Flexibilisierung« der Arbeit
und Schwächung der Gewerkschaften.[179]

Nicht anders ist das Bild in Australien, wo Labour regiert. »Die Ära nach der Deregulierung glich dem Großex-
periment in einem Chemielabor, wo man kühne Mischun-
gen von Stoffen ausprobierte«, bemerkte ein führender
Politikexperte. Und der Politologe Scott Burchill sekun-
dierte: »Gemäß ihren Vorbildern in den Vereinigten Staaten und Großbritannien stürzte sich Australiens Plutokra-
tie in eine Orgie von Gier und Gewinnsucht, wie sie in
diesem Land zuvor noch nie gesehen worden war.«[180]

Neuseeland wiederum führte »das umfangreichste wirtschaftliche Reformprogramm durch, das in den vergangenen Jahrzehnten von einem OECD-Mitglied in die Wege geleitet wurde«, bemerken die OECD-Ökonomen Isabelle Joumard und Helmut Reisen. Allerdings ist das Experiment fehlgeschlagen. Vergleicht man den Zeitraum von 1977 bis 1984 (dem Jahr des Beginns) mit dem darauf folgenden Jahrfünft, so fällt auf, daß der Anteil des Produktionssektors von Handelswaren (Industriegüter, Kohle, Landwirtschaft) am Bruttoinlandsprodukt ebenso stark zurückgegangen war wie der Anteil am Exportaufkommen von Industriegütern aus OECD-Staaten insgesamt. Ohne die »Reformen« wäre der Export um 20 Prozent höher gewesen, schätzen die Ökonomen.

Der Neuseeländer Tom Hazeldine, ebenfalls Ökonom, hat den Verlauf des »Putsches« von »Marktradikalen« bis 1993 verfolgt. Offiziellen Statistiken zufolge stieg die Arbeitslosigkeit, die zuvor fast nichtexistent gewesen war, auf 14,5 Prozent, der höchsten Quote in der OECD nach Spanien. In kurzer Zeit wurden Staatsschulden von 11 Milliarden Dollar angehäuft. Zwar stieg die Zahl der Geschäftsgründungen, noch schneller jedoch die der Pleiten und Konkurse, und ebenso die Regierungsausgaben, nämlich von 30 Prozent des Bruttoinlandsprodukts auf 49. Abgenommen haben dafür »die Dinge, die im Leben wirklich zählen: Liebe und Freundschaft, Arbeit und Spiel, Sicherheit und Autonomie ... und das Zusammengehörigkeitsgefühl, das eine Gesellschaft lebenswert macht«. Alles hat eben seinen Preis, auch der Markt.[181]

Daß es auch anders gehen kann, zeigen Japan und die asiatischen Schwellenländer. Japan, das sich nicht den neoklassischen Wirtschaftsdoktrinen verschrieb, betrieb eine Industriepolitik, die dem Staat eine führende Rolle zuwies. So entstand ein System, das »eher der industriellen Bürokratie in den sozialistischen Ländern ähnelt und kein direktes Gegenstück in den anderen entwickelten Industriegesellschaften des Westens zu haben scheint«, schreibt der Ökonom Ryutaro Komiya in seiner Einleitung zu einer von prominenten japanischen Wirtschaftswissenschaftlern verfaßten Studie über Japans Wirtschaftspolitik der Nachkriegszeit. Sie beschäftigen sich u. a. mit staatlichen Fördermaßnahmen für bestimmte Industrien und stellen fest, daß die Industriepolitik der frühen Nachkriegszeit »nicht auf neoklassischen oder keynesianischen Modellen beruhte, sondern neomerkantilistisch angelegt« und sogar »vom Marxismus beeinflußt« war. Ein amerikanischer Japanexperte, Chalmers Johnson, spricht von Japan als »der einzigen kommunistischen Nation, die funktioniert«. Protektionismus, Subventionismus, Steuererleichterungen, Finanzkontrollen und andere Mittel wurden eingesetzt, um Schwächen auf dem internationalen Markt auszugleichen. Marktmechanismen wurden erst dann von der Staatsbürokratie und den Konglomeraten aus Finanz- und Industrieorganisationen zugelassen, als die Aussichten auf Erfolge im internationalen Handel sich konkretisierten. Das japanische Wirtschaftswunder war nur möglich, weil orthodoxe Wirtschaftsrezepturen von vornherein abgelehnt wurden. Auch die Schwellenländer in Japans Umfeld folgten dem Beispiel einer »positiven Verbindung zwischen staatlicher Intervention und der Beschleunigung des Wirtschaftswachstums, die mittlerweile für eine kapitalistische Entwicklung in Ländern der Dritten Welt allgemein akzeptiert wird«, bemerkt Alice Amsden. Anders sind die großen Industrienationen in ihrer Geschichte auch nicht verfahren.[182]

Angesichts seiner eigenen historischen Erfahrungen und der Zwischenposition in der neokolonialen Ordnung kann nicht überraschen, daß Japan die Anpassungsprogramme von Weltbank und IWF harsch kritisiert hat. Entsprechende Bemerkungen der japanischen Regierung, daß Liberalisierung, Privatisierung und die Durchsetzung von Marktmechanismen ohne Berücksichtigung von »Fairneß und sozialer Gerechtigkeit« einen bedauerlichen »Mangel an Voraussicht« bedeute, blieben im Westen unbeachtet.[183]

Experimente mit Laisser-faire-Doktrinen sind, wie die Geschichte gezeigt hat, für die Leute an den Schalthebeln der Macht immer ein Erfolg, auch wenn die Öffentlichkeit sie mehrheitlich ablehnt. In den Ländern des Südens, wo die neoliberalen Lehren mit besonderer Brutalität durchgesetzt wurden, weiß man, wem sie nützen und wem nicht. Als die lateinamerikanischen Bischöfe im Dezember 1992 ihre Vierte Generalkonferenz in Santo Domingo abhielten, war auch der Papst zugegen. Trotz diplomatischer Manöver des Vatikans im Vorfeld – man wollte eine Neuauflage der Befreiungstheologie mit ihrer »Option für die Armen« unbedingt vermeiden –, rügten die Bischöfe die »neoliberale Politik« der Regierung Bush und forderten »die gesellschaftliche Beteiligung des Staats als dringend erforderlich für die kirchliche Arbeit in den Gemeinden«. Die bolivianische Bischofskonferenz faßte es noch präziser: »Die schreckliche Armut der Region kommt nicht von ungefähr, sondern ist das Ergebnis des freien, unkontrollierten Marktsystems und der wirtschaftlichen Anpassungsmethoden einer neoliberalen Politik, die die soziale Dimension unberücksichtigt läßt.«[184]

Aber warum sollten solche Stimmen gehört werden, wenn auch im Westen die öffentliche Meinung so gut wie keine Rolle spielt? In Australien wurden die zentralen Entscheidungen über die Durchführung neoliberaler Reformen »ohne Konsultation der Öffentlichkeit und ohne weitere Kenntnisse ihrer Folgen für die australische Politik und Gesellschaft gefällt«, schreibt Scott Burchill. Während der Ära Reagan hätte die US-Bevölkerung mehrheitlich New-Deal-Maßnahmen und Sozialausgaben statt Aufrüstung befürwortet, ja, sogar Steuererhöhungen zu gesellschaftlich nützlichen Zwecken. Aber das PR-System von Politik und Wirtschaft funktionierte und erweckte den Eindruck, ganz Amerika stehe hinter dem Anführer einer »konservativen Revolution«.

In Großbritannien fand eine Umfrage, die sich alljährlich mit Einstellungen in der Bevölkerung zu Politik und Wirtschaft befaßt, heraus, daß die Befragten mehr als je zuvor die Erhöhung der Ausgaben der öffentlichen Hand zu sozialen Zwecken befürworten, während sie das Privatunternehmertum eher negativ bewerten. Auf die Frage, wie Profite verteilt werden *sollten*, sprachen sich 42 Prozent für Investitionen aus, 39 Prozent für Ausgaben zugunsten der Arbeitenden, 14 Prozent für Ausgaben zugunsten der Konsumenten und 3 Prozent für Aufwendungen zugunsten von Aktionären und Management. Auf die Frage, wie Profite verteilt werden *würden*, meinten 28 Prozent zugunsten von Investitionen, 8 Prozent zugunsten der Arbeitenden, 4 Prozent zugunsten der Konsumenten und 54 Prozent zugunsten von Aktionären und Management. Auch hier ist, wie in den Vereinigten Staaten, die Überzeugung, das Wirtschaftssystem sei »in sich selbst unfair« weit verbreitet, was jedoch auf das politische System keine weiteren Auswirkungen hat.[185]

Die Lage im Osten

Kaum anders ist das Bild in den Ruinen des einstigen Sowjetimperiums. Ungarn war die erste große Hoffnung der neoliberalen Manager. Aber schon 1993 fiel die Wahlbeteiligung auf unter 30 Prozent, während 53 Prozent der Bevölkerung meinten, vor dem Zusammenbruch des alten Systems seien die Verhältnisse besser gewesen. Also sahen sich die westlichen Kommentatoren nach einer anderen Erfolgsstory um, und fanden Polen, wo der wirtschaftliche Rückgang, der die gesamte Region seit 1989 heimgesucht hatte, 1993 ins Gegenteil gewendet schien. »Den meisten Polen geht es sozial, politisch und wirtschaftlich besser als unter dem verhaßten kommunistischen System«, schreibt Anthony Robertson in einem Sonderteil der Financial Times. Aber der Bericht vermittelt nichts davon, wie süß den Polen die Freiheit nach all den Jahren düsterer Diktatur schmecken muß, sondern listet nur auf, warum ausländische Investoren erfreut sein müßten über dieses Paradies niedriger Löhne und schwindender Macht der »Gewerkschaft Solidarität«, die unter steigender Arbeitslosigkeit leidet, während ihre Versuche scheitern, all jene Privatisierungen zu verhindern, die für gewöhnlich das Vorspiel für die Machtübernahme durch ausländische Konzerne oder die einheimische Kleptokratie bilden.

Wir erfahren aus dem Bericht auch, daß seit 1988 das Einkommen der Bauern, die 30 Prozent der Bevölkerung ausmachen, um die Hälfte gefallen ist, während 1992/93, im Jahr der »wachsenden Prosperität«, die Reallöhne weiter fielen, wobei die Preise sich dem internationalen Standard anglichen.[186]

Das von den westlichen Medien gezeichnete »strahlende Bild der Wirtschaft«, das als Erfolg einer Politik der »Schocktherapie« gefeiert wird, weist bei näherer Betrachtung etliche Schatten auf. »Die Schocktherapie hat die polnische Bevölkerung gespalten, der Mehrheit geschadet und den politischen Prozeß zum Erliegen gebracht«, berichtet ein führender polnischer Journalist. Umfragen zufolge »glauben mehr als 50 Prozent, das kommunistische System sei besser gewesen«. Zudem wird übersehen, daß Haushalte und Industrie weiterhin subventioniert werden, notiert Alice Amsden. »Ohne derartige Unterstützung wäre das Elend noch größer, als es ohnehin schon ist«.[187]

In den USA war man sehr erstaunt über die Reaktion der Polen auf ihr »Wirtschaftswunder«, denn bei den Wahlen vom September 1993 sagten Umfragen einen hohen Sieg der »neu formierten ehemaligen Kommunisten voraus«. Offensichtlich konnte das Wunder der polnischen Bevölkerung trotz importierter Luxuswagen und schicker

Boutiquen in den neu gestylten Einkaufsstraßen von Warschau nicht so einfach verkauft werden. Eine gebildete junge Frau in Lodz, die »theoretisch ... zu den Gewinnern der ökonomischen Rationalisierung gehören sollte ... ist zornentflammt: ›Sicher sind die Läden voll mit Zeug, aber wir können es uns nicht leisten‹, lautet ihr Kommentar. ›Schauen Sie sich die Leute an, die sind am Boden zerstört, man kann es ihnen vom Gesicht ablesen.‹«[188]

Im übrigen landete die Reformpartei, die den Polen die Schocktherapie verordnet hatte, bei den Wahlen mit zehn Prozent der Stimmen auf dem dritten Platz, hinter zwei eher linkssozialdemokratisch orientierten Parteien. Die Wahlbeteiligung lag bei unter 50 Prozent, für das *Wall Street Journal* ein »weiterer Beweis des Desinteresses« an einem in den Augen der Bevölkerungsmehrheit fehlgeschlagenen politischen System. Dennoch werden, versicherte die Zeitung ihrer Leserschaft, die Reformen fortgesetzt, trotz 57 Prozent Opposition dagegen. »Westliche Investoren und internationale Bankiers machten gute Miene zum bösen Spiel und meinten, eine Rückkehr zur Kommandowirtschaft sei ausgeschlossen«, hieß es in der *New York Times*. Ausgeschlossen sind natürlich auch vernünftigere Alternativen jenseits der absurden Wahl zwischen Kommandowirtschaft und neoliberalen Dogmen.[189]

Auch die russische Bevölkerung zeigt wenig Begeisterung für die rapiden kapitalistischen Reformen, wie die abnehmende Popularität von Boris Jelzin zeigt, der 1991 noch von 60 Prozent, Anfang 1993 aber nur noch von 36 Prozent unterstützt wurde. Im August 1993 glaubten nur noch 18 Prozent aller Russen an eine Verbesserung des Lebens unter kapitalistischen Bedingungen. In allen ehemals sozialistischen Staaten gab es »ein Wiederaufleben sozialistischer Werte, wobei 70 Prozent der Bevölkerung meinten, der Staat solle für sichere Arbeitsplätze sowie für ein nationales Gesundheits-, Wohnungs- und Bildungswesen sorgen« (*Economist*).[190]

Wer nicht in den Berichten über die neuen Wirtschaftswunderländer auftaucht, sind die jungen Frauen, die von Verbrecherorganisationen in den Westen verschleppt werden, um dort der Sexindustrie zu dienen, und unerwähnt bleiben auch jene Westeuropäer, die von der Arbeitsplatzverlagerung nach Osten ebensowenig begeistert sind wie von dem verstärkten Drogenfluß in die andere Richtung. Der Harvard-Ökonom Jeffrey Sachs, der Polens Experiment dirigierte, um dann Rußland auf Vordermann zu bringen, verdiente sich seine Sporen in Bolivien, wo er für ein makroökonomisches »Wirtschaftswunder« sorgte, das in gesellschaftlicher Hinsicht eine Katastrophe war. Die statistischen Erfolge, die im Westen so beifällig aufgenommen wurden, beruhten in hohem Maß auf der starken Zunahme illegalen Drogenanbaus, der mittlerweile für den Großteil der Exportgewinne sorgen dürfte, wie Spezialisten meinen. Es ist ja nur verständlich, daß Bauern, die von der Regierungspolitik zum Anbau von exportfähigen Produkten gezwungen werden, auch am von internationalen Banken und Chemiekonzernen betriebenen Drogenhandel verdienen möchten.

Vergleichbare Prozesse spielen sich jetzt im ehemaligen Sowjetblock ab, vor allem in Polen, wo zur Zeit Drogen höchster Qualität produziert werden; u. a. stammten 20 Prozent der 1991 konfiszierten Amphetamine von dort. Mittlerweile heuern die kolumbianischen Kartelle polnische Kuriere für den Kokainschmuggel in den Westen an. Auch die ehemaligen Sowjetrepubliken in Zentralasien dürften demnächst zu den Großproduzenten von Drogen gehören.[191]

In Rußland haben die Reformen das Land näher an die Dritte Welt herangerückt. Sie sollten die Wirtschaft »stabilisieren«, haben jedoch die Warenpreise binnen eines Jahres verhundertfacht, die Realeinkommen um über 80 Prozent gesenkt und Milliarden Rubel an Sparguthaben vernichtet. Offiziellen Angaben zufolge sank die Industrieproduktion um jährlich 27 Prozent, andere Schätzungen sprechen von bis zu 50 Prozent, bei Konsumgütern beträgt der Rückgang zwischen 20 und 40 Prozent. Die Privatisierungspläne könnten die Hälfte der Fabriken in die Insolvenz treiben, während der Rest in ausländische Hände übergeht. Die staatlichen Gesundheits-, Wohlfahrts- und Bildungssysteme stehen vor dem Zusammenbruch. Dafür blühen Kapitalflucht, Geldwäsche und der durch »die Ausplünderung von Rußlands Rohstoffen finanzierte« Markt für Luxusimporte. Das ganze System ist, meint der Ökonom Michel Chossudovsky, eine Mischung aus Stalinismus und »freiem Markt«, bei dem viele totalitäre Strukturen erhalten blieben.[192]

Auch der hervorragende israelische Journalist Amnon Kapeliuk hat aus Rußland wenig Erfreuliches zu berichten. 87 Prozent der Bevölkerung leben unterhalb der Armutsgrenze, seit 1989 ist der Konsum von Lebensmitteln stark zurückgegangen, weil aufgrund der Preiserhöhungen 80 Prozent des Familieneinkommens allein dafür aufgewendet werden müssen. Massengräber werden angelegt, weil Beerdigungen für viele unbezahlbar geworden sind; Tuberkulose, Diphtherie und andere längst verschwunden geglaubte Krankheiten breiten sich wieder aus.[193]

Die Ergebnisse der über zweijährigen Experimente mit Marktreformen werden von den Ökonomen J. A. Kregel (Italien) und Egon Matzner (Österreich) als »zutiefst enttäuschend« bezeichnet. Der Ansatz ignoriere nicht nur geschichtliche Lehren, sondern auch die zur Schaffung einer Marktwirtschaft nötigen ökonomischen Bedingungen. In Japan und den »Tigerstaaten« sei man anders vorgegangen, ebenso wie im Westeuropa der Nachkriegszeit. Der Marshall-Plan, merken sie an, beruhte auf »der Formulierung nationalwirtschaftlicher Ziele«, so wie auch »das erfolgreiche Operieren jeder kapitalistischen Firma auf strategischen Planungen innerhalb eines Marktsystems beruht«.[194]

Auch eine UNICEF-Studie setzte sich mit den Auswirkungen der Reformen auseinander. Zwar hielt sie diese für »unvermeidlich, wünschenswert und unerläßlich«, doch wären die »wirtschaftlichen, sozialen und politischen Kosten sehr viel größer gewesen als vorhergesehen«. Dazu zählt die Studie vor allem steigende Armut und sinkende Lebenserwartungen. »So ist z. B. die jährliche Zahl der Todesfälle in Rußland zwischen 1989 und 1993 schätzungsweise um mehr als eine halbe Million gestiegen; eine Zahl, die verdeutlicht, wie tiefgreifend die augenblickliche Krise ist.« Das klingt wie eine düstere Fußnote zu einer Bemerkung von Herman Daly, dem früheren Chefökonomen der Weltbank: »Die Vorliebe unserer Disziplin für logisch schöne Resultate statt für eine auf Tatsachen beruhende Politik hat derart fanatische Proportionen erreicht, daß wir Wirtschaftswissenschaftler eine Gefahr für die Erde und ihre Bewohner geworden sind.« Nur die dem Westen seit jeher enger verbundene Tschechische Republik »dürfte langsam zu normalen Verhältnissen zurückkehren«, heißt es im UNICEF-Bericht weiter.

Vor den Reformen hatte Osteuropa funktionale, wenngleich stagnierende Wirtschaften und »eine erheblich niedrigere Einkommensungleichheit als die Mehrheit der entwickelten Industrieländer ... selbst wenn man die Privilegien der Nomenklatura berücksichtigt«, die heute ebenfalls zu den am besten verdienenden Sektoren der neukapitalistischen Gesellschaften zählt. Ansonsten überall das gleiche Bild: stark wachsende Armut, sinkende Einkommen (besonders markant in Bulgarien, Polen, Rumänien, Rußland und der Ukraine, wo die Durchschnittseinkommen um 60 bis 70 Prozent unter den in der Zeit vor den Reformen üblichen liegen), wachsende Kriminalität, vor allem unter Jugendlichen.[195]

In einem Bericht für die Europäische Kommission kommt das Europäische Institut für regionale und lokale Entwicklung zu dem Schluß, daß in den vier vom In-

NOAM CHOMSKY

stitut untersuchten Ländern Osteuropas die Menschen »Angst vor der Zukunft haben«. 40 Prozent aller Ungarn fänden die gegenwärtige Regierung »schlimmer« als die vorhergegangene. Eigentlich müsse, meint der Institutsleiter, die Reaktion auf die »Schocktherapie« für Experten wie Sachs eine Überraschung sein, berichtet die *Chicago Tribune*. Andere sind nicht überrascht, wie etwa der Nobelpreisträger Jan Tinbergen, der einen sozialdemokratischen Ansatz befürwortet. Der niederländische Ökonom Jan Berkouwer, der mit Tinbergen zusammenarbeitet, hält Sachs' Überzeugung, in Polen gebe es keine Armut und den Menschen gehe es besser, für falsch. »Mehr als 90 Prozent haben jetzt ein geringeres Einkommen, und ein paar Prozent haben mehr – möglicherweise sehr viel mehr.« Sachs meinte dazu in einem Telefoninterview: »Ich weiß wirklich nicht, was mit den Polen los ist. Sie sind nicht reich, aber sie leiden auch nicht.« Das sieht man in Polen offenbar ganz anders.[196]

Ebenso hält der Harvard-Ökonom Richard Parker die »Schocktherapie« für verfehlt. Auch nach den Reformen »sorgen die großen Staatsbetriebe, die von den Advokaten der Marktwirtschaft als sozialistische Dinosaurier verspottet werden, noch für 60 Prozent der polnischen Exporte.« Allerdings gibt es mittlerweile große Unterschiede zwischen individuellen und regionalen Einkommen und »auf zwei neue, oftmals völlig unterbezahlte Arbeitsplätze, die von der Privatwirtschaft geschaffen werden, kommt ein neuer Arbeitsloser«. Parker zitiert eine Untersuchung der Weltbank, der zufolge Polen den in der kommunistischen Ära üblichen Lebensstandard erst 2010 wieder erreichen wird, während die übrigen Länder noch länger brauchen dürften. Parker verweist, wie viele andere, auf die Wirtschaft der asiatischen Länder, die sich in den letzten zwei Jahrzehnten am besten entwickelt hat, obwohl oder weil dort die akademischen Modelle der freien Marktwirtschaft unberücksichtigt blieben. Und im übrigen hat auch der Westen die »Ratschläge«, die er den ehemals kommunistischen Ländern erteilte, selbst nicht beherzigt, wobei angesichts des real existierenden Machtgefälles das Wort »Ratschläge« vielleicht ein wenig zu milde ist.[197]

5. Der Blick nach vorn

In den späten sechziger Jahren kündigte sich das Ende der Überflußgesellschaft an. Die starke Oppositionsbewegung gegen den Vietnamkrieg hinderte Washington daran, mit einer umfassenden Mobilmachung doch noch den Sieg davonzutragen, ohne die einheimische Wirtschaft zu schädigen. Vielmehr war man gezwungen, einen teuren »Butter-und-Kanonen-Krieg« zu führen, um die Bevölkerung ruhigzuhalten, während die Konkurrenz sich durch die kostenfreie Beteiligung an der Zerstörung Indochinas bereichern und zugleich die amerikanische Kriegslüsternheit begrübeln konnte. Wirtschaftlich gesehen wurde die Welt »tripolar«: Zu einem wiedererstarkten Europa gesellte sich als weitere Macht der asiatische Raum unter Führung Japans.

In der unmittelbaren Nachkriegsordnung konnten sich die USA als Weltbankier etablieren, was US-Investoren zunächst große Vorteile verschaffte. Doch irgendwann war diese Funktion nicht mehr aufrechtzuerhalten, und 1971 kündigte Präsident Nixon einseitig die 1944 in Bretton Woods geschaffene Weltwirtschaftsordnung auf, indem er die Goldbindung des Dollars auflöste, temporäre Lohn-Preis-Kontrollen und allgemeine Importzuschläge einführte sowie durch fiskalische Maßnahmen die Staatsmacht über die bisherige Norm hinaus zur Wohlfahrtsinstitution für die Reichen machte. Steuern und Sozialausgaben wurden gesenkt, während die Subventionen für die Privatwirtschaft in kraft blieben. An dieser Politik hat sich bis heute nichts geändert, vielmehr wurde sie unter Reagan noch verschärft. Der von der Geschäftswelt geführte Klassenkrieg intensivierte sich in zunehmend globalem Umfang.

1974 waren in den USA alle staatlichen Kontrollen über das Kapital beseitigt. Mit der Verschiebung des ideologischen Spektrums nach rechts wurden Regulierungsmaßnahmen zur Lenkung von Kapitalströmen als »ineffizient«, »gegen das nationale Interesse gerichtet« und »nicht marktgemäß« gebrandmarkt. Zugleich verbesserte sich »die Infrastruktur für Spekulationsgeschäfte erheblich«, schreibt der Finanzexperte John Eatwell von der Universität Cambridge. Außerdem verschärften die Industriemächte den Protektionismus und andere Formen staatlicher Eingriffe in Produktion und Handel. Patrick Low beschreibt die »fortgesetzte Verletzung von Freihandelsprinzipien, unter denen das GATT Anfang der siebziger Jahre, einer wirtschaftlich schwierigen Zeit, zu leiden begann. Damals gelang es ihm nicht, einen vollständigen Erfolg gegen den wachsenden Protektionismus und den systematischen Niedergang zu erringen.«

Nixons Initiativen führten zu vermehrter Unordnung im internationalen Wirtschaftssystem, meint der Ökonom Paul Calleo, »es wurde weniger auf Regulierung und mehr auf Macht gesetzt«. Da eine »vernünftige Kontrolle des nationalen Wirtschaftslebens« nicht mehr in ausreichendem Maß vorhanden war, eröffneten sich internationalen Konzernen und Banken große Gewinnmöglichkeiten, zumal sie für den Fall, daß etwas schiefgehen sollte, auf staatliche Hilfe bauen konnten. Außerdem trugen die nach der Ölpreiskrise von 1973/74 anwachsenden Ströme von Petrodollars und die Revolution auf dem Telekommunikationssektor zum schnelleren und leichteren Kapitaltransfer bei. Umfangreiche Initiativen der Banken führten zur massiven Vergabe neuer Darlehen und Kredite und damit zur Schuldenkrise in der Dritten Welt, die sich wiederum negativ auf die Stabilität der Banken auswirkte, denen es immerhin gelang, die faulen Schulden an die öffentliche Hand weiterzureichen.

Natürlich blieben die riesigen Mengen unreguliert fließenden Kapitals nicht ohne Auswirkung auf die Weltwirtschaft. Eatwell bemerkt: »1971, kurz vor dem Zusammenbruch des Systems von Bretton Woods, dienten etwa 90 Prozent aller Transaktionen mit dem Ausland der Finanzierung von Handels- und Langzeitinvestitionen, und nur 10 Prozent waren spekulativ. Heute ist die Relation genau umgekehrt, und die täglichen Spekulationsströme übersteigen regelmäßig die ausländischen Währungsreserven aller G-7-Regierungen.« Von 1986 bis 1990 stiegen diese Kapitalströme von unter 300 Milliarden auf 700 Milliarden Dollar täglich; für 1994 wird eine Steigerung auf über 1,3 Billionen erwartet. Eine Folge ist, daß das »Wirtschaftswachstum in den siebziger und achtziger Jahren in allen Industrienationen der OECD stark zurückgegangen ist«. In den Ländern der G-7 betrug es nur die Hälfte des Umfangs der sechziger Jahre, während die Arbeitslosigkeit sich verdoppelte und die industrielle Produktivität erheblich abnahm. Darüber hinaus kann schon »der reine Umfang der Spekulationsströme die ausländischen Währungsreserven jeder Regierung in Bedrängnis bringen«. In den letzten Jahren waren Nationalbanken wiederholt außerstande, ihre Währungen vor Angriffen durch spekulatives Kapital zu schützen. Selbst für die reichen Nationen ist die Entwicklung der einheimischen Wirtschaft immer schwieriger zu planen; die Marktstabilität wird aufgeweicht, und die Regierungen sind gezwungen, eine Deflationspolitik zu betreiben, um die »Glaubwürdigkeit« des Markts aufrechtzuerhalten. Das wiederum führt zu niedrigem Wachstum, hoher Arbeitslosigkeit, sinkenden Reallöhnen und zunehmender Armut und Ungleichheit.[198]

NOAM CHOMSKY

Die Weltbank schätzte vor kurzem die Gesamtreserven der internationalen Finanzinstitutionen auf etwa 14 Billionen Dollar. Die europäischen Zentralbanken können die nationalen Währungen nicht mehr schützen, und das europäische Währungssystem ist »praktisch zusammengebrochen«, weil es sich nicht gegen »die Macht der globalen Kapitalmärkte wehren kann«, heißt es in einem Bericht der *Financial Times*. Über den riesigen, unregulierten internationalen Kapitalmarkt können die Investoren Druck ausüben: »Wenn ihnen die Wirtschaftspolitik eines Landes nicht gefällt«, werden sie versuchen, Änderungen zu erzwingen. Vor allem in der Dritten Welt ist dieser Kapitalmarkt »nichts weiter als der verlängerte Arm des Wirtschaftsimperialismus«, dem sie noch schutzloser ausgeliefert sind als die reichen Nationen.[199]

Selbst die Vereinigten Staaten sehen sich diesen Problemen konfrontiert. Zwar können sie »Ratschläge« des IWF, die bei Drittweltländern eher als Befehle gelten, ignorieren, so wie die Regierung Bush es im Oktober 1992 tat, als der Währungsfonds Maßnahmen gegen das Haushaltsdefizit – u. a. Steuer- und Gesundheitsreformen – empfahl. Aber sie können sich nicht dem Zugriff der internationalen Wertpapierinvestoren entziehen, die sich jetzt »gegenüber der US-Wirtschaftspolitik in einer Position nie zuvor gekannter Macht – vielleicht bis hin zum Veto – befinden dürften«, berichtete das *Wall Street Journal* gleich nach den Wahlen von 1992. Wenn diese Investoren »auch nur mit einer geringfügigen Dosis Angst reagieren, wodurch die langfristigen Zinsen um einen Prozentpunkt steigen, würde das Defizit um weitere 20 Milliarden Dollar wachsen und sich praktisch auf 40 Milliarden verdoppeln«. Das wären genau jene 20 Milliarden, die Clintons Berater als Stimulus für die Wirtschaft vorgesehen hatten. Diese Konsequenz der von Reagan und Bush angehäuften Schulden erweist sich als Bremse für eventuelle staatliche Fördermaßnahmen, die Clintons Berater in Erwägung ziehen könnten,

Fördermaßnahmen der falschen Art, wie das *Wall Street Journal* andeutete. Kurz darauf zerschlugen sich Clintons halbherzige Wirtschaftsförderungsabsichten; das Weiße Haus und der Kongreß einigten sich auf einen deflationsorientierten Haushalt, der sich von dem der Regierung Bush nicht wesentlich unterschied und sogar die Investitionen in »Humankapital«, die unter Bush gestiegen waren, zurückfuhr.[200]

Verändert wurde die Weltwirtschaftsordnung auch durch den beträchtlichen Anstieg der Internationalisierung der Produktion. Das ist ebenfalls ein weiterer Schritt zur Unterordnung der Weltwirtschaft unter die Interessen von internationalen Konzernen und Finanzinstitutionen, beschleunigt durch das Ende des Kalten Kriegs und die Rückkehr Osteuropas zu seiner traditionelle Rolle als Dienstleistungsunternehmen für die westeuropäischen Staaten. Zudem gibt es damit neue Methoden, die einheimische Bevölkerung zu disziplinieren.

Diese Methoden sind höchst einfach. Da das Kapital im Gegensatz zur Arbeiterschaft und ihren Organisationen höchst mobil ist, können Unternehmer die Arbeitskräfte einer Nation gegen die einer anderen ausspielen und so den Lebensstandard der Bevölkerungsmehrheit erheblich herabdrücken. Interessant dabei ist, daß die klassische Wirtschaftstheorie das Verhältnis von Mobilität und Immobilität noch völlig anders sah: Zu Ricardos Zeit galt, realistischerweise, die Arbeitskraft als mobil im Gegensatz zum eher immobilen Kapital, weshalb der Freihandel als vorteilhaft galt.

General Motors will zwei Dutzend Fabriken in den USA und Kanada schließen, ist aber zum größten Arbeitgeber in Mexiko geworden. Der Konzern konnte das dortige »Wirtschaftswunder« nutzen, das in den letzten zehn Jahren zu einem starken Absinken des Lohnniveaus geführt hat. Mitte der siebziger Jahre lag der Anteil der Löhne am Privateinkommen noch bei 36 Prozent, 1992 nur noch bei 23 Prozent, berichtet der Ökonom David Barkin, während 94 Prozent der Aktienanteile in nichtstaatlicher Hand von weniger als 8000 Eignern (darunter 1500 ausländische) kontrolliert werden.

Unterdessen ist auch Osteuropa interessant geworden. In Ostdeutschland hat GM für 690 Millionen Dollar eine Montagefabrik errichtet, weil die Arbeiter in der Region bereit sind, »länger zu arbeiten als ihre verhätschelten Kollegen im Westen« und das zu weit geringeren Löhnen, wie die *Financial Times* erklärt. Polen ist sogar noch verlockender, weil dort die Löhne 10 Prozent der im Westen üblichen betragen, was sich, wie die *Financial Times* schreibt, auch einer restriktiveren Regierungspolitik verdankt. Zwar ist Polen in puncto Unterdrückung der Arbeiter noch nicht so weit wie Mexiko, aber man darf ja hoffen. Die »Gewerkschaft Solidarität«, bei ihrem Kampf gegen die Kommunisten der Liebling des Westens, ist jetzt zum Feind geworden, es sei denn, die Gewerkschaftsführer helfen bei der Durchsetzung der Reformen mit, in welchem Falle sie von der polnischen Arbeiterschaft und Bevölkerung als Feind angesehen werden.[201]

Außerdem gibt es Steuererleichterungen und andere Geschenke für die Investoren. Als GM bei Warschau eine Autofabrik kaufte, gehörte zu den nicht öffentlich gemachten Bedingungen ein von der Regierung gewährter dreißigprozentiger Zollschutz, bemerkt Alice Amsden. VW wiederum nutzt die niedrigen Lohnkosten in der Tschechischen Republik und konnte zudem der Regierung die Kosten für Schulden und Umweltverschmutzung aufbürden. Ähnlich profitable Geschäfte machte jüngst Daimler-Benz mit Alabama.[202]

Aber die Hauptanziehungskraft ist billige, nicht von gewerkschaftlichen Organisationen geschützte Arbeit. »Direkt vor unserer Haustür haben wir jetzt zum ersten Mal eine beträchtliche Menge billiger und gut ausgebildeter Arbeitskräfte«, bemerkte der BDI-Präsident in Köln, der darauf verwies, daß die Lohnkosten im Westen sinken müßten, wenn die westeuropäischen Arbeiter überhaupt noch international konkurrenzfähig sein sollten. Die Gewerkschaften haben die Botschaft schon vernommen. »Jedesmal, wenn wir aufgefordert werden, der Streichung von Vergünstigungen zuzustimmen, sagt man uns, daß wir im direkten Wettbewerb mit Taiwan stehen«, wo die Löhne ein Drittel der britischen und ein Fünftel der westdeutschen betragen, bemerkte ein britischer Gewerkschaftsfunktionär und fügte hinzu: »Die Botschaft des Managements an die Arbeiter lautet: Wenn ihr bei den Lohnkosten nicht nachgebt, gehen wir eben woanders hin.«[203]

Die zu lernenden Lektionen lassen sich in *Business Week* nachlesen: Europa muß »hohe Löhne und Konzernsteuern senken, luxuriöse Sozialprogramme kürzen, die Arbeit flexibilisieren und die Arbeitszeiten verlängern«. In Großbritannien hat man das schon begriffen, in den Vereinigten Staaten ist man dabei, und die Angleichung der Arbeitsbedingungen an Drittweltstandards hat es südöstlichen US-Staaten mit schwachen Gewerkschaften ermöglicht, ausländische Konzerne ins Land zu holen. Den Deal von Daimler-Benz mit Alabama erwähnten wir bereits; die versprochenen Subventionen und Steuererleichterungen wird der Staat »teuer bezahlen«, zitierte das *Wall Street Journal* eine Gruppe für Wirtschaftsentwicklung aus North Carolina, die Alabamas Triumph über die Mitbewerber als »Pyrrhussieg« bezeichnete. »So etwas kann der geschwächten Wirtschaft nicht auf die Beine helfen. Die ökonomischen Bedingungen gleichen denen in der dritten Welt. Da geht Geld verloren, das in Menschen, Straßen, staatliche Einrichtungen investiert werden müßte. Und auch für die Bildung fehlt Alabama das Geld.«[204]

Das Leitprinzip ist einfach: Profit für die Investoren ist der höchste menschliche Wert, dem alles untergeordnet werden muß. Menschliches Leben hat Wert, insofern es zu diesem Zweck beiträgt. Je mehr die Wirtschaft globalisiert

NOAM CHOMSKY

wird, desto stärker können auch Lebens- und Umweltstandards global »harmonisiert« werden, allerdings nach unten und nicht nach oben. Es ist kaum wahrscheinlich, daß die Integration Mexikos in die US-Wirtschaft unter dem Nordamerikanischen Freihandelsabkommen NAFTA zur Erhöhung der Löhne mexikanischer Arbeiter führen wird. Ganz im Gegenteil: »Ökonomen sagen voraus, daß in den ersten fünf Jahren nach der Umsetzung des Abkommens einige Millionen Mexikaner ihre Arbeitsplätze verlieren werden«, hieß es in der *New York Times*, nachdem das US-Repräsentantenhaus dem Abkommen zugestimmt hatte. Die führende mexikanische Wirtschaftszeitung *El Financiero* prophezeite, daß Mexiko in den ersten zwei Jahren ein Viertel seiner Industriebetriebe und 14 Prozent der Arbeitsplätze verlieren werde.

Dabei hat Mexiko eigentlich schon genug unter den Reformen gelitten. In den Landgebieten ist die Anzahl der in absoluter Armut lebenden Menschen um ein Drittel gestiegen, und der Hälfte der Gesamtbevölkerung fehlen die Mittel zur Befriedigung von Grundbedürfnissen. Die Agrarproduktion wurde, gemäß Vorschriften von IWF und Weltbank, auf Exportprodukte und Tiernahrung umgestellt, während Unterernährung zu einem vordringlichen Gesundheitsproblem wurde. Die Arbeitsplätze in der Landwirtschaft gingen zurück, fruchtbare Ländereien wurden aufgegeben, und Mexiko mußte dazu übergehen, Lebensmittel in großem Umfang zu importieren. Außer Profiten für die üblichen Verdächtigen haben Mexiko die »acht Jahre Marktwirtschaftspolitik nach dem Lehrbuch« (*Financial Times*) jedoch wenig eingebracht; das geringfügige Wachstum verdankte sich in erster Linie umfassender finanzieller Unterstützung seitens der Weltbank und der USA, die das »Wirtschaftswunder« am Leben erhalten wollten. Hohe Zinsraten konnten immerhin die Kapitalflucht bändigen, die einer der Hauptfaktoren bei Mexikos Schuldenkrise war. Die Schuldenlast wächst dennoch; ihre größte Komponente sind mittlerweile die Inlandsschulden gegenüber den Reichen.[205]

Die grundlegenden Ziele internationaler Handelsabkommen wurden bereits 1983 von Henry Gray, dem leitenden Direktor von United Technologies, umrissen: Wir brauchen »ein weltweit geschäftsfreundliches Klima ohne die Einmischung von Regierungen« wie etwa »Inhaltsangaben auf Verpackungen« und »Inspektionsmaßnahmen« zum Schutz der Verbraucher. Die US-Regierung hatte den Hinweis sofort verstanden: Als die WHO mit 118 Stimmen den Nestlé-Konzern wegen seiner aggressiven Vermarktung von Babynahrung in der Dritten Welt verurteilte, kam die einzige Gegenstimme von den USA, obwohl die Reaganisten sich der Gefahren, die von der Nahrung ausgingen, durchaus bewußt waren.[206]

Aber der Kapitalismus verlangt, sterbende Kinder hin oder her, offene Märkte, und sie zu schaffen, sind GATT und NAFTA da. Die Verlagerung der Produktion in Billiglohnländer funktioniert auch ohne solche Abkommen, aber NAFTA kann, wie nicht nur der Vorstandsvorsitzende von Eastman Kodak, Kay Whitmore, erklärte, »die Öffnung der mexikanischen Wirtschaft auf Dauer stellen, so daß sie nicht mehr in den Protektionismus zurückfällt«. Dabei gehörten, der OECD zufolge, die Protektionsraten in Mexiko schon 1966 zu den niedrigsten aller Entwicklungsländer. NAFTA solle es, so Michael Aho vom Council on Foreign Relations, Mexiko ermöglichen, »seine bemerkenswerten Wirtschaftsreformen zu konsolidieren«. Die »Anziehungskraft« des Abkommens für viele mexikanische Regierungstechnokraten liegt, wie die Wirtschaftspresse berichtet, genau darin, daß in puncto Wirtschaftspolitik zukünftigen Regierungen die Hände gebunden wären. Ein Arbeitskreis zur strategischen Entwicklung in Lateinamerika, der im Pentagon tagte, fand die gegenwärtigen Beziehungen zur mexikanischen Diktatur »außerordentlich positiv«, trotz gefälschter Wahlen, trotz Todes-

NOAM CHOMSKY

schwadronen, Folter und skandalöser Schikanierung von Arbeitern und Bauern. Allerdings gab es eine Wolke am Horizont: Eine »demokratische Öffnung« könnte die besondere Beziehung zwischen den USA und Mexiko auf die Probe stellen, d. h., eine Regierung, die »aus ökonomischen und nationalistischen Gründen eher an einer Konfrontation der USA interessiert ist«. Das ist das alte Lied: Gefährlich ist eine unabhängige, demokratische Entwicklung, die auf niedriges Wachstum und hohe Arbeitslosigkeit keinen Wert legt.[207]

Die US-Regierung dagegen legt keinen Wert auf Demokratie, wie schon die Durchsetzung des NAFTA-Abkommens zeigt, das von der Exekutive an der Öffentlichkeit weitgehend vorbeigeschleust wurde. Eigentlich erfordert das Handelsgesetz von 1974, daß das vorwiegend gewerkschaftlich ausgerichtete Labor Advisory Committee bei Handelsabkommen seine Zustimmung erteilen muß. Allerdings erfuhr das LAC erst am 8. September 1992, daß sein Bericht am nächsten Tag vorliegen müsse. Das LAC konnte also nicht mehr formell zusammentreten und beraten. Außerdem habe »die Regierung keinen Rat von außen zur Entwicklung dieses Dokuments zugelassen und auch keinen kommentierfähigen Entwurf vorgelegt«, was gegen das Gesetz verstößt. In Kanada und Mexiko war die Situation ähnlich. Berichtet wurde darüber nichts.[208]

Auf diese Weise erreichen wir das langersehnte Ideal: Formaldemokratische Verfahrensweisen, die jeder Bedeutung entkleidet sind, damit die Bürger nicht die politische Arena betreten und somit auch nicht wissen, wie die Politik beschaffen ist, die über ihr Leben verfügt. Und noch besser ist es, wenn sie nicht einmal wissen, daß sie es nicht wissen.

Und nicht nur besser, sondern wichtig. Denn in der Regierungsversion des NAFTA sind die Rechte von Eigentümern und Investoren bis ins Detail geregelt, während arbeitsrechtliche und ökologische Probleme keine Rolle

spielen. Vielmehr können Umwelt- und Krankenschutz-
maßnahmen sogar in Frage gestellt werden, wenn sie mit
dem »freien Handel« konfligieren; ob das der Fall ist, entscheiden Komitees, die vor allem aus Repräsentanten der
Geschäftswelt bestehen. Das Abkommen begünstigt die
Verlagerung in Regionen mit schwachen Regulierungsvor-
kehrungen und laxen Kontrollen. NAFTA »wird demokratisch gewählte Körperschaften auf allen Regierungs-
ebenen daran hindern, Maßnahmen durchzusetzen, die
für unvereinbar mit den Bestimmungen des Abkommens
gehalten werden«, heißt es im Bericht des LAC. Solche
Entwicklungen waren bereits im Rahmen des Freihan-
delsabkommens zwischen den USA und Kanada sichtbar
geworden, wie etwa im Versuch, Kanada zur Aufgabe
von Schutzmaßnahmen für den Pazifiklachs zu bewegen, Vorschriften für Pestizide und Emissionen den niedrigeren US-Standards anzupassen, Subventionen für die
Wiederaufforstung nach Holzeinschlag zu streichen und
einen Versicherungsplan der Regierung von Ontario zu
kippen, der den US-Versicherungsfirmen Verluste in drei-
stelliger Millionenhöhe beschert hätte. Da diese Firmen
mit massiven Schadenersatzklagen drohten, ließ die Regierung den Plan tatsächlich fallen. Kanada wiederum hat
die USA beschuldigt, faire Handelsbeziehungen zu verletzen, weil Washington bei der Benutzung von Asbest (wie
z. B. im Zeitungsdruck) die weicheren Normen der US-
Umwelt»schutz«behörde durchsetzen wollte. So eröffnen
sich endlose Optionen zur Unterminierung des Umwelt-
schutzes, während wir mit Clinton »die Marktdemokratie
ausweiten«.[209]

Insgesamt, schließt der Bericht des LAC, »werden die
US-Konzerne ... enorme Profite einfahren. Die Vereinigten Staaten insgesamt jedoch und ganz besonders einzel-
ne Gruppierungen, werden verlieren.« Das LAC forderte
Neuverhandlungen, für die es konstruktive Vorschläge un-
terbreitete. Auch das dem Kongreß zugehörige Office of

Technology Assessment (OTA) kam zu ähnlichen Folgerungen. Angesichts der sinkenden Reallöhne, hieß es in seinem Bericht, würde die unter Ausschluß der Öffentlichkeit geplante Version von NAFTA »die strukturellen Fehler der ökonomischen Integration« festschreiben und könnte »die Vereinigten Staaten auf unumkehrbare Weise in eine Zukunft mit niedrigen Löhnen und geringer Produktivität« führen. Dagegen würde die »Berücksichtigung einheimischer und kontinentaler sozialpolitischer Maßnahmen und parallel dazu eine Übereinkunft mit Mexiko hinsichtlich arbeitsrechtlicher und umweltpolitischer Themen« für das Land eine Bereicherung sein.

Aber das Land ist nur von zweitrangiger Bedeutung. Die Herren und Meister spielen ein anderes Spiel, dessen Regeln durch das erhellt werden, was die Presse »das Paradoxon von '92« nannte: »Schwache Wirtschaft, starke Gewinne«. Als geographische Entität kann »das Land« den Bach runtergehen, denn die weltwirtschaftspolitischen Strategen haben größere Ziele.[210]

In den meisten US-Berichten wird der Eindruck erweckt, Mexiko stehe voll und ganz hinter dem Abkommen, aber das trifft nur für die Eliten zu. Der Historiker Seth Fein spricht nämlich von großen Demonstrationen gegen NAFTA, die in dem Abkommen einen Anschlag auf die Verfassung von 1917 sehen, in den USA jedoch kaum wahrgenommen wurden. In der *Los Angeles Times* schreibt Juanita Darling über die Angst der mexikanischen Arbeiter vor dem Verlust ihrer hart erkämpften Rechte, und ein Kommuniqué der mexikanischen Bischöfe zu NAFTA vom 1. November 1993 verurteilte das Abkommen ebenso wie die Wirtschaftspolitik, deren Bestandteil es ist, wegen der schädlichen Auswirkungen auf die Gesellschaft. Homero Ardijis, der Vorsitzende von Mexikos führender Umweltorganisation, beklagte »die dritte Eroberung, unter der Mexiko zu leiden hat. Die erste war kriegerisch, die zweite spirituell, die dritte ist wirtschaftlich«.[211]

Selbst die mexikanische Geschäftswelt zeigte keine große Begeisterung. Auf dem Kongeß der Internationalen Handelskammern im Oktober 1993 in Cancún meinte der Generaldirektor des Panamerikanischen Unternehmerinstituts, daß die transnationalen Konzerne einen Mehrheitsanteil an mexikanischen Firmen verlangten und damit drohten, sie anderenfalls aus dem Markt zu drängen. Andere verwiesen besorgt auf die Gefahren für den Mittelstand, und eine führende Tageszeitung stellte, als die Abstimmung im Kongreß über NAFTA näherrückte, lakonisch fest: »Eins ist gewiß: Bei jedem Vertrag mit den Vereinigten Staaten hat Mexiko verloren.«[212]

Da in den USA trotz der fast einmütigen Befürwortung des NAFTA-Entwurfs durch Regierung, Konzerne und Medien die öffentliche Skepsis stieg, konnte das Vorhaben nicht mit der zunächst intendierten Heimlichkeit durchgesetzt werden. Allerdings spielten die Bedenken und konkreten Vorschläge der Kritiker des Entwurfs bei der Diskussion in der Presse keine Rolle. Vielmehr wurde der Konflikt dargestellt, als ginge es um den Kampf der edlen Vertreter des Freihandels »gegen das Gekreisch von Ross Perot und Pat Buchanan, fremdenfeindlicher Gewerkschaften und einer gespaltenen Umweltbewegung« – so der liberale Kolumnist Thomas Oliphant vom *Boston Globe*. Da der Freihandel natürlich das Gute repräsentiert, müssen die kreischenden Gegner auf der Seite des Bösen stehen, und gemäß dieser Einstellung wurden die Argumente denn auch ausgewählt. Eine ernsthafte Erörterung der eigentlich wichtigen Themen fand nicht statt.[213]

Die *New York Times* hieb in dieselbe Kerbe. In einem Aufmacher beglückte sie die stupiden Massen mit einem, so die Überschrift, »Leitfaden: Warum Ökonomen das Freihandelsabkommen befürworten«. Kritiker des NAFTA-Entwurfs sind »böswillige« Lügner, denen man die »grundlegenden Einsichten« über den Freihandel, die seit 250 Jahren unverändert geblieben sind, erst mühsam beibringen muß. So wird auf das »legendäre Lehrbuch« verwiesen, in dem Paul Samuelson John Stuart Mill mit den Worten zitiert, daß der internationale Handel »eine effizientere Verwendung der weltweiten Produktivkräfte« bewirke. Dagegen können doch wirklich nur Verrückte sein![214]

Werfen wir einen Blick auf die konkrete Wirtschaftsgeschichte. Natürlich konnten nur Verrückte gegen die Entwicklung einer Textilindustrie in den Neuenglandstaaten zu Beginn des 19. Jahrhunderts sein, als die britische Textilproduktion so viel effizienter war, daß ohne hohe Schutzzölle der halbe Industriesektor Neuenglands bankrott gegangen und die industrielle Entwicklung in den Vereinigten Staaten zum Stillstand gekommen wäre.[215] Und nur Verrückte konnten gegen die hohen Zölle sein, mit denen die USA die Produktion von Stahl und anderen Gütern entwicklungsfähig machten. Und die moderne Elektronik konnte nur durch substantielle Wettbewerbsverzerrungen entstehen. Ohne all diese und andere Verstöße gegen den Freihandel würden die USA heute noch Felle exportieren, während Indien möglicherweise eine industrielle Revolution erlebt hätte und eine blühende Textil- und Schiffbauindustrie besäße. Und war die Sklaverei in den Vereinigten Staaten, durch die es überhaupt erst gelang, »König Baumwolle« zum Motor der industriellen Revolution zu machen, etwa keine Verletzung von Marktprinzipien? Ganz zu schweigen von der Ausrottung der einheimischen Bevölkerung. Warum also sollte der NAFTA-Entwurf die Sorgen und Interessen der Kritiker in allen drei vom Abkommen betroffenen Ländern berücksichtigen? Das können tatsächlich nur Verrückte fordern.

Dennoch gab der Widerstand gegen den NAFTA-Entwurf nicht auf, was in den herrschenden Kreisen ernsthafte Besorgnis hervorrief. Präsident Clinton verurteilte die »Muskelspiel-Taktik« der Gewerkschaften, die sich sogar mit Bitten und Drohungen an die gewählten Repräsentanten wendeten und damit auf wirklich erschreckende Weise in den demokratischen Prozeß eingriffen. Die Zeitungen brachten große Artikel über Clintons Aufforderung an den Kongreß, sich dieser »Pressionspolitik ... der mächtigen Gewerkschaftsinteressen zu widersetzen«. Noch Monate nach der Niederlage der NAFTA-Gegner erschauerte die Presse angesichts »all dieser Drohgebärden seitens der Arbeiterorganisationen« und lobte Clinton für sein Bemühen, die NAFTA-Befürworter vor der »Rache der Gewerkschaften« zu bewahren. Wie das *Wall Street Journal* düster vermerkte, reichte die »breite Koalition der Gegner« sogar über die Arbeiterbewegung hinaus und umfaßte »Umweltschützer, gut situierte Perot-Anhänger und Tausende von lokalen Aktivisten überall im Land« – Extremisten also, die glauben, NAFTA diene »dem Nutzen der multinationalen Konzerne«, wogegen sie mit einem »Nieder-mit-den-Reichen-Populismus reinsten Wassers« polemisieren. Auch ein »Linksliberaler« wie Anthony Lewis schmähte die »rückwärtsgewandte, unaufgeklärte« Arbeiterbewegung ob ihrer »kruden Drohgebärden« gegen den Kongreß, die »Angst vor Veränderungen und vor Ausländern« verrieten.

In einem Leitartikel am Tag vor der Abstimmung im Kongreß denunzierte die *New York Times* demokratische Abgeordnete, die gegen das Abkommen seien, weil sie Angst hätten »vor dem Zorn der organisisierten Arbeiterschaft« und ihren politischen Aktionskomitees, die »erheblich zur Finanzierung ihrer Wahlkämpfe beitragen«. In einer Tabelle waren die Beiträge für NAFTA-Gegner aufgeführt – ein »alarmierendes Zeichen«, wie die Herausgeber mit drohendem Unterton bemerkten.[216]

Einige der Angegriffenen wiesen darauf hin, daß die *New York Times* keine Liste mit Beiträgen von Konzernen zu Wahlkämpfen veröffentlich habe. Natürlich auch nicht mit *NYT*-Anzeigenkunden und Besitzern, die NAFTA unterstützen, was vielleicht ein ganz anderes »alarmierendes

Zeichen« wäre und die Unabhängigkeit der Herausgeber in ein schiefes Licht rücken könnte. Aber solche Forderungen sind selbstredend unangemessen, weil es in der Natur der Dinge liegt, sich den Forderungen der Konzerne anzubequemen; darüber muß nicht noch eigens berichet werden. Überdies brachte die *New York Times* nach all dem Jammern über die schreckliche Macht der Gewerkschaften einen Beitrag auf der ersten Seite, der die Wahrheit enthüllte: Die Konzernlobby war schlicht und ergreifend stärker gewesen als die Bemühungen der Arbeiterorganisationen. Der Beitrag erschien am Tag nach der Abstimmung und enthielt sogar die sonst verbotene Wendung von den »Klassenlinien«, an deren Verlauf sich die »häßliche« und »spalterische Schlacht« um das Abkommen abgespielt habe.[217]

Am selben Tag gab die *New York Times* einen ersten Überblick über die erwartbaren wirtschaftlichen Auswirkungen des Abkommens in der Region von New York City. Hier nun waren die »Klassenlinien« deutlich zu erkennen.

Zu den führenden Gewinnern würden die um den Finanzsektor gruppierten Unternehmen gehören, also Banken, Telekommunikations- und Dienstleistungsfirmen. Management- und Rechtsberater, PR-Unternehmen und Marketingfirmen scharren bereits mit den Hufen, »um Betätigungsfelder in Mexiko zu suchen«, ähnliches gilt für das Bankgewerbe, das große Investitionen und den Aufkauf mexikanischer Unternehmen plant. Ebenso werden Technologie- und Pharmazieproduzenten von den Bestimmungen des Abkommens über Patentschutz und »geistiges Eigentum« profitieren. Und schließlich dürften auch »die zwei größten warenproduzierenden Industrien der Region«, nämlich die kapitalintensive Chemie und das Publikationsgewerbe zu den Gewinnern gehören. Aber wer wollte der *New York Times* unseriöse Berichterstattung vorwerfen?

Es gibt, wie immer, auch ein paar Verlierer, die der Bericht am Rande erwähnte. Zu ihnen gehören »vor allem Frauen, Schwarze und Latinos« sowie »minder qualifizierte Arbeitskräfte« ganz allgemein, d. h. also, die Mehrheit der Bevölkerung in New York City, wo 40 Prozent der Kinder bereits unterhalb der Armutsgrenze leben und vom Gesundheits- und Bildungssystem weitgehend ausgeschlossen sind. Aber das sind eben die unvermeidlichen Begleiterscheinungen des Fortschritts und einer gesunden Wirtschaft. »Veränderungen können durchaus schmerzhaft sein«, ermahnte Anthony Lewis die Gewerkschaften. Für manche Bevölkerungsgruppen auf jeden Fall.[218]

Die leidenschaftlichen Schuldzuweisungen an die Gewerkschaften beeinflußten die öffentliche Meinung auf merkwürdige Weise. Zwar war die Bevölkerung auch weiterhin mehrheitlich gegen den NAFTA-Entwurf, aber zwei Drittel kritisierten die Gewerkschaften wegen ihres unbegründeten Widerstands gegen Veränderungen und meinten, sie hätten sich bei diesem Thema zu sehr »politisch eingemischt«. Das Propaganda-Sperrfeuer hat also die Haltungen gegenüber dem Abkommen kaum verändert, aber den Kräften geschadet, die im Interesse der Bevölkerungsmehrheit dagegen Widerstand geleistet haben.[219]

Während Wirtschaftsmodelle keine sicheren Folgerungen über den Transfer von Arbeitsplätzen bieten, wird eine weitere Polarisierung von vielen Experten für wahrscheinlich gehalten. »Viele Ökonomen glauben, daß NAFTA zur Lohnsenkung beiträgt«, schrieb Steven Pearlstein in der *Washington Post*, »indem die niedrigeren Löhne in Mexiko den Vorreiter für die Bezahlung amerikanischer Arbeiter spielen.« Edward Leamer von der Universität in Los Angeles (UCLA) hält es für möglich, daß das Abkommen »gegen Ende des Jahrzehnts Facharbeitern und Technikern 3000 Dollar mehr pro Jahr einbringt, während alle anderen 750 Dollar verlieren, so daß der Durchschnittsamerikaner einen Verlust von 200 Dollar pro Jahr zu tragen hätte«. Paul Krugman sieht die einzig negative Konsequenz in einem »leichten Rückgang bei den Reallöhnen von ungelernten Arbeitern«, die immerhin 70 Prozent der Gesamtarbeiterschaft ausmachen.[220]

Interessant ist auch, was sich an Ereignissen nach der Verabschiedung des Abkommens zutrug. In Mexiko wurden Arbeiter der Fabriken von Honeywell und General Electric gefeuert, weil sie versucht hatten, unabhängige Gewerkschaften zu gründen. Das ist im übrigen eine geläufige Praxis. Ford hatte bereits 1987 die gesamte Belegschaft entlassen, den Vertrag mit der Gewerkschaft gekündigt und neue Kräfte zu sehr viel niedrigeren Löhnen eingestellt. VW folgte 1992: 14 000 Arbeiter wurden gekündigt und nur die wiedereingestellt, die sich gegen unabhängige Gewerkschaftsführer aussprachen. In beiden Fällen erhielten die Konzerne Rückendeckung durch die Regierung.

Das alles sind zentrale Komponenten des mexikanischen Wirtschaftswunders, das mit NAFTA festgeschrieben werden soll. Als das Abkommen am 1. Januar 1993 in Kraft trat, kam es unter den Maya-Indianern von Chiapas zu einem Aufstand. Die Führer nannten das Abkommen ein »Todesurteil« für die Indianer, weil es die Kluft zwischen den wenigen Reichen und den vielen Armen noch vertiefen und die Reste der Urbevölkerung zerstören werde. Nach anfänglichen Versuchen, den Aufstand gewaltsam zu beenden, machte die mexikanische Regierung einen Rückzieher, wohl, weil sie fürchtete, der Protest könnte auf breite Sympathie stoßen. Erste Umfragen zeigten, daß tatsächlich 75 Prozent der mexikanischen Bevölkerung mit den Zielen der Zapatisten von Chiapas einverstanden war.[221]

In den USA verabschiedete der Senat gleich nach dem Abkommen ein Gesetz zur Verbrechensbekämpfung von noch nicht gekannter Härte, »das beste Gesetzespaket in der Geschichte«, wie Orrin Hatch von der extremen Rechten lobte. So wurden die Bundeszuschüsse für die einzelstaatliche Verbrechensbekämpfung um das Sechsfache erhöht, 100 000 neue Hochsicherheitsgefängnisse sollen gebaut und Arbeitslager für straffällig gewordene Jugendliche errichtet werden. Vorgesehen ist auch die Ausweitung der Todesstrafe und härtere Urteile. Rechtsexperten bezweifelten, daß diese Gesetzgebung durchschlagende Wirkung erzielen werde, weil sie sich nicht mit den »Ursachen der sozialen Desintegration, die kriminelle Gewalttäter hervorbringt«, befaßt. Dazu gehört vor allem eine Sozial- und Wirtschaftspolitik, die die amerikanische Gesellschaft weiter polarisiert, wozu auch NAFTA einiges beiträgt. Und wenn man die weniger profitträchtigen Gruppen der Gesellschaft, die in Armut und Verzweiflung leben, nicht auf die Slums beschränken kann, muß man sie eben anderenorts einsperren.[222]

6. Die Konturen der Neuen Weltordnung

Herrschaftsstrukturen bilden sich im Umfeld nationaler Machtzentren, die in den letzten Jahrhunderten ökonomischer Provenienz gewesen sind; ein Prozeß, der sich fortsetzt. James Morgan, Wirtschaftskorrespondent der BBC, beschreibt in der Financial Times die »faktische Weltregierung«, die seit einiger Zeit Gestalt annimmt und in Form von IWF, Weltbank, G-7, GATT und weiteren Strukturen den Interessen der transnationalen Konzerne, Banken und Investmentfirmen in einem »neuen imperialen Zeitalter« dient. Und die South Commission merkt an, daß »die mächtigsten Länder des Nordens de facto zum oberen Management für die Weltwirtschaft geworden sind«. Sie können ihre Interessen gegen die Länder des Südens durchsetzen, deren Regierungen sich dem Zorn und der Gewalt ihrer Bevölkerungen ausgesetzt sehen, weil die Menschen verarmen, nur damit die gegenwärtigen Operationsmuster der Weltwirtschaft erhalten bleiben.[223] Ein besonders eindrucksvoller Zug dieser neuen Weltbeherrschungsinstitutionen ist ihrer Immunität gegen die Anmutungen der Demokratie; die Öffentlichkeit weiß oft nicht, was da hinter verschlossenen Türen beraten und beschlossen wird.

Diese Entwicklungen werden im Süden mit großer Besorgnis registriert, und auch die wachsende Dritte Welt in den entwickelten Staaten beunruhigt sein. In seiner letzten Ansprache vor der Gruppe der 77 erwähnte deren Vorsitzender, Luis Fernando Jaramillo, das »feindselige internationale Klima« und den »Verlust wirtschaftlichen und politischen Ansehens« der Entwicklungsländer »in der sogenannten Neuen Weltordnung«. Dieses Gegeneinander von reichen und armen Nationen unterscheidet sich gewaltig von der »Euphorie«, die mit dem Ende des Kalten Kriegs, ökonomischen Liberalisierungsprogrammen und dem GATT einherging. Die Strategie der Reichen »zielt deutlich darauf ab, jene Wirtschaftsinstitutionen und -organisationen zu stärken, die außerhalb des Systems der Vereinten Nationen operieren«, das, trotz aller Schwächen, »der einzige multilaterale Mechanismus bleibt, in dem die Entwicklungsländer auch etwas zu sagen haben«. Im Gegensatz dazu sind Weltbank, IWF usw., die jetzt »zum Gravitationszentrum für alle grundlegenden Entscheidungen über die Entwicklungsländer gemacht werden ... durch ihren undemokratischen Charakter, ihren Mangel an Transparenz, ihre dogmatischen Grundsätze, ihren Mangel an Pluralismus bei der Auseinandersetzung über divergierende Vorstellungen und durch ihr Unvermögen, die Politik der Industriestaaten zu beeinflussen, gekennzeichnet«. Genauer gesagt, dienen sie den Interessen der gesellschaftlich Mächtigen in diesen Staaten. Zusammen mit IWF und Weltbank bildet die Welthandelsorganisation (WTO) eine neue »Trinität, deren Funktion darin besteht, die ökonomischen Beziehungen, mittels derer die

Entwicklungsländer an die Kandare genommen werden, zu kontrollieren und zu beherrschen«, während die Industrienationen »ihre Geschäfte außerhalb der normalen Kanäle abwickeln«, also bei G-7-Treffen und anderen Gelegenheiten.

Zu ähnlichen Erkenntnissen kam eine im Januar 1994 von Jesuiten in San Salvador organisierte Konferenz, in deren Bericht es u. a. heißt: »Mittelamerika erfährt heute die Globalisierung als einen zerstörerischen Raubzug, der die Eroberung und Kolonisierung von vor 500 Jahren in den Schatten stellt.« Die neue Macht ist nicht der Markt, sondern »ein starker transnationaler Staat, der die Wirtschaftspolitik diktiert und die Ressourcenallokation plant«. IMW, Weltbank, Interamerican Development Bank, die US-Entwicklungsbehörde USAID, EG usw. »sind allesamt staatliche oder interstaatliche Institutionen transnationalen Charakters, die viel größeren wirtschaftlichen Einfluß auf unsere Länder haben als der Markt«.[224]

Und diese Institutionen dienen wiederum anderen Herren, nämlich den transnationalen Konzernen, die ihrer inneren Struktur nach hierarchisch-totalitär und ihrem Charakter nach absolutistisch sind. Die große Masse der Bevölkerung hat ihnen gegenüber kaum andere Optionen, als die von ihnen produzierten Güter zu kaufen und in ihre Dienste zu treten.

GATT und NAFTA sind, so heißt es, Freihandelsabkommen. Aber 40 Prozent des US-amerikanischen Handels laufen innerhalb der Firmen selbst ab, sind also kein Handel im klassischen Sinn. Mehr als die Hälfte der US-»Exporte« nach Mexiko besteht aus Transfers, die von einem Zweig des Unternehmens zu einem anderen gehen, damit niedrigere Löhne und laxere Umweltbestimmungen ausgenutzt werden können. Die transferierten Güter gelangen gar nicht erst auf den mexikanischen Markt. Solche internen Operationen führen zu Marktverzerrungen, indem nicht-staatliche, gewissermaßen zollfreie Handels-

NOAM CHOMSKY

barrieren eingeführt werden. Auch andere Faktoren lassen die angebliche Effizienz des Handels in einem zweifelhaften Licht erscheinen, wie z. B. die indirekte Bezuschussung von Transportkosten durch Treibstoffsubventionierung mittels Steuerfreibeträgen für Investitionen, oder durch militärische Ausgaben zur Sicherung der Kontrolle über die Ölreserven und -preise, oder durch die Externalisierung der Umweltkosten, die aufgrund von Treibstoffverbrennung entstehen. Neben diesen Beispielen führt Herman Daly, der frühere Chefökonom der Weltbank, noch andere Methoden an: So kann US-amerikanisches Getreide, das durch Umweltschädigung und staatliche Zuwendungen subventioniert wurde, frei nach Mexiko importiert werden. Mithin ist es sehr gut möglich, daß NAFTA die mexikanischen Bauern ruiniert, indem solche Importe zu einem Preisverfall führen. Dadurch werden die Bauern zur Landflucht gezwungen, was in den Städten zu einem Überangebot an Arbeitskräften und folglich sinkenden Löhnen führt; eine Entwicklung, die sich auch auf die USA auswirkt.[225]

Der 1993 veröffentlichte *World Investment Report* von UNCTAD schätzt, daß die transnationalen Konzerne ein Drittel der weltweiten privaten Produktivvermögen kontrollieren, während ihre überseeischen Investitionen »eine größere Macht in der Weltwirtschaft sind als der internationale Handel«, berichtet Tony Jackson in der *Financial Times*. Waren im Wert von fünfeinhalb Billionen Dollar werden ins Ausland verkauft, während der globale Exporthandel vier Billionen Dollar ausmacht. Hinzu kommen noch, wie Chakravarthi Raghavan erklärt, »jene Firmen, die mit transnationalen Aktivitäten befaßt sind und durch eine Reihe von asymmetrischen Arrangements – Subunternehmensverträge, Franchise-Verfahren, Lizenzvergaben –, aber auch durch strategische Allianzen Kontrolle über ausländische Produktivvermögen ausüben«. Das 1993 erweiterte GATT räumt den transnationalen Konzernen zwar viele Rechte ein, spricht jedoch nicht von bestimmten Verpflichtungen. Versuche, einen Verhaltenskodex durchzusetzen, mußten im Juli 1992 abgebrochen werden. Damit war es nicht gelungen, einen allgemeinen Rahmen für den fairen Umgang mit ausländischen Direktinvestitionen zu schaffen.[226]

Zwischen 1982 und 1992 vergrößerten die oberen zweihundert Konzerne ihren Anteil am globalen Bruttoinlandsprodukt von 24,2 auf 26,8 Prozent, wobei ihre Gesamtgewinne sich auf nahezu sechs Billionen Dollar verdoppelten. Ebenfalls in diesem Zeitraum haben die obersten 500 Firmen »jährlich über 400 000 Arbeiter entlassen«, bemerkten Frederic Clairmont und John Cavanagh. Das zeigt sich, wie immer, besonders deutlich in Amerika. 1992 berichteten die Zeitungen im Wirtschaftsteil, daß es »Amerika nicht gut geht, aber seine Konzerne machen kräftige Gewinne«. Das Magazin *Forbes* wußte in seiner alljährlichen Übersicht über die Lage der Konzerne zu berichten, daß die Gewinne der oberen Fünfhundert sich 1993 um 13,8 Prozent auf 204 Milliarden Dollar, die Vermögenswerte sich um 10,2 Prozent auf 8,9 Billionen Dollar und der Marktwert um 6,9 Prozent auf 3,6 Billiarden Dollar erhöhten, während Zahl der Arbeitsplätze insgesamt um ein Prozent zurückging.[227]

In einer kritischen Analyse des GATT weisen Herman Daly und Robert Goodland darauf hin, daß nach der herrschenden Wirtschaftstheorie »Firmen Inseln zentraler Planung in einem Meer von Marktbeziehungen sind ... Und da die Inseln größer werden, gibt es keinen Grund, den Sieg des Marktprinzips zu verkünden.«[228]

Die Freihandelsabkommen haben mit Freiheit nichts und mit »Handel« nur sehr bedingt etwas zu tun. Zum einen vergrößern sie die Macht der transnationalen Konzerne, zum anderen erheben sie die Forderung nach der Liberalisierung von Finanztransaktionen und Dienstleistungen. Auf diese Weise können internationale Banken

NOAM CHOMSKY

nationale Konkurrenten beseitigen, so daß kein Land mehr dazu in der Lage ist, jene volkswirtschaftlichen Planungen durchzuführen, die einst den reichen Ländern ihre ökonomische Entwicklung ermöglichten. Und natürlich wird Adam Smiths Grundsatz, daß »die freie Zirkulation von Arbeit« einer der Eckpfeiler des Freihandels sei, von den Vertretern des Neoliberalismus verworfen, so wie sie auch wenig mit der Bemerkung ihres Helden anfangen können, daß die arbeitenden Menschen ins Mühlrad der Marktkräfte geraten, »wenn die Regierung nicht Sorge trägt, das zu verhindern«, wie es sich für jede »fortgeschrittene und zivilisierte Gesellschaft« gehört. Nach wie vor sind die reichen Nationen gegen den Freihandel, außer wenn er ihnen in einer Konkurrenzsituation Vorteile verschafft.

Und noch auf andere Weise versuchen die führenden Industrienationen den Freihandel durch Freihandelsabkommen auszuschalten. Vor allem den USA geht es um den verbesserten »Schutz geistigen Eigentums«, wozu auch Software und Patente gehören. Der Patentschutz wiederum soll sich auf den Herstellungsprozeß ebenso erstrecken wie auf die daraus resultierenden Produkte. Die Internationale Handelskommission schätzt, daß US-Unternehmen 61 Milliarden Dollar pro Jahr aus der Dritten Welt gewinnen könnten, wenn die protektionistischen Forderungen der Vereinigten Staaten erfüllt werden. Entsprechende Klauseln in GATT und NAFTA sollen sicherstellen, daß US-basierte Konzerne die Technologien der Zukunft, allen voran die Biotechnologie, kontrollieren. Letztere wird, so hoffen die Privatunternehmen, ihnen die Kontrolle über landwirtschaftliche und medizinische Herstellungsprozesse und Produkte sichern, während die arme Mehrheit in der Dritten Welt von den teuren Produkten der westlichen Pharma-, Agrar- und biotechnologischen Industrie abhängig bleibt.

Damit wird u. a. verhindert, daß Indien Arzneimittel herstellen könnte, die für die Bevölkerung erschwinglich sind. Die dortige pharmazeutische Industrie, die im Vergleich zu anderen Entwicklungsländern sehr weit entwickelt ist, verdankte ihren bisherigen Erfolg der Beschränkung von Patentrechten auf Herstellungsprozesse, wodurch die Produktion neuer, billigerer Produkte möglich war. Durch die Ausdehnung dieser Rechte auf Produkte wird ein Protektionismus in Kraft gesetzt, der den transnationalen Konzernen ihre Macht sichert. »Die Sperrklauseln für internationale Patente werden selbst diejenigen Forschungseinrichtungen abschrecken, die in das Patentgeschäft einsteigen wollen«, erklärte ein führender Biologe des indischen Wissenschaftsinstituts. Er wies darauf hin, daß seiner Einrichtung die Ressourcen fehlen, um mehr als zwei Patente pro Jahr entwickeln zu können. Und der Direktor eines großen indischen Pharmazieunternehmens fügte hinzu, daß man durch die Übernahme dieser GATT-Bestimmungen »Kompromisse im Hinblick auf zwei für das Wohlergehen des Landes wichtige Bereiche – Nahrungs- und Arzneimittel – eingegangen ist« und sich damit der Gnade der multinationalen Konzerne ausgeliefert habe. Diese Maßnahmen stehen »in scharfem Gegensatz zu den Grundsätzen ›freien Handels‹, die vom Westen so feierlich hochgehalten werden«, kommentiert eine indische Zeitung. Sie sind »ein gewichtiges Hindernis für unseren wissenschaftlichen und technologischen Fortschritt« und ein weiterer Schritt in Richtung auf »die Herrschaft der transnationalen Konzerne und eine Verhöhnung der Souveränität und parlamentarischen Demokratie« in Indien.[229] Ähnliche Maßnahmen werden ergriffen, um Kanadas ärgerlicherweise höchst effizientes Gesundheitssystem zu unterminieren – durch die Beschränkung der Produktion von Generika werden die Kosten erhöht, und zugleich die Gewinne für US-Konzerne.[230]

Dergestalt stimmt an der Bezeichnung »Nordamerikanisches Freihandelsabkommen« lediglich, daß es etwas mit Nordamerika zu tun hat. Es ist nicht »frei«, es fördert nicht den »Handel«, und an dem »Abkommen« waren die Bevölkerungen der betroffenen Länder nicht beteiligt. NAFTA ist eine Mischung aus Liberalisierung und Protektionismus, die dazu dient, Macht und Reichtum in den Händen der Herren des »neuen imperialen Zeitalters« zu belassen.

Wie sehr die USA den Freihandel schätzen, erhellt auch aus der Verhängung von Sanktionen und Wirtschaftsembargos gegen Feinde in der Dritten Welt, wie etwa Guatemala, Chile, Kuba, Vietnam, Nicaragua und andere Übeltäter. Von 116 Sanktionsfällen seit Ende des Zweiten Weltkriegs wurden 80 Prozent allein von den USA initiiert. Diese Maßnahmen, die auf gröbliche Weise gegen Freihandelsdoktrinen verstoßen, sind häufig international verurteilt worden, u. a. durch den Weltgerichtshof und den GATT-Rat. Die Regeln des GATT sehen für die Opfer solcher Maßnahmen Vergeltungsmöglichkeiten vor: So können die USA zurückschlagen, wenn sie sich von diskriminierenden Maßnahmen seitens Nicaraguas betroffen fühlen, und Nicaragua kann Sanktionen gegen die USA verhängen und sogar die vom Weltgerichtshof verfügten Reparationsleistungen einfordern. Allerdings erkannten schon die Begründer der Schule von Chicago, ehe diese von ideologischen Extremisten übernommen wurde, daß »Freiheit ohne Macht ebenso bedeutungslos ist wie Macht ohne Freiheit« – eine Binsenweisheit, die die enthusiastischen Befürworter des »freien Markts« nur allzu gerne vergessen.[231]

In einer Untersuchung des chilenischen »Wirtschaftswunders« findet die Lateinamerikanistin Cathy Schneider über die typischen Begleiterscheinungen von Marktreformen – zunehmende Armut und Ungleichheit – hinaus noch tiefergehende Veränderungen:

»Die Transformation des wirtschaftlichen und politischen Systems hat die Weltsicht des typischen Chilenen stark verändert. Heute arbeiten die meisten Chilenen, ob im eigenen kleinen Geschäft oder auf der Basis von zeitlich befristeten Subkontrakten, allein. Sie können nur auf ihre eigene Initiative und auf die Expansion der Wirtschaft vertrauen. Sie haben kaum noch Kontakte zu anderen Arbeitern oder zu ihren Nachbarn und nur noch begrenzte Zeit für ihre Familie. Politisch oder gewerkschaftlich sind sie kaum organisiert, und abgesehen von einigen staatlichen Dienstleistungen wie dem Gesundheitswesen« – das die Faschisten aufgrund von Widerständen in der Bevölkerung nicht beseitigen konnten – »fehlen ihnen die Ressourcen oder die Neigung, sich mit staatlichen Gegebenheiten auseinanderzusetzen. Die Fragmentierung der Oppositon hat erreicht, was die brutale militärische Unterdrückung nicht leisten konnte: Chile ist, kulturell und politisch, von einem Land mit aktiven Bewegungen und Organisationen zu einem Land vereinzelter, entpolitisierter Individuen geworden. Der kumulative Einfluß dieses Wandels läßt befürchten, daß wir in naher Zukunft wohl keine konzertierte Opposition erleben werden, die der augenblicklich herrschenden Ideologie Widerstand entgegensetzen könnte.«[232]

So haben die Marktreformen ihren Zweck erfüllt und einer funktionierenden Demokratie das Wasser abgegraben. Ähnliche Vorgänge spielen sich in der US-amerikanischen Arbeiterklasse ab, wo die Menschen, die einst mutig und erfolgreich für soziale Gerechtigkeit und Menschenrechte kämpften, jetzt ohne Hoffnung und demoralisiert dahinleben. Und das gilt auch für einst lebendige sozialdemokratische Traditionen wie in Costa Rica oder Neuseeland. Hier wie dort hat der Marktfundamentalismus grundlegende Werte wie »Mitgefühl«, »Sinn für soziale Verpflichtungen« und »Sympathie« – Werte, die eine Ge-

NOAM CHOMSKY

sellschaft erst eigentlich lebenswert machen – untergraben oder ganz zum Verschwinden gebracht und an ihre Stelle »wirtschaftliche Rationalität« und »effektive Verwendung von Ressourcen«, natürlich im Interesse der Reichen und Mächtigen, gesetzt.

Weder im eigenen Land noch jenseits der Grenzen gleicht die wirkliche Welt den jetzt modischen Träumen von einer Geschichte, die sich unaufhaltsam auf das Ideal einer Verbindung von freiem Markt und Demokratie zubewegt. Vielmehr bringt die Neue Weltordnung jene Tendenzen zum Vorschein, die sich in den letzten zwanzig Jahren entwickelt haben und in dem Grundsatz kulminieren, daß die Welt von den Reichen für die Reichen beherrscht und verwaltet wird. In nichts entspricht das Weltwirtschaftssystem dem klassischen Markt; angemessener wäre der Begriff »Konzern-Merkantilismus«.[233] Zusehends geraten die Herrschaftsmechanismen in die Hände großer Privatorganisationen und ihrer Vertreter. Diese Organisationen sind, wie gesagt, ihrem Charakter nach totalitär; die Machtstrukturen verlaufen von oben nach unten, und die Öffentlichkeit ist von allen Verfahren und Entscheidungen ausgeschlossen. In dem diktatorischen System namens »freies Unternehmertum« ist die Macht über alle Entscheidungen, die Investitionen, Produktion und Handel betreffen, zentralisiert und sakrosankt und schon vom Gesetz her keiner Kontrolle seitens der arbeitenden Bevölkerung unterworfen.

Das gegenwärtige Zeitalter weckt Erinnerungen an bedeutsame Epochen der Vergangenheit. Ein Beispiel dafür ist der begeisterte Rückgriff auf klassische (heute »neoliberal« genannte) Wirtschaftsdoktrinen als Waffen im Klassenkampf. Ein anderes Beispiel sind die neuen Technologien, mit deren Hilfe eine Art »Fortschritt ohne Menschen« geschaffen werden soll. Wie in den Anfängen der industriellen Revolution dient die Technologie der Mehrung von Macht, Profit und Kontrolle zu Lasten sinnvoller Arbeit,

Freiheit, menschlichen Lebens und Wohlfahrt, während eine andere gesellschaftliche Verfassung ihr befreiendes Potential entwickeln könnte. Zudem weckt die gegenwärtig geführte Debatte über Wohlfahrtsprogramme Erinnerungen an Malthus und Ricardo, die damals zu beweisen beanspruchten, daß man den Armen mit Versuchen, ihnen zu helfen, nur Schaden zufügen würde – was so sicher sei wie das Gravitationsgesetz, meinte Ricardo.[234] Wer nicht über eigenen Reichtum verfügt, »hat keinen Anspruch auf eine und sei es noch so geringe Portion an Nahrungsmitteln und nicht einmal die Berechtigung, dort zu sein, wo er ist«, jedenfalls außerhalb dessen, was ihm das Anbieten seiner Arbeitskraft auf dem Markt einbringt, erklärte Malthus in einem einflußreichen Werk. Alle Versuche, die Armen davon zu überzeugen, daß sie weitergehende Rechte hätten, sind »von Übel« und Verletzungen der »natürlichen Freiheit«, behauptete Ricardo, der führende Vertreter der neuen »wissenschaftlichen Ökonomie«, die auf unwiderleglichen moralischen Grundsätzen beruhen sollte.

Karl Polanyi weist in seiner klassischen Untersuchung dieser Entwicklungen darauf hin, daß »nichts offensichtlicher sein konnte als die herrische Forderung des Lohnarbeitssystems, das „Recht auf Leben" zu kassieren«, ein Recht, das die frühere, vorkapitalistische Mentalitäten reflektierende Rechtsprechung noch eingeräumt hatte. »Späteren Generationen leuchtete die Unvereinbarkeit von Institutionen wie dem Lohnarbeitssystem mit dem ›Recht auf Leben‹ unmittelbar ein.« Letzteres mußte weichen, im Interesse aller.[235]

In den dreißiger Jahren des 19. Jahrhunderts wurden die Resultate der neuen »ökonomischen Wissenschaft« von der Rechtsprechung ratifiziert, und das »Recht auf Leben« wich dem Lohnarbeitssystem und der wie ein Gefängnis organisierten Fabrik. »So wurde die Menschheit auf den Weg eines utopischen Experiments gezwungen«, schreibt Polanyi. »Wohl nie zuvor in der Geschichte der Moderne

NOAM CHOMSKY

gab es eine rücksichtsloser durchgesetzte gesellschaftliche Reform. Während sie vorgab, die materielle Überlebensfähigkeit von Menschen in der Fabrikarbeit zu testen, trug sie zur Zerstörung von Leben bei. »Doch fast unmittelbar darauf«, fährt er fort, »entwickelte die Gesellschaft Selbstschutzmechanismen: Arbeits- und Sozialgesetze wurden verabschiedet, es entstand die Arbeiterbewegung, politische Parteien bildeten sich, um die neue Gefahren, die der Marktmechanismus heraufbeschwor, abzuwehren.

Leid und Verzweiflung führten zunächst zu Aufständen, später zum Aufstieg organisierter sozialer Bewegungen, die der Behauptung, Kapitalakkumulation sei der oberste menschliche Wert, entschieden entgegentraten. Schlimmer noch: Die Arbeiterorganisationen bestritten den Herrschenden das Recht auf ihre Herrschaft. »Die implizite Unterordnung, mit der die Menschen auf ihre Gefühle und Leidenschaften zugunsten derer ihrer Herrscher verzichten« – für David Hume das Fundament der Regierungsgewalt – wurde untergraben. Das geschah auch in den Vereinigten Staaten, wo die Folgen der industriellen Revolution von den Arbeitenden als »Lohnsklaverei« bezeichnet wurden. Auch hier begannen die Eliteschichten angesichts aufrührerischer Tendenzen und, schlimmer noch, chartistischer und sozialistischer Bewegungen, umzudenken. Die »neue Wissenschaft« entdeckte nun, daß das »Recht auf Leben« sehr wohl bewahrt werden könne und müsse, und die Lehren des Laisser-faire gerieten zunehmend in Verruf, als die neuen Herrscher erkannten, daß sie immer noch staatlicher Macht bedurften, um ihre Privilegien zu sichern und sie vor der Disziplin des Markts zu schützen. So entwickelten sich, zumindest in den Staaten, die ihren Platz an der Sonne durch Terror, Unterdrückung und Ausplünderung erobert hatten, verschiedene Formen des Wohlfahrtskapitalismus.

In diesem Sinne wiederholt sich die Geschichte. Die neoliberalen Programme, Trickle-down-Theorien und andere Doktrinen, die den Interessen der Privilegierten und Mächtigen dienen, bieten nicht viel Neues. Unterdrückungsmechanismen stellen sich anders dar in der Dritten Welt als im eigenen Land, aber die Ähnlichkeiten sind unverkennbar, und die begeistert verkündeten Ideologeme kaum mehr als eine sogleich abgegriffene Neuauflage früherer Rechtfertigungen bestehender Machtverhältnisse. Wie schon zu Beginn des 19. Jahrhunderts erklärt man uns auch heute, daß es die natürliche Freiheit verletzt und gegen die Wissenschaft verstößt, wenn man die Menschen dazu verleitet, sich im Besitz von Rechten zu wähnen, die über den Verkauf ihrer Arbeitskraft auf dem Markt hinausgehen. Ein solches Denken führe, verkünden neoliberale Leitfiguren mit nüchternem Nachdruck, direkt in den Gulag. Das gegenwärtige Zeitalter erinnert in vielem an jene Epoche des Enthusiasmus, die den Lärm der Aufständischen, der schon bald darauf nicht mehr überhört werden konnte, noch nicht vernehmen mußte.

Und dieser Lärm wächst auch heute wieder an, trotz weit verbreiteter Furcht und Verzweiflung. Zwei Ereignisse sind dafür symptomatisch: die Aufstände von 1992 in Süd-Los-Angeles und die Revolte der Maya-Indianer in Chiapas, Mexiko. In beiden Fällen spiegelte sich darin die zunehmende Marginalisierung von Menschen, die unter den gegebenen institutionellen Bedingungen nichts zur Profitmacherei beitragen und denen darum Menschenrechte oder ein eigenständiger Wert abgesprochen werden. Die Leute in den Slums von Los Angeles hatten einstmals Jobs, zum Teil im staatlichen Sektor, der eine entscheidende Rolle in der »marktkapitalistischen« Gesellschaft spielt, zum Teil in jenen Fabriken, die später in Regionen verlegt wurden, wo die Arbeitskräfte rücksichtsloser ausgebeutet und Umweltschutzmaßnahmen unberücksichtigt bleiben können. Absolut gesehen sind die Slumbewohner von Los Angeles noch immer sehr viel reicher als die mexikanischen Indianer, doch entwickelten sich die Aufstände in jeweils ganz unterschiedlicher Weise. In Los Angeles rebellierten Menschen, deren Gemeinschaft durch äußere Faktoren demoralisiert und zerstört worden war, während die Mayas noch über inneren Zusammenhalt und Vitalität verfügten. Aber wie unterschiedlich die Probleme auch sein mögen, läßt sich der Ruf nach Solidarität und konstruktiver Beteiligung an politischen und wirtschaftlichen Entscheidungen nicht mehr überhören. Der Lärm wird weiter wachsen, je mehr das »globale Experiment« fortschreitet.

Wie dieses Experiment beschaffen ist, läßt sich einem Bericht der US-amerikanischen International Labor Organisation entnehmen. Sie schätzt, daß im Januar 1994 etwa 30 Prozent aller Arbeitskräfte weltweit ohne Beschäftigung waren und nicht genug verdienten, um einen minimalen Lebensstandard aufrechterhalten zu können. Diese »Langzeitarbeitslosigkeit« entspricht in ihrem Umfang der Weltwirtschaftskrise vor dem Zweiten Weltkrieg. Zugleich aber gibt es dringenden Bedarf an Arbeitskräften. Wo man auch hinschaut, gibt es Arbeit, die getan werden müßte, Arbeit, die großen sozialen und menschlichen Wert besitzt; und viele Menschen stehen bereit, sie zu leisten. Aber das Wirtschaftssystem kann hier keine Abhilfe schaffen. Seine Auffassung von »wirtschaftlicher Gesundheit« dient den Bedürfnissen der Profiteure, nicht denen der Arbeitsuchenden. Dieses Wirtschaftssystem ist, kurz gesagt, eine einzige Katastrophe. Als großer Erfolg gilt es nur denen, die darin ihre Privilegien sichern, wozu auch seine zahlreichen Lobredner gehören.[236]

Wie weit soll das noch gehen? Wird es möglich sein, eine internationale Gesellschaft zu entwickeln, die in ihren Grundzügen der Dritten Welt gleicht, mit Inseln von Macht und Reichtum in einem Meer des Elends, und mit totalitären Kontrollmechanismen hinter einer zunehmend fassadären Demokratie? Oder wird der Widerstand der Bevölkerungen, der selbst international werden muß, um Erfolg zu haben, diese Strukturen von Gewalt und Herrschaft beseitigen und den jahrhundertealten Prozeß der

Ausweitung von Freiheit, Gerechtigkeit und Demokratie, der jetzt in sein Gegenteil verkehrt werden soll, doch noch vorantreiben? Das sind große Fragen an die Zukunft.

AMERKUNGEN

Siglen der von Chomsky zitierten Zeitschriften

AP: Associated Press – *BG*: Boston Globe – *CSM*: Christian Science Monitor – *FT*: Financial Times – *LAT*: Los Angeles Times – *NYT*: New York Times – *WP*: Washington Post – *WSJ*: Wall Street Journal

Fußnoten

1 Weiss, *Boston Review*, Feb./März 1994; schmeichelhafterweise bin ich das Angriffsziel. Fromkin, *NYT Magazine*, 27. Feb. 1994; Kennan, *NYT*, 14. März 1994.

2 Zum Thema »internationaler Terrorismus« vgl. u. a. Edward Herman, *The Real Terror Network* (South End, 1982); ders. und Gerry O'Sullivan, *The »Terrorism« Industry* (Pantheon, 1989); Noam Chomsky, *Pirates and Emperors: International Terrorism in the Real World* (Neuausg. Pluto Press, 2002), sowie *Necessary Illusions: Thought Control in Democratic Societies* (South End/ Pluto Press, 1989; dt. *Media Control*, 2003); Alexander George (Hg.), *Western State Terrorism* (Polity, 1991). Zum Thema »CIA und Drogenhandel« vgl. Alfred McCoy, *The Politics of Heroin* (Lawrence Hill, 1991); Leslie Cockburn, *Out of Control* (Atlantic Monthly, 1987); Peter Dale Scott und Jonathan Marshall, *Cocaine Politics* (California, 1991). Zum Thema »Drogenkrieg« vgl. Noam Chomsky, *Deterring Democracy* (Verso, 1991), Kap. 5; überarb. Taschenbuchausgabe Hill & Wang/Vintage, 1992, mit einem Nachwort zum Golfkrieg und dem »Friedensprozeß« im Nahen Osten.

3 *The Challenge to the South*, Report of the South Commission (Oxford, 1990).

4 Winston Churchill, *The Second World War*, Bd. 5 (Houghton Mifflin, 1951), S. 382.

5 *Al-Ahram*, zit. n. David Hirst, *Guardian* (London), 23. März 1992. Die Bemerkung der ägyptischen Zeitung bezieht sich auf

Manöver der Regierung Bush, aus innenpolitischen Erwägungen heraus eine Konfrontation mit Ghaddafi vom Zaun zu brechen. Vgl. *Pirates and Emperors*, Kap. 3.

[6]   Zit. n. Paul Drake, »From Good Men to Good Neighbors«, in Abraham Lowenthal (Hg.), *Exporting Democracy* (Johns Hopkins, 1991).

[7]   Quellen und weiterführende Erörterungen in Noam Chomsky, *Turning the Tide: The U. S. and Latin America* (South End/Pluto, 1985), sowie *Deterring Democracy*, Kap. 6. In Großbritannien wurden diese Fakten lange Zeit geheimgehalten, aber einiges kam während des Golfkriegs von 1991 ans Tageslicht. Zum Einsatz der britischen Luftwaffe vgl. David Omissi, *Air Power and Colonial Control* (Manchester, 1990). Zu Haiti vgl. Noam Chomsky, *Year 501: The Conquest Continues* (South End/Verso, 1993; dt. *Wirtschaft und Gewalt*, zu Klampen, 2. Aufl. 2001), Kap. 8, Abschn. 2.

[8]   Keegan zit. n. Richard Hudson, *Wall Street Journal*, 5. Feb. 1991; Peregrine Worsthorne, *Sunday Telegraph*, 16. Sept. 1990. Christopher Bellamy, *International Affairs*, Juli 1992.

[9]   Vgl. die Einleitung zu *Deterring Democracy*. Bergsten, *Foreign Policy*, Sommer 1992. Zu den Kriegsgewinnen vgl. Seymour Hersh, *New Yorker*, 6. Sept. 1993.

[10] Bush, 29. Jan. 1991. Baker, »Why America is in the Gulf«, Ansprache vor dem Los Angeles World Affairs Council, 29. Okt. 1990. Friedman, *NYT* Week in Review, 2. Juni 1992.
      A. d. Ü.: *Gatekeeper* ist ein in der »*wettbewerbspolitischen Diskussion* häufig gebrauchter Begriff, um die Machtposition von Handelsbetrieben bei der Distribution von Waren zu beschreiben. Handelsbetrieben wird eine Schlüsselstellung im Absatzkanal zuerkannt, die es ihnen ermöglicht, den Weg von Waren und Informationen entweder zu öffnen oder auch völlig zu verschließen«. (Gabler Wirtschaftslexikon, 1997, Bd. F--K, Art. »gatekeeper«.)

[11] Lars Mjoset, *The Irish Economy in a Comparative Institutional Perspective* (National Economic and Social Council, Government Publications, Dublin, Dez. 1992), S. 200. Das Buch ist eine wichtige vergleichende Untersuchung über Irlands fehlgeschlagene Entwicklung und den Einfluß der kolonialen Erbschaft auf ein Land, das eigentlich zu den reichen Industriegesellschaften Westeuropas gehören sollte.

[12] Joseph Lee, *Ireland 1912--1985* (Cambridge, 1989), zit. n. Mjoset, op. cit., S. 29.

[13] Vgl. dazu *Deterring Democracy*, Kap. 6, sowie das Nachwort. Die beste allgemeine Darstellung des Golfkonflikts ist Dilip Hiro, *Desert Shield to Desert Storm* (HarperCollins, 1992.). Howell

zit. n. Mark Curtis, »Obstacles to Security in the Middle East«, in Seizaburo Sato und Trevor Taylor (Hg.), *Prospects for Global Order*, Bd. 2 (Royal Institute of International Affairs and International Institute for Global Peace, London, 1993).

[14] Friedman, *NYT*, 7. Juli 1991.

[15] Ebd. Zu diesen und anderen Reaktionen aus der Dritten Welt vgl. meine Artikel im *Z magazine*, Feb. und Mai 1991, sowie meinen Beitrag in Cynthia Peters (Hg.), *Collateral Damage* (South End, 1992). Vgl. auch Hamid Mowlana, George Gerbner und Herbert Schiller, *Triumph of the Image* (Westview, 1992). Zur arabischen Welt vgl. Barbara Gregory Ebert, »The War and Its Aftermath: Arab Responses«, *Middle East Policy*, 1.4, 1992.

[16] Zu Einzelheiten vgl. die Angaben in den Anm. 13 und 15.

[17] Lawrence Freedman und Efraim Karsh, *The Gulf Conflict 1990- -1991: Diplomacy and War in the New World Order* (Princeton, 1992).

[18] Maureen Dowd, *NYT*, 2. März und 23. Feb. 1991.

[19] Dionne, *WP Weekly*, 11. März; John Aloysius Farrell, *BG Magazine*, 31. März; Martin Nolan, *BG*, 10. März; Oliphant, *BG*, 27. Feb. 1991. Zu Roosevelt vgl. *Turning the Tide*, S. 61, 87.

[20] Ropp, »Things Fall Apart: Panama after Noriega«, *Current History*, März 1993. Vgl. auch *Deterring Democracy*, Kap. 5.

[21] Bob Woodward, *The Commanders* (Simon & Schuster, 1991), S. 251f. Quandt, *Peace Process* (Brookings Institution und Univ. of California, 1993), Anm. S. 579. Daß niemand die von Woodward aufgeführten Tatsachen bestritten habe, wird auch von Richard Cohen, Chief of Air Force History, 1981--91 erwähnt; *National Interest*, Frühjahr 1994. Freedman und Karsh, op. cit., S. 67f.

[22] Vgl. die in Anm. 14 gegebenen Hinweise und die darauf bezogenen Zitate als einzige mir bekannte Ausnahmen.

[23] Über die Ansichten irakischer Demokraten, soweit ich sie entdecken konnte, habe ich in meinen Artikeln im *Z magazine* (Feb. und Mai 1991) berichtet; vgl. auch *Deterring Democracy*. Aus der US-Presse ist mir nichts Vergleichbares bekannt. Mehr über ihre Positionen bei Curtis, op. cit.

[24] Vgl. meine in Anm. 16 zit. Artikel. Zu türkischen Greueltaten gegen Kurden vgl. *Desolated and Profaned*, Bericht von Lord Avebury (Vorsitzender der U. K. Parlamentarischen Menschenrechtsgruppe) und Michael Feeny (Flüchtlingsbeauftragter der kath. Diözese von Westminster) über ihre Entsendung in die kurdische Region der Türkei vom September 1992; Helsinki Watch, *The Kurds of Turkey: Killings, Disappearances and Torture*, März 1993 (Human Rights Watch, New York). Zur zynischen, westlichen Bedürfnissen angepaßten Berichterstattung über die Kurden vgl. *Necessary Illusions*, Anh. 5.3.

[25] *WP*, 24. Juni; Andrew Whitley, »Saddam's Other Victims«, op-ed, *NYT*, 26. Juni 1993.

[26] Sonderbeitrag, Alberto Ascherio u. a., »Effect of the Gulf War on Infant and Child Mortality in Iraq«, *New England Journal of Medicine*, Bd. 327, Nr. 13, 1993. Ekvall, AP, »UN says Shiites flee Iraqi Attacks«, *BG*, 24. Juli; AP, »Report: US lags on child health«, *BG*, 23. Sept.; Dalyell, *Scotland on Sunday*, 23.Mai 1993.

[27] Vgl. Noam Chomsky, *Enter a World that is Truly Surreal* (Open Magazine Pamphlet series, Westfield, Sept. 1993), aus dem einiges oben angeführte Material stammt.

[28] Eric Schmitt, Reuters, *NYT*, 28. Juni; Boustany, *WP Weekly*, 4. Juli; Tim Weiner, *NYT*, 27. Juni; Charles Glass, *Sunday Telegraph*, 4. Juli; Paul Quinn-Judge, *BG*, 28. Juni 1993.

[29] Douglas Jehl, *NYT*, 29. Juni; Kommentar, 30. Juni 1993. Zum Prozeß vgl. Patrick Cockburn, »The plot thins«, *In These Times*, 9. Aug. 1993, ein Exzerpt aus dem Londoner *Independent on Sunday*. Seymour Hersh, »A Case Not Closed«, *New Yorker*, 1.Nov. 1993.

[30] Alfred Rubin, ein bekannter Spezialist für internationales Recht bemerkt dazu, daß »das Recht auf Selbstverteidigung nichts mit Vergeltungsmaßnahmen oder Repressalien zu tun hat«, Leserbrief, *NYT*, 8. Juli 1993.

[31] Kommentare, *WP Weekly*, 5.--11. Juli; *NYT*, 28. Juni; *BG*, 28. Juni; Stephen Hubbell, *CSM*, 29. Juni; George Jones, *Daily Telegraph*, 29. Juni 1993; AP, 20. Dez. 1989; Richard Cole, AP, *BG*, 3. Feb. 1990.

[32] Steve Coll und Douglas Farah, *WP*, 20. Sept. 1993; *Economist*, 12. März 1994.

[33] Glass, op. cit. Vgl. dazu auch Alexander Cockburn, einen der wenigen Dissidenten unter den Journalisten, der hin und wieder Zugang zu den US-Medien erhält, op-ed, *WSJ*, 1. Juli 1993.

[34] Friedman, *NYT*, 28. Juni 1993.

[35] Safire, *NYT*, 28. Juni; Kommentar, *NR*, 19./26. Juli 1993.

[36] Reuters, *NYT*, 27. Juni; Youssef Ibrahim, *NYT*, 29. Juni; *Akhbar al-Kalij*, zit. n. *Middle East International*, 9. Juli, und *Frontline* (Indien), 30. Juli; F. R. Khergamvala, Bahrain, »Strike at will?«, ebd.; *Al-Alam*, Marokko, zit. n. Stephen Hubbell, *CSM*, 29. Juni 1993.

[37] *NYT*, 27. Juni; Ruth Marcus und Daniel Williams, *WP-Guardian Weekly*, 4. Juli; Douglas Jehl, *NYT*, 4. Juli 1993; Safire, op. cit.

[38] Zit. n. Loch K. Johnson, *A Season of Inquiry: the Senate Intelligence Investigation* (Kentucky, 1985), S. 53. Zu Invasionsängsten vgl. *Year 501*, Kap. 6. Zu geplanten Mordanschlägen vgl.

Interim Report of the Select Committee to Study Governmental Operations, 20. Nov 1975.

[39] Friedman, *NYT*, 28. Juni 1993. Vgl. *Pirates and Emperors*, Kap. 3, wo beschrieben wird, was die Presse 1986 »nicht zu wissen« vorzog.

[40] Friedman, *NYT*, 28. Juni 1993.

[41] Vgl. dazu *Year 501*, Kap. 5. Die fast einzige Ausnahme war meines Wissens Peter Dale Scotts Beitrag »Exporting Military-Economic Development«, in Malcolm Caldwell (Hg.), *Ten Years Military Terror in Indonesia* (Spokesman, 1975), sowie andere Aufsätze in diesem Band, der unrezensiert und unbekannt blieb. Vgl. auch Noam Chomsky, *American Power and the New Mandarins* (Pantheon, 1969), S. 35.

[42] Vgl. *Somalia: Human Rights Abuses by the United Nations Forces*, African Rights (London), Rakiya Omaar und Alex de Waal, Juli 1993. Nach der Beendigung der US-Mission schätzten sie, daß »wenigstens eintausend Somalis getötet wurden, vielleicht noch mehr -- US und UN zählen die somalischen Opfer nicht«, während es zudem zu »vielen Menschenrechtsverletzungen kam, wie etwa Angriffen auf Krankenhäuser, Bombardierungen politischer Versammlungen, Schüsse in Demonstrantenmengen und Niederreißen von Häusern für freies Schußfeld« (*Peace and Democracy News*, Winter 1993/94). Das US-Kommando schätzte die Zahl derer, die allein im Sommer 1993 umgebracht worden waren, auf sechs- bis zehntausend, zwei Drittel davon Frauen und Kinder. Die US/UN-Truppen vermeldeten 380 Opfer, darunter 83 Getötete (Eric Schmitt, *NYT*, 8. Dez. 1993).

[43] Elaine Sciolino, »U. S. Narrows Terms for Its Peacekeepers: A White House panel asks, What is in for us?«, *NYT*, 23. Sept.; John Battersby, »Angolan Strife Endangers 2 Million As Diplomacy Fails, Aid Workers Say«, *CSM*, 26. Aug. 1993. Der UN-Sondergesandte schätzt, daß es tausend Tote pro Tag gibt, »die größte Opferrate aller gegenwärtigen Konflikte«, Generalsekretär Boutros Boutros Ghali zufolge; ebd., Michael Littlejohns, *FT*, 17. Sept. 1993. Vgl. *Pirates and Emperors*, S. 96. Allgemeiner gehalten ist das Buch von Elaine Windrich, *The Cold War Guerrilla* (Greenwood, 1992). Wie die UNITA nach den verlorenen Wahlen, mit unmittelbarer Unterstützung durch Südafrika (inklusive Waffenlieferungen), zur Gewalt zurückkehrte, berichtet der Westafrikaspezialist John Marcum, »Angola: War Again«, *Current History*, Mai 1993. Die Afrika-Korrespondentin Victoria Brittain schätzt, daß während Savimbis »Terrorherrschaft« eine halbe Million Angolaner getötet wurden. Die UNITA wird weiter aus der Luft mit Waffen versorgt, berichtet sie und zitiert einen westlichen Diplomaten: »Natürlich weiß jeder bei den

Hilfsorganisationen über diesen Bruch der Sanktionen Bescheid, aber keiner will sich mit den USA anlegen.« *New Statesman and Society*, 4. März 1994.

[44] *Foreign Relations of the United States (FRUS)*, 1950, Bd. I, S. 234-292. Längere Auszüge und weitere Quellen in *Deterring Democracy*, Kap. 1.

[45] Das vorgelegte Beweismaterial ist zweckdienlich gefälscht, reicht aber auch in dieser Form nicht aus, um die Folgerungen zu rechtfertigen.

[46] Zu diesem und anderen Beispielen vgl. *Deterring Democracy*, S. 90.

[47] Huntington, *International Security*, 17:4, 1993. Vgl. Noam Chomsky und Edward Herman, *Political Economy of Human Rights* (South End, 1979), Bd. I, S. 43f.; Herman, *The Real Terror Network*, S. 82f.; Schoultz, *Comparative Politics*, Jan. 1981. Ferner *Turning the Tide*, S. 157f. Die letztgenannten Untersuchungen zeigen, daß Entwicklungshilfe nicht den Bedürfnissen der jeweiligen Bevölkerung dient, sondern der Verbesserung des Klimas für Geschäftsoperationen, was oftmals heißt, daß Gewerkschafter, Journalisten, Intellektuelle usw. vom Staat gewaltsam verfolgt werden.

[48] Morgenthau, *The Purpose of American Politics* (Vintage, 1964). Weitere Erörterungen in Noam Chomsky, *Towards a New Cold War* (Pantheon, 1982), Kap. 1, 2 und 8.

[49] *International Security*, Sommer 1981; *National Interest*, Herbst 1989.

[50] McNamara und Taylor zit. n. Marcus Raskin, *Essays of a Citizen* (M. E. Sharpe, 1991).

[51] Über die Meisterleistungen der Phantasie im politischen und intellektuellen Milieu vgl. Lars Schoultz, *National Security and United States Policy toward Latin America* (Princeton, 1987). Desgl. Anne Hessing Cahn und John Prados, »Team B: the Trillion Dollar Experiment«, *Bulletin of the Atomic Scientists*, April 1993. Cahn und Prados untersuchen die kürzlich freigegebenen »Team B«-Berichte, in denen die sowjetische Militärstärke lächerlich übertrieben dargestellt wurde. Die Linke lieferte oft ähnliche Analysen, ein Umstand, der untersucht zu werden verdient.

[52] Vgl. Lynn Eden, »The End of U. S. Cold War History?« *International Security* 18.1 (1993), wo die bedeutsame Studie von Melvyn Leffler, *A Preponderance of Power* (Stanford, 1992) und der neue Konsens über den Kalten Krieg, den sie bei Diplomatiehistorikern befördert, erörtert werden.

[53] Thompson, »Exaggeration of American Vulnerability«, *Diplomatic History*, Winter 1992; zum Bau von Kriegsschiffen wird der Historiker Robert Seager zitiert. Zur angeblichen Bedrohung durch

die Deutschen vgl. Nancy Mitchell, »Germans in the Backyard«, *Prologue*, Quarterly of the National Archives, Sommer 1992.

54   Vgl. Charles Sellers, *The Market Revolution: Jacksonian America 1815--1846* (Oxford, 1991), S. 279, 292, 393. Zu Adams vgl. William Earl Weeks, *John Quincy Adams and American Global Empire* (Kentucky, 1992), S. 193.

55   Christopher Layne vom Cato Institute und Benjamin Schwarz von RAND, *Foreign Policy*, Herbst 1993.

56   Vgl. dazu *Turning the Tide*, Kap. 5, sowie *On Power and Ideology: The Managua Lectures* (South End, 1987; dt. *Die Fünfte Freiheit. Über Macht und Ideologie*, Argument, 1988), 5. Vorl.

57   Leffler, op. cit. Das Werk ist der versierteste Überblick, der sich finden läßt; der Autor sympathisiert mit den Truman-Strategen. Weitere Diskussionen und spezielle Quellen in *Deterring Democracy* und *Year 501*. Zu den regierungsinternen Einschätzungen der sowjetischen Absichten und Militärkapazitäten vgl. Frank Kofsky, *Harry Truman and the War Scare of 1948* (St. Martins, 1993), Anhang A. Kofsky zufolge war man damals »fast einmütig der Auffassung, daß die Sowjets augenblicklich nicht die Absicht hegten, eine feindselige Auseinandersetzung mit dem Westen zu beginnen«.

58   Vgl. *Deterring Democracy*, S. 24ff. Warner, *International Affairs*, 69.2, April 1993.

59   Gaddis, *Strategies of Containment* (Oxford, 1982), S. 40, 356f. Vgl. Leffler, op. cit., der die Zusammenhänge genau analysiert.

60   Ron Suskind, *WSJ*, 29. Okt. 1991. Vgl. *Year 501*, S. 83f., sowie, zur unterdrückten Geschichte, *Necessary Illusions*, S. 177f.

61   Gaddis, *The Long Peace* (Oxford, 1987), S. 43. Vgl. auch *Necessary Illusions*, Anhang II.

62   Kennan, *Russia Leaves the War* (Princeton, 1956), S. 352--363. Vgl. auch Anm. 7.

63   Kaplan, *New Republic*, 28. Dez. 1992; Sciolino, *NYT*, 22. Juli 1993; Landes, *New Republic*, 10. März 1986; Ryan, *CSM*, 14. Feb. 1986. Zu diesen und weiteren Analysen vgl. *On Power and Ideology*, S. 68f., *Turning the Tide*, S. 153f. Zu den Ereignissen vgl. Hans Schmidt, *The United States Occupation of Haiti, 1915--1934* (Rutgers, 1971). Zu den Beziehungen zwischen Haiti und den USA vgl. *Year 501*, Kap. 7, sowie Paul Farmer, *The Uses of Haiti* (Common Courage, 1994).

64   *Haiti Info*, 23. Mai 1993; persönliche Interviews, Port-au-Prince, Juni 1993. Trouillot, *Haiti: State against Nation* (Monthly Review, 1990), S. 102f.

65   Lloyd Gardner, *Spheres of Influence* (Ivan Dee, 1993), S. 176, 207, 2345ff., 265; 240; Protokolle der Kabinettstreffen vom Feb. 1945. Leffler, op. cit., S. 58f., 15.

[66] *Nation*, 5. März 1990.

[67] Zu Quellenhinweisen, soweit nicht zitiert, vgl. *Deterring Democracy, Year 501* sowie *Rethinking Camelot: JFK, the Vietnam War, and U. S. Political Culture* (South End, 1993), Kap. 1.

[68] Zu Quellen vgl. *Deterring Democracy*, Kap. 1 und 11. Simpson, *The Splendid Blond Beast* (Grove, 1993), Kap. 5. Zu Lord Halifax vgl. Gardner, op. cit., S. 13.

[69] Ebd., S. 67f.

[70] Romero, *The United States and the European Trade Union Movement 1944--1951* (North Carolina, 1989, 1992), S. 50ff., 143ff., 16, 24. Weitere Materialien in *Deterring Democracy*, Kap. 11; *Year 501*, Kap. 2.

[71] Zit. n. Drake, op. cit.

[72] Ebd. Vgl. *Turning the Tide*, Kap. 3, Abschn. 6 und 7. Lansing zit. n. Schmidt, op. cit., S. 62f.

[73] Vgl. William Stivers, *Supremacy and Oil* (Cornell, 1982), S. 66--73.

[74] Mehr dazu in *Deterring Democracy*, Kap. 5; *Year 501*, Kap. 3.

[75] Vgl. etwa Lee Hockstadter, »Honduras Embattled After Decade of Aid«, *WP*, 13. Juli 1992. Zur Haltung der nationalen Presse vgl. *Necessary Illusions* und *Deterring Democracy*.

[76] Abraham Lowenthal, in Lowenthal, op. cit., Vorwort. Zu US-amerikanischen und ausländischen Reaktionen vgl. *Deterring Democracy*, Kap. 10. Zu früheren Wahlen vgl. Edward Herman und Noam Chomsky, *Manufacturing Consent* (Pantheon, 1988), Kap. 3. Ferner meine Einleitung zu Morris Morley und James Petras, *The Reagan Administration and Nicaragua* (Institute for Media Analysis, New York, 1987). Vgl. auch William Robertson, *A Faustian Bargain* (Westview, 1992); der Autor beschäftigt sich mit der US-amerikanischen Beeinflussung der Wahlen von 1990, die eher eine Nebensächlichkeit war, so daß seine informative Untersuchung trotz ihrer kritischen Haltung im Mainstream Anerkennung fand, während das grundlegendere Thema weiterhin totgeschwiegen wird.

[77] World Briefs, *BG*, 16. März 1996.

[78] Manlio Tirado, *Excelsior*, 27. Nov., 1993; *Latin America News Update*, Jan. 1994. *Envío* (UCA, Managua), Feb.--März 1994.

[79] Edward Oriebar, *FT*, 22. März; Howard French, *NYT*, 22. März 1994.

[80] Gene Palumbo, *National Catholic Reporter*, 25. März; Rev. Rodolfo Cardenal, stellv. Rektor der Central American University (UCA), *Latinamerica press*, 31. März 1994.

[81] Vgl. Human Rights Watch/Americas (Americas Watch), *El Salvador: Darkening Horizons, El Salvador on the eve of the March 1994 elections*, VI.4, März 1994. Lauren Gilbert (ein Vertre-

ter der UN-Wahrheitskommission), *International Policy Report* (Center for International Policy, Washington), März 1994. Desgl. Clifford Krauss, *NYT*, 9. Nov.; Tim Weiner, *NYT*, 14. Dez. 1993.

[82] Einzelheiten in *El Salvador: Darkening Horizons.*

[83] Howard French, *NYT*, 6. März, 22. März; Gene Palumbo, *CSM*, 20. Jan.; David Clark Scott, *CSM*, 18. und 22. März 1994.

[84] Tracy Wilkinson, *LAT*, 28. März 1994.

[85] Martz, »Colombia: Democracy, Development and Drugs«, *Current History*, März 1994; Steven Greenhouse, *NYT*, 15. März 1994.

[86] Americas Watch, *State of War: Political Violence and Counterinsurgency in Colombia* (Human Rights Watch, Dez. 1993); Amnesty International, *Political Violence [In Colombia]: Myth and Reality* (März 1994). *Deterring Democracy*, Kap. 4.

[87] AP, *BG*, 14. März 1994.

[88] WOLA, *The Colombian National Police, Human Rights, and U. S. Drug Policy*, Mai 1993. Zu den letzten drei Monaten des Jahres 1993 vgl. insbes. *Justicia y Paz*, Comisión Intercongregacional de Justicia y Paz, Bd. 6.4, Okt.--Dez. 1993, Bogotá.

[89] Comisión Andina de Juristas, Seccional Colombia, Bogotá, 19. Jan. 1994.

[90] Vgl. dazu den vierten Abschnitt des zweiten Teils und die dort zitierten Quellen.

[91] McClintock, *Instruments of Statecraft* (Pantheon, 1992); vgl. dazu auch *Year 501*, Kap. 10. Zur Söldnerfrage vgl. *Deterring Democracy*, Kap. 4.

[92] *El Terrorismo de Estado en Colombia* (Brüssel, 1992). Zur Verschlechterung der Menschenrechtssituation während der achtziger Jahre vgl. auch Jenny Pearce, *Colombia: Inside the Labyrinth* (Latin American Bureau, London, 1990).

[93] Vgl. *Deterring Democracy*, Kap. 4.

[94] Justicia y Paz, zit. n. WOLA, *Colombia Besieged: Political Violence and State Responsibility* (Washington DC, 1989).

[95] Vgl. dazu *Deterring Democracy*, Kap. 4, sowie, zu den Opferschätzungen, *El Terrorismo de Estado.*

[96] WOLA, *Colombia Besieged*; WOLA, *The Paramilitary strategy imposed on Colombia's Chucuri region* (Jan. 1993).

[97] WOLA, *Colombian National Police.*

[98] *Colombia Update*, Colombian Human Rights Committee, Dez. 1989; vgl. auch *Deterring Democracy*; Kap. 4.

[99] WOLA, *Colombia Besieged.* Zu den Statistiken über Kinder vgl. Pearce, op. cit.

[100] Simes, *NYT*, 27. Dez. 1988.

[101] Weitere Details in *Deterring Democracy*, S. 29f..

[102] Vgl. *Turning the Tide*, Kap. 5 und *On Power and Ideology*, 5. Vorlesung.

[103] Friedman, *NYT*, 22. Sept.; Lake, *NYT*, 26. Sept. 1993. Zu Brasilien vgl. *Year 501*, Kap. 7 und die dort zitierten Quellen.

[104] *Defense Monitor*, CDI, XXI.3, XXII.4, 7 1993. Stephen Shalom, *Z magazine*, Juni 1993. Evans, *Chicago Tribune*, 7. Juli 1993. Les Aspin, *The Bottom-Up Review: Forces for a New Era*, Verteidigungsministerium, Washington D. C., 1. Sept. 1993; Hervorhebung von ihm. Zur gegenwärtigen Strategie vgl. Michael Klare, »Pax Americana: U. S. Military Policy in the Post-Cold War Era«, in Phyllis Bennis und Michel Moushabeck (Hg.), *Altered States: a Reader in the New World Order* (Olive Branch Press, Interlink, 1993). Zu Somalia vgl. Stephen Shalom, »Gravy Train: Feeding the Pentagon by Feeding Somalia«, *Z magazine*, Feb. 1993; desgl. mein Artikel in derselben Ausgabe, sowie Joseph Gerson, *Peacework*, Jan. 1993; Zitate aus *WP Weekly*, 14.--20. Dez. 1992 (zit. n. Gerson), Jane Perlez, *NYT Week in Review*, 20. Dez. 1922. Zu umfassenderen Diskussionen vgl. Alex de Waal und Rakiya Omaar, »Doing Harm by Doing Good? The International Relief Effort in Somalia«, *Current History*, Mai 1993; »Somalia: Adding „Humanitarian Intervention" to the U. S. Arsenal«, *Covert Action* 44, Frühjahr 1993; *Somalian Operation Restore Hope: A Preliminary Assessment*, African Rights, London, Mai 1993.

[105] Arkin, *Bulletin of the Atomic Scientists*, Juli-- Aug. 1993. Paul Quinn-Judge, *BG*, 12. Juli 1993.

[106] Weiterführende Informationen in *Deterring Democracy* und *Year 501*.

[107] Zur bemerkenswerten Uniformität der Berichterstattung vgl. *Necessary Illusions*, insbes. S. 61--65. Zu Kissinger vgl. Seymour Hersh, *Price of Power* (Summit, 1983), S. 270, wo er Roger Morris zitiert.

[108] Pastor, *Condemned to Repetition* (Princeton, 1987); vgl. dazu *Deterring Democracy*, Kap. 8.

[109] Zu Lansing und Wilson vgl. Lloyd Gardner, *Safe for Democracy* (Oxford, 1987), S. 157, 161, 261, 242. Zu Großbritannien vgl. Davies, op. cit., S. 518.

[110] Die Bemerkung von Dulles zit. n. Warner, op. cit. Zum Bericht des Außenministeriums vgl. Dennis Merrill, *Bread and the Ballot: the United States and India's Economic Development, 1947--1963* (North Carolina, 1992), S. 123. Macmillan zit. n. Richard Reeves, *President Kennedy* (Simon & Schuster, 1993), S. 174. Zu China und Vietnam vgl. Noam Chomsky, *For Reasons of State* (Pantheon, 1973), Kap. 1.V; Wiederabdr. in James Peck (Hg.), *The Chomsky Reader* (Pantheon, 1988).

[111] Douglas Little, »Cold War and Covert Action: the US and Syria, 1945--1958«, *Middle East Journal*, Winter 1990. Steven Freiberger, *Dawn over Suez* (Ivan Dee, 1992), S. 167, 156f.

[112] Vgl. dazu die Quellenverweise in den Anm. 13 und 15.

[113] *World Development Report 1991: the Challenge of Development* (Oxford, 1991), S. 14, zit. n. Michael Haynes, »The New Market Economies and the World Economy«, Ms., Wolverhampton Polytechnic (U. K.), Mai 1992. Statistiken zum Niedergang bei Alice Amsden, »After the Fall«, *American Prospect*, Frühjahr 1993. Zum Bericht der Weltbank vgl. *Year 501*, Kap. 3 u. 4.

[114] Zur Flucht vor dem neoliberalen Zusammenbruch vgl. Ryutaro Komiya u. a., *Industry Policy of Japan* (Tokyo, 1984; Academic Press, 1988); Mjöset, op. cit. (zu den kleineren europäischen Ländern); Amsden, *Asia's Next Giant* (Oxford, 1989) und Robert Wade, *Governing the Market* (Princeton, 1990) (zu den asiatischen »Tigerstaaten«). Zu den Auswirkungen neoliberaler Reformprinzipien vgl. u. a. Alejandro Foxley, *Latin American Experiments in Neoconservative Economics* (California, 1983); Carmen Diana Deere u. a., *In the Shadows of the Sun* (Westview, 1990) sowie Kathy McAfee, *Storm Signals* (South End, 1991) (beide zur Karibik); Michael Barratt Brown und Pauline Tiffen, *Short Changed* (Pluto, 1992) (über Afrika).
Zu Lateinamerika insgesamt vgl. NACLA, »A Market Solution for the Americas?« *Report on the Americas*, NACLA XXVI.4, Feb. 1993; James Patras und Steve Vieux, »Myths and Realities: Latin America's Free Markets«, *Monthly Review*, Mai 1992; ferner viele Untersuchungen zu Einzelfällen, wie etwa Joseph Collins und John Lear, *Chile's Free Market Revolution: A Second Look* (Institute for Food and Development Policy, 1994), ferner Martha Honey, *Hostile Acts* (Florida, 1994) und Development GAP, *Structural Adjustment in Central America* (Washington DC, 1993), zu Costa Rica. Eine informative Übersicht über die Auswirkungen der Programme von IWF und Weltbank in den achtziger Jahren bietet Rehman Sobhan, »Rethinking the Market Reform Paradigm«, *Economic and Political Weekly* (Indien), 25. Juli 1992. Zu den übergreifenden Themen und Problemen vgl. Peter Evans u. a., *Bringing the State Back In* (Cambridge, 1985); Tariq Banuri (Hg.), *No Panacea: The Limits of Economic Liberalization* (Oxford, 1991); Susan George, *The Debt Boomerang* (Pluto, 1992). Zu Vergleichen zwischen Lateinamerika und Ostasien s. u. a. Stephen Haggard, *Pathways From the Periphery* (Cornell, 1990); Rhys Jenkins, »Learning from the Gang«, *Bulletin of Latin American Research*, 10.1, 1991, und »The Political Economy of Industrialization«, *Development and*

Change 22, 1991. Weitere Diskussionen und Quellen in *Deterring Democracy* und *Year 501*.

[115] Mehr dazu in *Necessary Illusions*; ferner *Towards a New Cold War*, Kap. 1 und 2; *Deterring Democracy*, Kap. 12; *Year 501*, Kap. 10 und 11. Vgl. auch das wichtige Buch von Alex Carey, *Taking the Risk out of Democracy* (im Ersch. begriffen).

[116] Jefferson zit. n. Sellers, op. cit., S. 269f., 106. Robert Westbrook, *John Dewey and American Democracy* (Cornell, 1991), S. 440f., 176f., 225f., 249, 453. Zur Diskussion dieser Themen im späten 18. Jahrhundert vgl. Patricia Werhane, *Adam Smith and His Legacy for Modern Capitalism* (Oxford, 1991).

[117] Joyce, »The Revitalization of Civil Society«, Bemerkungen vor der Milwaukee Bar Association, 23. Juni 1993; abgedr. in *Wisconsin Interest*.

[118] Orwell, unterdrücktes Vorwort zu *Animal Farm*, veröff. von Bernard Crick im *Times Literary Supplement*, 15. Sept. 1972; wiederabgedr. in der Ausgabe bei *Everyman's Library*. Jo Ann Boydston (Hg.), *John Dewey: The Later Works*, Bd. II, aus *Common Sense*, Nov. 1935; vgl. auch *Necessary Illusions*, Kap. 5.

[119] Vgl. *Letters from Lexington*, Kap. 17. Zur Kontrolle des Rundfunks vgl. Robert McChesney, *Telecommunications, Mass Media & Democracy* (Oxford, 1993).

[120] Vgl. Carey, op. cit.

[121] Zu den Kampagnen der vierziger Jahre vgl. Karl Meyer, Editiorial Notebook, *NYT*, 2. Aug.; James Perry, *WSJ*, 23. Sept. 1993. Robin Toner, »Poll Says Public Favors Changes in Health Policy«, *NYT*, 6. April; Elizabeth Neuffer und Richard Knox, »Guide to ›six stars‹ of health plan debate«, *BG*, 26. Sept.; Knox, »Many ready to accept care limits«, *BG*, 19. Sept. 1993. Toner fügt hinzu, daß die 59 Prozent Unterstützung für die Reform des Gesundheitssystems sich auf 36 Prozent reduzieren, wenn dafür zusätzlich 1000 Dollar an Steuern anfallen und andere Prämien gestrichen würden. Da scheint eine irreführende Frage vorzuliegen, vor allem angesichts der Tatsache, daß 58 Prozent bereit waren, für die Verbesserung des Gesundheitssystems zusätzliche Steuern zu zahlen. Zu den augenblicklichen Medienkampagnen vgl. *Year 501*, Kap. 9; FAIR, *Extra!*, Juli/Aug. 1993.

[122] Navarro, in ders. (Hg.), *Why the United States does not have a National Health Program* (Baywood, 1992); Navarro, *Dangerous to Your Health* (Monthly Review, 1993), S. 59, 75.

[123] Carey, op. cit. Reich und Brown zit. n. Louis Uchitelle, »Union Leaders Fight for a Place in the President's Workplace of the Future«, *NYT*, 8. Aug. 1993. Weitere Ausführungen und Quellen in *Turning the Tide*, Kap. 5, sowie die Angaben in Anm. 2.

124 Vgl. *Year 501*, Kap. 4. *FT*, 23. Juli 1993; Aaron Zitner, »Arms Across the Sea«, *BG*, 1. Aug.; Charles Haney, AP, *San Diego Union--Tribune*, 12. Aug. 1993. Feinstein, *Bulletin of the Atomic Scientists*, Nov. 1992. Zu Saudi-Arabien vgl. Jeff Gerth u. a., »Saudi Stability Hit by Heavy Spending Over Last Decade«, *NYT*, 22. Aug.; David Hirst, »Heads in the Sand«, *Guardian Weekly*, 29. Aug. 1993.

125 Vgl. dazu die wichtigen Untersuchungen des National Labor Committee Education Fund in Support of Worker & Human Rights in Central America, *Paying to Lose Our Jobs* (1992); *Haiti After the Coup* (1993).

126 *Mandate for Change* (Berkley Books, Jan. 1993). Todd Schafer, *Still Neglecting Public Investment: The FY94 Budget Outlook*, Economic Policy Briefing Paper (EPI, Washington, Sept. 1993). Howard, »The Hidden Welfare State«, *Political Science Quarterly*, Herbst 1993. Ben Lilliston, *Multinational Monitor*, Jan.--Feb.; James Donahue, »The Corporate Welfare Kings«, *WP Weekly*, 21.--27. März 1994.

127 Richard Du Boff, *Accumulation and Power* (M. E. Sharpe, 1989), S. 101-103.

128 *Economist*, 7. Sept. 1985. Lucinda Harper, *WSJ*; *NYT* Wirtschaftsteil, 28. Okt. 1992. Jeremy Leaman, *Debatte* (Deutschland), Nr. 1, 1993. Keith Bradsher, *NYT*, 15. Feb. 1994. Bergsten, *FT*, 18. Aug. 1993; *FT*, 16. Nov. 1992. Low, *Trading Free* (Twentieth Century Fund, 1993), S. 70ff., 271.

129 Susan George, op. cit., S. 77.

130 Meller, »Adjustment and Social Costs in Chile During the 1980s«, *World Development* 19.11, 1991. Felix, »Privatizing and rolling back the Latin American State«, CEPAL Review 46, Santiago de Chile, April 1992. Nash, *NYT*, 4. April 1993. Vgl. auch Collins und Lear, op. cit.

131 Zu den EG-Stahlpreisen vgl. David Gardner, *FT*, 2. Dez.; zur Export-Import-Bank *FT*, 12. Nov. 1992.

132 Nasar, *NYT*, 12. Dez. 1992. Borrus, *American Prospect*, Herbst 1992.

133 Broad, *Science Times, NYT*, 10. Nov. 1992.

134 Keith Bradsher, »Administration Plans New Export Initiative«, *NYT* Wirtschaftsteil, 28. Sept.; Michael Frisby, *WSJ*, 29. u. 30. Sept. 1993.

135 Dieter Ernst und David O'Connor, *Competing in the Electronics Industry* (Pinter, 1992), zit. n. Laura Tyson, *Who's Bashing Whom?* (Institute for International Economics, 1992).

136 Sonia Nazario, *WSJ*, 5. Okt. 1992.

137 Howard Wachtel, *The Money Mandarins* (M. E. Sharpe, 1990), S. 249.

[138] Eine Einschätzung bei Robert Pear, *NYT*, 3. Jan. 1993.

[139] Adam Pertman, *BG*, 5. März 1993. Vgl. auch *Year 501*, Kap. 11.

[140] Gerschenkron, *Economic Backwardness in Historical Perspective* (Harvard, 1962), ein Werk, das man sinnvoll neben einer wichtigen, ebenfalls Anfang der sechziger Jahre erschienenen, Studie lesen kann, die sich mit der Kehrseite der Medaille beschäftigt: Frederick Clairmonte, *Economic Liberalism and Underdevelopment* (Asia Publishing House, 1960).

[141] Vgl. *Year 501*, wo ausführlicher argumentiert und auf Quellen verwiesen wird. Brenner, *Merchants and Revolution* (Princeton, 1993), 45ff., 580.

[142] Sellers, op. cit., S. 101.

[143] Ebd., S. 405, 256.

[144] Vgl. Mjöset, op. cit.

[145] Merrill, op. cit., S. 14; Thakur, *Third World Quarterly* 14.1, 1993.

[146] Marsot, *Egypt in the Reign of Muhammad Ali* (Cambridge, 1984), S. 169ff, 238ff., 258ff. Peter Gran, *Islamic Roots of Capitalism* (Texas, 1979), S. 6ff.

[147] Weitere Informationen und Quellen in *Deterring Democracy*, Kap. 7.

[148] Cumings, *International Organization* 38.1, Winter 1984. Wade, op. cit., S. 74. Amsden, »The State and Taiwan's Economic Development«, in Evans, op. cit.

[149] Zum Verhältnis Mandschurei--Südvietnam vgl. *American Power and the New Mandarins*, Kap. 2.

[150] Shintaro Ishihara, in Akio Morita und Ishihara, *The Japan That Can Say No* (Konbusha, Tokio), *Congressional Record*, 14. Nov. 1989, E3783-98.

[151] Ausführlichere Darstellungen in *Deterring Democracy*; Kap. 1 und 11; *Year 501*, Kap. 7.

[152] Rabe, *The Road to OPEC* (Texas, 1982). Haines, *The Americanization of Brazil* (Scholarly Resources, 1989). Weiteres dazu in *Year 501*, Kap. 7.

[153] Stephen Fidler, »Latin America „chaos" warning«, *FT*, 25./26. Sept. 1993.

[154] Nathan Godfried, *Bridging the Gap between Rich and Poor: American Economic Development Policy Toward the Arab East, 1942--1949* (Greenwood, 1987), S. 99. David Painter, *Oil and the American Century* (Johns Hopkins, 1986), S. 153ff.

[155] Vgl. u. a. Tom Barry und Deb Preusch, *The Soft War* (Grove, 1988), S. 67f.; Borden, *The Pacific Alliance: United States Foreign Economic Policy and Japanese Trade Recovery, 1947--1955* (Wisconsin, 1984), S. 182f.

[156] Merrill, op. cit., S. 145.

[157] Ebd., S. 140.

[158] Ebd., S. 61ff., 146f., 158, 170.

[159] Zu weiteren Einzelheiten vgl. meinen Aufsatz »Responsibility of Intellectuals« von 1966, wiederabgedruckt in *American Power and the New Mandarins*, Kap. 6, sowie Peck, *Chomsky Reader*. Dort die Zitate aus Kongreßanhörungen und den Zeitungen *CSM, NYT*.

[160] Chossudovsky, »India under IMF-Rule«, *Economic and Political Weekly*, 6. März 1993. Madhura Swaminathan und V. K. Ramachandran, »Structural Adjustment Programmes and Child Welfare«, Ms., Bombay, Arbeitspapier für das Seminar über Neue Wirtschaftspolitik, 19.--21. Aug. 1993 im Indian Institute of Management, Kalkutta. Vgl. auch *Year 501*, Kap. 7.

[161] Michael Meacher, *Observer*, 16. Mai 1993; *Economist*, 10. Juli 1993.

[162] Paul Johnson, »Colonialism's Back -- and Not a Moment Too Soon«, *NYT Magazine*, 18. April 1993, ein besonders vulgäres Beispiel für diese Art von Argumentation.

[163] Vgl. etwa Stuart Auerbach, den Asienkorrespondenten der *Washington Post*, in *WP Weekly*, 26. Juli 1993. Beispiele für Irrtümer im Hinblick auf Tatsachen und Logik in *For Reasons of State*, Kap. 1, Abschn. 5, wiederabgedr. in Peck, *Chomsky Reader*. Zur Analyse des Handelsministeriums vgl. Wachtel, op. cit., S. 44f. *BW*, 7. April 1975.

[164] Susan George, op. cit., xvf., Kap. 3; Barratt Brown und Tiffen, op. cit. (UNICEF). Meacher, op. cit. Ein Überblick über den Bericht der South Commission in South Centre, *Facing the Challenge* (Zed, 1993), S. 4. Zu Lateinamerika vgl. UN-Commission on Latinamerica, *Report on the Americas* (NACLA), Feb. 1993; *Excelsior* (Mexiko), 21. Nov. 1992; ders., 26. Aug. 1993; Pastor, »The Effects of IMF Programs in the Third World«, *World Development* 15.2, 1987. Zu Afrika vgl. Barratt Brown und Tiffen, op. cit. Zur Datenübersicht der Weltbank vgl. Sobhan, op. cit.; zu Chile vgl. David Pilling, »Latin America's dragon running out of puff«, *FT*, 19. Aug. 1993. Der Fall Chile wird sorgfältig analysiert von Collins und Lear, op. cit. Zur WHO vgl. *Deterring Democracy*, Kap. 7; zu Reagan in Afrika vgl. Inter-Agency Task Force, Africa Recovery Program/Economic Commission, *South African Destabilization: the Economic Cost of Frontline Resistance to Apartheid* (UN, New York, 1989), S. 13, zit. n. Merle Bowen, *Fletcher Forum*, Winter 1991. Weitere Quellenangaben in *Year 501*, Kap. 3 und 4.

[165] Swaminathan und Ramachandran, op. cit. Zu Chile vgl. Jean Drèze und Amartya Sen, *Hunger and Public Action* (Oxford,

1989), S. 229ff. Zum Verfall des Gesundheitssystems vgl. Collins und Lear, op. cit. Zu Kinderarbeit und -prostitution vgl. *Deterring Democracy*, Kap. 7; *Year 501*, Kap. 7.

[166] O'Shaughnessy, *Observer*, 12. Sept. 1993.

[167] Cries/Nitlapán Team, *Envío*, Jesuitische Universität von Mittelamerika (UCA), Managua, Sept. 1993. Abstimmung im Senat, 29. Juli 1993. CEPAD *Report*, Juli--Aug. (Evangelical Churches of Nicaragua); *Barricada Internacional*, 9. und 10. Okt.; *Nicaragua News Service*, Nicaragua Network Education Fund, Washington, 2.--9. Okt.; *Central America Report* (Guatemala), 22. Okt.; Guillermo Fernandez A.; *Barr. Int.*, Sept.; Porpora, *CSM*, 20. Okt.; Werner, »Children pay price in Nicaragua's New Order«, *Third World Resurgence* (Malaysia) Nr. 35, 1993. John Haslett Cuff, *Globe & Mail* (Toronto), 20. Nov.; O'Shaughnessy, *Observer*, 26. Sept. 1993. Zu vergleichbaren Praktiken in Lateinamerika und anderen westlich beeinflußten Regionen vgl. *Turning the Tide*, Kap. 3.8; *Year 501*, Kap. 7.7. Zum monetaristischen Modell von Somoza vgl. die Untersuchung von Nicaraguas führendem konservativen Ökonomen, Francisco Mayorga, *The Nicaraguan Economic Experience, 1950--1984: Development and exhaustion of an agroindustrial model*, Yale Univ., Diss., 1986; zur Diskussion vgl. *Deterring Democracy*, S. 232f.

[168] Rubinstein, »Terror is caused by the humiliations«, *Ha'aretz*, 2. April 1993. Philip Taubman, *NYT*, 24. Sept. 1984. Kongreßabgeordneter William Alexander, *NYT*, 5. Mai 1985; Cranston, US-Senat, Committee on Foreign Relations, 27. Feb. 1986. Carlos Argüello Gómez, Bevollmächtigter der Republik Nicaragua, und Edward Williamson, Rechtsberater des US-Außenministeriums, Kommuniqués für den Internationalen Gerichtshof in Den Haag, 12. und 25. Sept. 1991, zit. n. Howard Meyer, Spezialist für internationales Recht in einem Brief an die *New York Times* nach einer vom Kongreß beschlossenen Einstellung der Hilfsleistungen (24. Aug. 1993, nicht abgedr.). Zum Votum des Senats Tim Johnson, Knight-Ridder Service, *BG*, 24. Sept. 1993; Die von den ultrarechten Senatoren Jesse Helms und Connie Mack initiierte Einstellung erwähnte Nicaragua nicht direkt, aber alle wußten, was gemeint war.

[169] Vgl. insbes. Honey, op. cit. Zu Quellen und anderen Materialien über die ambivalente Haltung Washingtons zur Demokratie in Costa Rica vgl. *Necessary Illusions*, Anh. V.1. Zu José Figueres ebd., sowie *Letters from Lexington*, Kap. 6. Der Umgang der US-Medien mit Figueres, Mittelamerikas größtem Demokraten, bis in die Nachrufe hinein ist sehr bezeichnend für die wahre Haltung der USA gegenüber Lateinamerika und Washingtons Bemühungen, dort »die Demokratie zu fördern«.

[170] Vgl. dazu *Year 501*, Kap. 7; Haines, op. cit.
[171] Paul Kennedy, *New York Review*, 11. Feb. 1993, der Statistiken der Inter-American Development Bank von 1989 zitiert.
[172] Burke, »The Political Economy of NAFTA, the Global Crisis and Mexiko«, Ms., Univ. of Maine, 1993; »The Beginning of the End of the IMF Game Plan: the Case of Mexiko«, in Edgar Ortiz (Hg.), *Public Administration Economics and Finance: Current Issues in the North-American and Caribbean Countries* (Centro de Investigación y Docencia Económicas, Mexiko, 1989--90). Meacher, op. cit. South Centre, op. cit., S. 12.
[173] UNDP *Human Development Report*, 1992, S. 34f., zit. n. Ian Robinson, *The NAFTA, Democracy, and Economic Development*, Canadian Centre for Policy Alternatives, 1993, Anm. 64; *North American Trade as if Democracy Mattered* (CCPA and International Labor Rights Education and Research Fund, 1993), Anh. 2. Gesundheitsstatistik: Dr. Gregory Pappas, zit. n. Robert Pear, »Big Health Gap, Tied to Income, Is Found in U. S.«, *NYT*, 8.. Juli 1993.
[174] Thomas Edsall, *WP Weekly*, 2. Aug.; Lester Thurow, *Guardian Weekly*, 22. Aug. 1993. Mishel und Bernstein, *Challenge*, Nov.--Dez. 1992. Dornbusch, *Economist*, 24. Okt. 1992. Robinson, op. cit. Rothstein, *American Prospect*, Sommer 1993. Zur OECD und anderen Untersuchungen zur Ungleichheit, *Left Business Observer*, 14. Sept. 1993. Zur UNICEF vgl. AP, *BG*, 23. Sept. 1993. Alfred Malabre, *WSJ*, 13. Sept.; Judy Rakowsky, »Tufts study finds 12 million children in US go hungry«, *BG*, 16. Juni 1993. Weitere Erörterungen in *Deterring Democracy*, Kap. 2; *Year 501*, Kap. 2, 4 und 11.
[175] Paulette Thomas, *WSJ*, 5. Okt. 1993. Robert Rosenthal, *LAT*, 31. März; AP, *Chicago Tribune*, 26. Jan.; David Holstrom, *CSM*, 27. Jan. 1994.
[176] Lawrence Mishel und Jared Bernstein, »The Joyless Recovery«, *Dissent*, Winter 1994; Tamar Lewin, *NYT*, 10. März; *Fortune* (Titelgeschichte), 24. Jan. 1994. Robert Hershey, *NYT*, 2. April; Jurek Martin, *FT*, 2. April 1994.
[177] Gilmour, *Dancing with Dogma* (Simon & Schuster, 1992). Godley, *London Review of Books*, 8. April; Steven Webb und Richard Thomas, *New Statesman and Society*, 30. Juli; David Brindle, *Guardian Weekly*, 11. Juli 1993. Angelia Johnson, *Guardian*, 6. Juli; David Nicholson-Lord, *Independent*, 12. Mai; Pirt, Leserbrief, *Independent*, 18. Mai 1993. Ungleichheit, gemessen nach dem Gini-Index, übertragen aus Datenbanken der Luxemburger Einkommensuntersuchung; *Left Business Observer*, 14. Sept. 1993.

[178] David Nicholson-Lord, *Independent*, 1. Feb.; Pressemitteilung, »Action for Children«, 31. Jan.; Jeremy Laurance, »Workhouse gruel „too costly for poor today"«, *Times*, 1. Feb.; John Palmer, »UK joins poor of Europe«, 30. Jan. 1994. David Gardner, *FT*, 16. Okt. 1992.

[179] *Business Week*, 21. Feb.; Dana Milbank, *WSJ*, 28. März 1994.

[180] Vgl. Manne, »Wrong Way, Go Back«, *ABM*, Nov. 1992; Burchill, »Scenes from Market Life: Neoliberalism in Australia«, Ms., Univ. of Tasmania, 1993 (dort das Zitat aus P. Kelly, *End of Certainty*, 1992). Einen informativen Überblick und vergleichende Analysen bieten Tom Fitzgerald, *Between Life and Economics* (1990 Boyer lectures of the Australien Broadcasting Company, ABC, 1990), sowie John Carroll und Robert Manne (Hg.), *Shutdown: The Failure of Economic Rationalism* (Melbourne: Text, 1992).

[181] Gordon Campbell, *Listener* (Neuseeland), 30. Jan. 1993. Hazeldine, »Taking New Zealand Seriously«, Antrittsvorl., Fachber. Wirtschaftswissenschaften, Univ. Auckland, 10. Aug. 1993.

[182] Ryutaro Komiya, Yutaka Kosai u. a. in Komiya, op. cit.; vgl. auch Fitzgerald, op. cit. Johnson, *National Interest*, Herbst 1989. Amsden zit. n. Evans, op. cit.

[183] Overseas Economic Cooperation Fund, »Implications of the World Bank's Focus on Structural Adjustment: A Japanese Government Critique«, *Third World Economics* (Malaysia), 31. März 1993.

[184] Patricia Corda, *Excelsior* (Mexiko), 4. Dez. 1992. Fernando Montes, S. J., von der chilenischen Delegation (*Mensaje*, Dez. 1992); Weihnachtsbotschaft der bolivianischen Bischofskonferenz; beides in *LADOC* (Latin American Documentation), Lima, März/April 1993. Ian Linden, Kath. Institut für internationale Beziehungen, »Reflections on Santo Domingo«, *The Month* (Jan. 1993).

[185] Vgl. *Turning the Tide*, Kap. 4.2.2., wo Untersuchungen von Vicente Navarro zusammengefaßt sind. Ferner Thomas Ferguson und Joel Rogers, *Right Turn* (Hill & Wang, 1986). Desgl. *Deterring Democracy*; Kap. 2; *Year 501*, Kap. 11. *British Social Attitudes Survey, Guardian*, 18. Nov. 1992.

[186] Jean-Yves Potel, »La Hongrie n'est plus une ›île heureuse‹«, *Le Monde diplomatique*, Mai 1993. *FT*, 17. Juni und 16. Sept. 1993.

[187] Konstanty Gebert, Kolumnist für Polens größte Tageszeitung, in den achtziger Jahren »Journalist im Untergrund«, *WP Weekly*, 10. Mai 1993. Amsden, »After the Fall«, *American Prospect*, Frühjahr 1993.

[188] Dean Murphy, *LAT*, 19. Sept.; Barry Newman, *WSJ*, 16. Sept.; Jane Perlez, *NYT*, 18. Sept. 1993.

[189] Jonathan Kaufman, *BG*; Barry Newman, *WSJ*; Jane Perlez, *NYT*; alle Beiträge vom 20. Sept. 1993.

[190] Abraham Brumberg, op-ed, *NYT*, 22. März; Andrew Hill, *FT*, 25. Feb.; AP, *BG*, 25. Feb.; Times Mirror, *NYT* Nachrichtendienst, 26. Jan.; Steven Erlanger, *NYT*, 20. Aug.; *Economist*, 13. März 1993.

[w] Marlise Simons, »In Europe's Brothels, Women from the East«, *NYT*, 9. Juni 1993. Zu Bolivien und anderen »Erfolgen des freien Markts« vgl. *Year 501*, Kap. 3 und 7. Rensselaer Lee und Scott Macdonald, »Drugs in the East«, *Foreign Policy*, Frühjahr 1993.

[192] »The „Thirdworldisation" of Russia under IMF rule«, *Third World Quarterly*, 16.--30. Juni 1993.

[193] »La grande détresse de la société russe«, *Le Monde diplomatique*, Sept. 1993.

[194] Kregel und Matzner, *Challenge*, Sept.--Okt. 1992. Zu Italien vgl. Gerschenkron, op. cit., zu Österreich Mjöset, op. cit.

[195] UNICEF, *Public Policy and Social Conditions: Central and Eastern Europe in Transition*, Florenz, Nov. 1993. Francis Williams, *FT*, 27. Jan. 1994. Vgl. ferner John Lloyd, *FT*, 14. Feb. 1994. Daly, »The Perils of Free Trade«, *Scientific American*, Nov. 1993. Die *New York Times* berichtete über die steigende Rate der Todesfälle in Rußland einige Wochen später als die Auslandspresse und fragte nach möglichen Gründen, ließ dabei aber seltsamerweise die von ihr so nachdrücklich befürworteten »Wirtschaftsreformen« aus; vgl. Michael Specter, *NYT*, 6. März 1994.

[196] Myers, *Chicago Tribune*, 28. Jan. 1994.

[197] Parker, »Clintonomics for the East«, *Foreign Policy*, Frühjahr 1994.

[198] Eatwell, »The Global Money Trap«, *American Prospect*, Winter 1993. Zum GATT vgl. Low, op. cit., S. 242. David Calleo, *The Imperious Economy* (Harvard, 1982). Zu Nixons Initiative und ihren Gründen vgl. auch Susan Strange, *Casino Capitalism* (Blackwell, 1986); Howard Wachtel, *The Money Mandarins* (M. E. Sharpe, 1990). Zu den Kapitalströmen vgl. Frederic Clairmont und John Cavanagh, *Third World Resurgence*, Nr. 42/43, 1994. Weitere Materialien und Quellen in *Year 501*, Kap. 3.

[199] Barry Riley, Philip Coggan, »IMF: World Economy and Finance«, *FT*, 24. Sept. 1993.

[200] Zum IWF vgl. Doug Henwood, *Left Business Observer*, Nr. 56, Dez. 1992. Douglas Seage und Constance Mitchell, *WSJ*, 6. Nov. 1992.

[201] Barkin, »Salinastroika and Other Novel Ideas«, 10. Aug. 1992; SourceMex, Univ. von Neumexiko, Lateinamerikanische Datenbank, ersch. in einer Neuausgabe von Barkin, *Distorted Development* (Westview, 1990). Andrew Fisher, *FT*, 20. Mai; Anthony Robinson, *FT*, 20. Okt. 1992. Amsden, »After the Fall«. Weitere Materialien in *Year 501*, Kap. 2.5.

[202] Amsden, »After the Fall«. Richard Stevenson, *NYT*, 22. Juni 1993.

[203] Richard Stevenson, *NYT*, 11. Mai, 22. Juni; Craig Whitney, *NYT*, 8. Aug.; Roger Cohen, *NYT*, 9. Aug. 1993.

[204] *Business Week*, 15. Feb.; *Economist*, 27. Feb. 1993. Helene Cooper und Glenn Ruffenbach, *WSJ*, 30. Sept. 1993. Zu North Carolinas Erfolgen bei der Vernichtung der Arbeiterbewegung, der Senkung der Löhne und dem Abwerben von Industrieunternehmen z. B. aus Kanada vgl. Linda Diebel, *Toronto Star*, 6. Juni 1993; vgl. meinen Artikel in *Lies of Our Times*, Sept. 1993.

[205] Tim Golden, *NYT*, 19. Nov. 1993. *El Financiero* zit. n. Robinson, *North American Trade*, Anm. 183. Barkin, *Distorted Development*, sowie Artikel von Barkin, Richard Grinspun, Janet Tanski und James Cypher in *Review of Radical Political Economics*, Dez. 1993. Damian Fraser, *FT*, 5. Okt. 1993.

[206] William McGaughey, *A US-Mexico Free-Trade Agreement* (Thistlerose, 1992), S. 16. Iain Guest, *Behind the Disappearances* (Pennsylvania, 1990), S. 530, 535.

[207] McGaughey, op. cit., S. 25. Zur OECD vgl. Amsden, in Evans, op. cit. Aho, op. cit. *FT*, 23. März 1993. Arbeitskreis, 26. und 27. Sept. 1990, Protokolle, S. 3.

[208] *Preliminary Report*, Labor Advisory Committee on the North American Free Trade Agreement, dem Präsidenten und dem Kongreß am 16. Sept. 1992 überreicht.

[209] *Year 501*, S. 57f.; McGaughey, op. cit., S. 75f.

[210] U. S. Congress, Office of Technology Assessment, *US-Mexico Trade: Pulling Together or Pulling Apart* (U. S. Govt. Printing Office, Okt. 1992). Floyd Norris, *NYT*, Wirtschaftsteil, 30. Aug. 1992.

[211] Fein, *Newsletter*, Society for Historians of American Foreign Relations (SHAFR), März 1993. Darling, *LAT-Chicago Sun-Times*, 17. Okt. 1993. Kommuniqué der Bischöfe: elektronische Kommunikation; Devon Peña, *Capitalism, Nature, Socialism*, Dez. 1993; Dudley Althaus, »Nafta a victory for Salinas, but not all Mexicans happy«, *Houston Chronicle*, 18. Nov. 1993; Harry Browne, zus. mit Beth Sims und Tom Barry, *For Richer, for Poorer* (Resource Center Press, 1994).

[212] *Excelsior*, 21. u. 28. Okt.; 12. Nov. 1993. *Latin America News Update*, Dez. 1993; Jan. 1994.

[213] Oliphant, *BG*, 19. Sept. 1993. Die OTA-Studie weist auf die fast völlige Bedeutungslosigkeit ökonomischer Modelle für die Arbeitsplatzentwicklung hin (was in der Debatte vorrangiges Thema war), weil die Modelle von künstlichen Voraussetzungen ausgehen und die relevanten Faktoren gar nicht bestimmen können.

[214] Sylvia Nasar, *NYT*, 17. Sept. 1993.

[215] Mark Bils, »Tariff Protection and Production in the Early U. S. Cotton Textile Industry«, *Journal of Economic History* 44, Dez. 1984. Vgl. Du Boff, op. cit., S. 56; Sellers, op. cit., S. 277.

[216] Gwen Ifill, *NYT*; John Aloysius Farrell, *BG*, 8. Nov. 1994. Richard Berke, »Rescuing a Lawmaker From Labor's Revenge«, *NYT*, 15. März 1994. Bob Davis und Jackie Calmes, *WSJ*, 17. Nov.; Lewis, 5. Nov. 1993. Editorial, *NYT*, 16. Nov. 1993.

[217] Michael Wines, *NYT*, 18.. Nov. 1993.

[218] Thomas Lueck, *NYT*, 18. Nov. 1993. Zu Zahlen über die Armut vgl. *Lancet* (Großbritannien), 4. Dez. 1993.

[219] AP, *BG*, 30. Jan. 1994.

[220] Pearlstein, *WP Weekly*, 8. Nov. 1993; Krugman, *Foreign Affairs*, Nov./Dez. 1993. Zur Kategorie »unskilled workers« vgl. Robinson, *North American Trade*, Anm. 224; desgl. den Bericht des LAC.

[221] *Labor Notes*, Jan. 1994; Anthony De Palma, *NYT*, 14. Dez. 1993; vgl. auch *Year 501*; Kap. 7. Damian Fraser, *FT*, 4. Jan.; Tim Golden, *NYT*, 4. Jan., 26. Feb.; *Houston Chronicle* Nachrichtendienst, 3. Jan.; Juanita Darling, *LAT*, 3. Jan. 1994.

[222] AP, Krauss, *NYT*, 20. Nov. 1993.

[223] *Weekend FT*, 25./26. April 1992; South Centre, op. cit., S. 13.

[224] Jaramillo, *Third World Resurgence*, Nr. 42/43, 1994. Pico, *Envío*, op. cit.

[225] Peter Cowhey und Jonathan Aronson, *Foreign Affairs, America and the World*, 1992/93. Senator Ernst Hollings, *Foreign Policy*, Winter 1993/94. Ian Robinson, op. cit., S. 63, Anm. Daly, op. cit.

[226] Jackson, *FT*, 21. Juli; Raghavan, »TNCs getting more rights with less obligations, says UN Report«, *Third World Economics*, 1.--15. Aug. 1993.

[227] Clairmont und Cavanagh, op. cit.; Floyd Norris, *NYT*, 30. Aug. 1992; Reuters, *BG*, 11. April 1994.

[228] Daly und Goodland, »An Ecological-Economic Assessment of Deregulation of International Commerce Under GATT«, Entwurf, Umweltabteilung, Weltbank, 1992.

[229] *Third World Economics* (Penang), 1.--15. Okt. 1993. Parvathi Menon und Editorial, *Frontline* (Indien), 14. Jan. 1994.

[230] Joel Lexchi, »Pharmaceuticals, patents and politics: Canada and Bill C-22«, *International Journal of Health Services*, Bd. 23.1,

1993; Dennis Bueckert, Terrance Wills, *Montreal Gazette,* 3. Dez. 1992; Linda Diebel, *Toronto Star,* 6. Dez. 1992. Vgl. auch *Year 501,* Kap. 4. Zum schädlichen Einfluß von Produktpatenten in früheren Jahren vgl. William Brock, *The Norton History of Chemistry* (Norton, 1992), S. 308.

[231] Mark Sommers, »Sanctions Are Becoming „Weapon of Choice"«, *CSM,* 3. August 1993. Der Artikel bezieht sich auf »Verbrecherregimes« [*outlaw regimes*], d. h. konkret, auf Regimes, die von den USA zu Verbrechern erklärt wurden. Henry Simons zit. n. Warren Gramm, »Chicago Economics: From Individualism True to Individualism False«, *Journal of Economic Issues* IX.4, Dez. 1975.

[232] *Report on the Americas* (NACLA), XXVI.4, Feb. 1993.

[233] Peter Phillips, *Challenge,* Jan.--Feb. 1992.

[234] Eine an Einsichten reiche Darstellung dieser Entwicklungen bietet Rajani Kanth, *Political Economy and Laissez-Faire* (Rowman and Littlefield, 1986). Ferner David Noble, *Progress without People* (Charles Kerr, 1993), sowie ders., *Forces of Production* (Knopf, 1983).

[235] Karl Polanyi, *The Great Transformation* (EA 1944; Beacon, 1957; dt. *Die große Transformation,* Suhrkamp, 1978), S. 78ff.

[236] Vgl. *Third World Resurgence,* Nr. 44, 1994.

NOAM CHOMSKY

Editorische Nachbemerkung

Bei dem vorliegenden Text handelt es sich um eine gekürzte Fassung des 1994 erschienenen Buches *World Orders Old and New*. Komplett weggelassen wurde das dritte Kapitel, das sich ausschließlich mit dem Nahostkonflikt beschäftigt und in anderem Zusammenhang mit weiteren Materialien publiziert werden soll. Gelegentliche Kürzungen in den beiden anderen Kapiteln dienen vor allem der Vermeidung von Textredundanzen oder betreffen allzu zeitgebundene Zusammenhänge wie etwa Statistiken zur Wirtschaftsentwicklung in den ehemals sozialistischen Staaten nach 1989, deren Zahlen mittlerweile überholt sind. Ebenso wurde darauf geachtet, Überschneidungen mit Themen in bereits erschienen Bänden so weitgehend wie möglich zu vermeiden. Die Grundthesen des Buchs, die das konventionelle Bild von den Ursprüngen, Ursachen und Verlaufsformen des Kalten Kriegs kräftig revidieren, bleiben davon natürlich unberührt. Mit George Bush ist immer der Senior gemeint, dessen Amtszeit die Jahre 1988 bis 1992 umfaßte.

Michael Haupt
August 2004

Die epische Geschichte eines grauenhaften Unglücks

Ein fesselndes Buch mit hunderten von Charakteren,
Konflikten und Abenteuern, voller Liebe und Hoffnung.

ISBN 3-203-79508-6

Null Uhr Fünf in der Nacht vom zweiten auf den dritten
Dezember 1984. Die tödliche Giftgaswolke entweicht
aus einer amerikanischen Pestizidfabrik. Sie löst die
verheerendste Industriekatastrophe der Geschichte aus
– noch heute leiden die Menschen an den Folgen.

ERGREIFEND UND SCHRECKLICH AKTUELL

Ein ergreifendes Buch über das Ende von fast hundert
Verbrechern in Texas, erzählt vom
Gefängnispfarrer, der durch seine Erlebnisse zu
einem anderen Menschen wurde.

ISBN 3-203-81023-9

Rev. Pickett verbrachte mit jedem dieser Männer
vor ihrem Tod viele Stunden, er führt den Leser in das
Leben, Denken und Empfinden der Verurteilten.
Ein nachdenklich stimmendes und zwingendes Buch,
das den Leser in das Herz eines bemerkenswerten
Mannes blicken läßt.

Ein einzigartiges Buch über eine einzigartige Stadt!

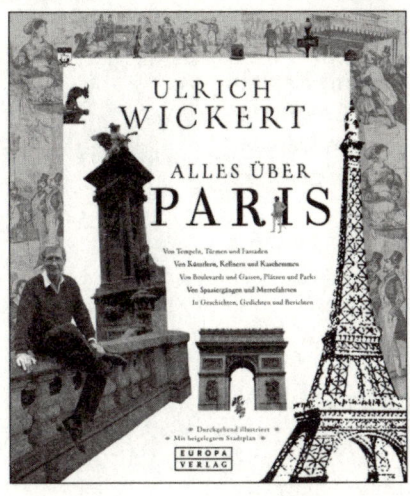

Das erste Universalgenie der Neuzeit

EUROPA
VERLAG

Ungewöhnliche Lebensläufe – Geschichte ist spannend!

Peter Nichols
Darwins Kapitän
Die tragische Geschichte
des Mannes, der an Darwins
Entdeckungen zerbrach

ISBN 3-203-80526-X

Gunna Wendt
Clara und Paula
Das Leben von Clara Rilke-Westhoff
und Paula Modersohn-Becker

ISBN 3-203-84031-6

Peter Köpf
Die Mommsens
Von 1848 bis heute – die
Geschichte einer Familie ist die
Geschichte der Deutschen

ISBN 3-203-79147-1

EUROPA
VERLAG

NOAM CHOMSKY

IM EUROPA VERLAG

320 S.,
ISBN 3-203-76015-0

320 S.,
ISBN 3-203-76016-9

480 S.,
ISBN 3-203-76007-X

144 S.,
ISBN 3-203-76018-5

368 S.,
ISBN 3-203-76017-7

160 S.,
ISBN 3-203-76012-6

112 S.,
ISBN 3-203-76008-8

160 S.,
ISBN 3-203-76010-X

96 S.,
ISBN 3-203-76013-4

160 S.,
ISBN 3-203-76011-8

128 S.,
ISBN 3-203-78041-0

EUROPA
VERLAG